Basistextseite

① Einstiegskasten

Hier wird dir gezeigt, mit welchem Inhalt sich diese Seite beschäftigt.

② Merk dir!

Die wichtigsten Inhalte werden am Ende der Seite für dich zusammengefasst.

③ Arbeitsaufträge

Leichte (grün) und schwierigere (rot) Arbeitsaufträge unterstützen dich beim selbstständigen Lernen und helfen dir, Wissen anzueignen und anzuwenden.

Natur und Technik

Biologie

Grundausgabe 7–9

Hessen

Herausgegeben von: Prof. Dr. Corinna Hößle, Varel

Autorinnen und Autoren: Elke Dröge, Dortmund; Anja Jütz, Berlin; Dr. Walter Kleesattel, Schwäbisch Gmünd; Sabine Klonk, Stuttgart; Cornelia Pätzelt, Borgholzhausen; Dr. Jutta Rach, Münster; Julia Schwanewedel, Oldenburg; Karl-Heinz Werner, Klein Nordende

Redaktion: Christine Amling, Ulrike Reinold

Beraterinnen und Berater: Hans Tüllmann, Münster; Franz Walz, Billigheim

Bildrecherche: Kathrin Kretschmer, Berlin

Illustration und Grafik: diGraph, Lahr; Peter Hesse, Berlin; Kurt Krischke, Marbach; Jörg Mair, München; Karin Mall, Berlin; Lutz-Erich Müller, Leipzig

Layoutkonzept: Wolfgang Lorenz, Berlin

Umschlaggestaltung: Ellen Meister

Layout und technische Umsetzung: sign, Berlin

www.cornelsen.de

Die Internetadressen und -dateien, die in diesem Lehrwerk angegeben sind, wurden vor Drucklegung geprüft. Der Verlag übernimmt keine Gewähr für die Aktualität und den Inhalt dieser Adressen und Dateien oder solcher, die mit ihnen verlinkt sind.

1. Auflage, 1. Druck 2010

Alle Drucke dieser Auflage sind inhaltlich unverändert und können im Unterricht nebeneinander verwendet werden.

Druck: Firmengruppe APPL, aprinta druck, Wemding

ISBN 978-3-06-014756-4

 Inhalt gedruckt auf säurefreiem Papier aus nachhaltiger Forstwirtschaft.

Inhalt

Inhalt

Inhalt

Inhalt

Inhalt

Lebewesen bestehen aus Zellen

Irgendetwas scheint im klaren Wassertropfen aus dem Schulteich zu schwimmen. Unter dem Mikroskop kann man erkennen, dass es sich um kleine Lebewesen handelt. Das Mikroskop ermöglicht uns den Blick in eine mit bloßem Auge unsichtbare Welt. Es zeigt uns, dass alle Lebewesen aus kleinen Bausteinen bestehen, die man Zellen nennt. Alle Pflanzen, Tiere und auch der Mensch sind aus Zellen aufgebaut.

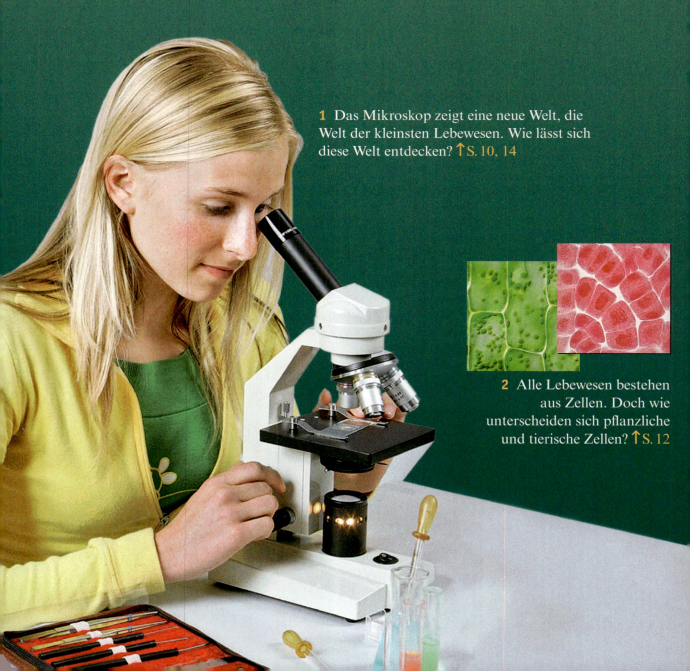

1 Das Mikroskop zeigt eine neue Welt, die Welt der kleinsten Lebewesen. Wie lässt sich diese Welt entdecken? ↑ S. 10, 14

2 Alle Lebewesen bestehen aus Zellen. Doch wie unterscheiden sich pflanzliche und tierische Zellen? ↑ S. 12

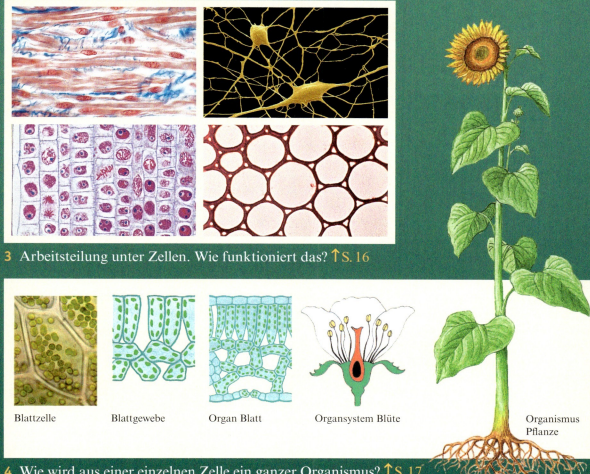

3 Arbeitsteilung unter Zellen. Wie funktioniert das? ↑S. 16

Blattzelle Blattgewebe Organ Blatt Organsystem Blüte Organismus Pflanze

4 Wie wird aus einer einzelnen Zelle ein ganzer Organismus? ↑S. 17

5 Das ist doch nur schmutziges Wasser, oder? ↑S. 18

6 Kleinstlebewesen, die nur aus einer einzigen Zelle bestehen – gibt es sie wirklich? ↑S. 20

Eine Reise in die Welt des Kleinen

Ein Blick in die Welt des Kleinen: zuerst mit der Lupe, dann mit dem Lichtmikroskop. Je besser die technischen Hilfsmittel, desto mehr können wir erkennen. Wie funktioniert diese Art von Vergrößerung?

1 Die zarten Blättchen der Wasserpest eignen sich gut zum Mikroskopieren.

Die Grenzen unseres Auges Je näher du den Zweig der Wasserpest an dein Auge heranführst, umso mehr Einzelheiten erkennst du. Bringst du die Pflanze näher als 25 Zentimeter an dein Auge, wird das Bild unscharf und du kannst keine weiteren Feinheiten mehr erkennen.

Lupenvergrößerung Mit der **Lupe** siehst du das Blatt der Wasserpest auch noch scharf, wenn du es näher heranrückst. Es erscheint jetzt größer. Deutlich erkennst du, wie die Blattoberfläche gestaltet ist. Lupen sind bauchige, also nach außen gewölbte Linsen aus Glas oder durchsichtigem Kunststoff. Durch die bauchige Form haben die Lupen eine Vergrößerungswirkung. Je stärker die Linse gewölbt ist, desto stärker kann sie vergrößern. Einfache Lupen vergrößern etwa 5-fach, stärkere Lupen bis zu 20-fach. Es gibt verschiedene Arten von Lupen. ↑2

Kleine Welt ganz groß Mit einem **Lichtmikroskop** können Bilder von Dingen, sogenannten **Objekten**, erzeugt werden, die weder mit dem bloßen Auge noch mit einer einfachen Linse erkennbar sind. Hier sind verschiedene Glaslinsen, **Okular** und **Objektiv**, hintereinander angeordnet. ↑3, 4 Je nach Linsenform vergrößern Lichtmikroskope bis zu 1000-fach.

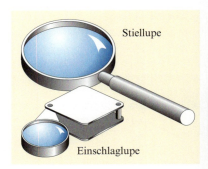

2 Verschiedene Lupentypen

3 Okular und Objektiv mit möglichen Vergrößerungen

Damit man auch etwas sieht Die Objekte, die man mit dem Mikroskop untersuchen will, müssen durchsichtig sein. Dazu werden Gegenstände oft sehr dünn geschnitten. Jedes Objekt wird für die Untersuchung auf eine kleine Glasplatte, den **Objektträger**, gelegt. So erhältst du ein **Präparat**.

Merk dir! Zellen sind so klein, dass man sie nur mithilfe eines Mikroskops sichtbar machen und untersuchen kann. Wie stark ein Mikroskop vergrößert, ist davon abhängig, wie stark seine Linsen gewölbt sind.

Lichtmikroskop
Lupe
Objekt
Objektiv
Objektträger
Okular
Präparat

Teile des Mikroskops | Aufgaben

Stativ
dient als Tragegriff; einzelne Teile des Mikroskops sind hier befestigt.

Okular vergrößert wie eine Lupe (4- oder 10-fach).

Tubus verbindet Okular und Objektiv.

Objektivrevolver Durch Drehen wird ein anderes Objektiv eingestellt.

Objektiv vergrößert das Objekt.

Objekttisch Objektträger mit dem Objekt wird hier aufgelegt und befestigt.

Blende reguliert Helligkeit und Kontrast des Bildes.

Mikroskopierleuchte liefert Licht zur Durchleuchtung des Objekts.

Grobtrieb dient der ersten Scharfeinstellung des Bildes.

Feintrieb dient der genauen Scharfeinstellung des Bildes.

So ermittelst du die Vergrößerung eines Lichtmikroskops:
Die Zahl auf dem Objektiv gibt an, wievielmal das Bild des Objekts vergrößert wird. Die Zahl auf dem Okular zeigt, wievielmal das Bild dadurch zusätzlich vergrößert wird. Du multiplizierst die Vergrößerung des Okulars mit der Vergrößerung des Objektivs und erhältst die Gesamtvergrößerung des Mikroskops.

4 Aufbau des Lichtmikroskops und die Aufgaben der einzelnen Teile

Arbeitsaufträge

1 Nenne Berufe, bei denen ein Mikroskop eingesetzt wird.

2 Betrachte den Zweig einer Wasserpestpflanze aus der Nähe.
a Führe ihn immer näher an dein Auge heran. Wenn das Bild unscharf wird, hast du den „Nahpunkt" deiner Augen erreicht. Bestimme diese Entfernung.
b Welche Einzelheiten der Pflanze kannst du erkennen?

3 Betrachte das Blättchen der Wasserpest mit einer Lupe.
a Beschreibe, was sich gegenüber der Betrachtung mit bloßem Auge ändert.
b Bestimme die Entfernung, bei der du das Blatt gerade noch scharf siehst. Achte auf die Größe des Blattes und seine Oberflächengestaltung.
c Probiere auch Lupen aus, die unterschiedlich stark vergrößern. Achte auf die Form und Dicke der Gläser.

Zellen von Pflanze, Tier und Mensch

Untersuchungen mit dem Mikroskop zeigen, dass alle Lebewesen aus Zellen bestehen. Jede Zelle ist aus mehreren Bestandteilen aufgebaut. Sind aber alle Zellen wirklich gleich aufgebaut oder gibt es Unterschiede zwischen Pflanze, Tier und Mensch?

1 Alle Lebewesen bestehen aus Zellen.

Pflanzenzellen Eine **Zellwand** umgibt die Pflanzenzelle als feste Hülle. Sie besteht vor allem aus Cellulose und wird von winzigen Poren durchbrochen. Über diese „Tüpfel" stehen die Zellen untereinander in Verbindung. Unter der Zellwand befindet sich die **Zellmembran**, die das **Zellplasma** umgibt. ↑2 Sie ist für Wasser und gelöste Stoffe durchlässig. Dadurch wird der Stoffaustausch zwischen benachbarten Zellen möglich. Das Zellplasma ist eine zähflüssige, von Körnchen durchzogene Masse. Es ist ständig in Bewegung. Auf diese Weise werden Stoffe durch die Zelle transportiert.

Im Innern der Pflanzenzelle Im Zellplasma befindet sich der **Zellkern**. Er enthält die Erbinformation und steuert die Lebensvorgänge der Zelle. Die Zellen der Blätter und anderer grüner Teile der Pflanze enthalten die Blattgrünkörner, auch **Chloroplasten** genannt. Mithilfe des Sonnenlichts stellen sie energiereiche Stoffe her.
Die Mitte der Pflanzenzellen wird von einem oder mehreren **Zellsafträumen** ausgefüllt. Sie enthalten Wasser, überschüssigen Zucker, Mineral- und Farbstoffe.

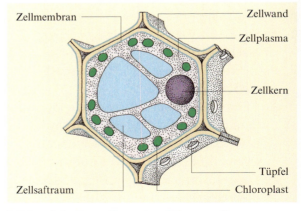

2 Räumliche Darstellung einer Pflanzenzelle

Tier- und Menschenzellen Sie besitzen wie die Pflanzenzellen eine Zellmembran, ein Zellplasma und einen Zellkern. ↑3 Eine Zellwand, Chloroplasten sowie Zellsafträume fehlen jedoch. Speicherstoffe werden in winzigen Tröpfchen im Zellplasma eingelagert.

Chloroplast
Zellkern
Zellmembran
Zellplasma
Zellsaftraum
Zellwand

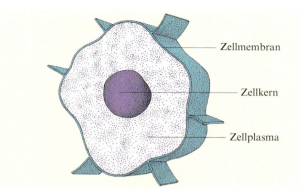

Zellmembran

Zellkern

Zellplasma

3 Räumliche Darstellung einer Tierzelle

Merk dir! Alle Pflanzen, Tiere und Menschen bestehen aus Zellen mit einer Zellmembran, dem Zellplasma und dem Zellkern. Pflanzenzellen haben zusätzlich Zellwände und können außerdem Zellsafträume und Chloroplasten enthalten.

Arbeitsaufträge

1 Die Mundschleimhaut kleidet die Mundhöhle aus und schützt die unter ihr liegenden Zellen. Die Lebensdauer der Schleimhautzellen beträgt nur wenige Tage, sodass ständig Zellen abgelöst werden, die man leicht untersuchen kann.
   a Schabe mithilfe eines Teelöffels von der Innenseite deiner Wange etwas Mundschleimhaut ab.
   b Gib mit einer Pipette einen Tropfen Wasser auf einen Objektträger, bringe die Mundschleimhaut ein und decke dein Präparat mit einem Deckgläschen ab.
   c Mikroskopiere bei stärkster Vergrößerung zwei bis drei Zellen und fertige eine beschriftete mikroskopische Zeichnung an.
2 Ein Modell ist ein Hilfsmittel der Wissenschaft.
   a Überlege, welche Teile das Modell einer Pflanzenzelle enthalten muss. Wähle geeignetes Material. ↑4 Ordne es so an, dass es mit der Wirklichkeit weitgehend übereinstimmt, und klebe die Teile zusammen.
   b Erkläre, welche Unterschiede dein Modell im Vergleich zur wirklichen Zelle aufweist.
   c Was kann dein Modell veranschaulichen?

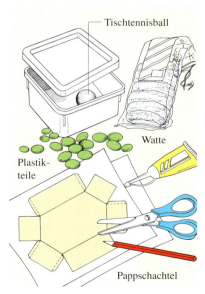

Tischtennisball

Watte

Plastikteile

Pappschachtel

4 Materialien zum Bau eines Zellmodells

Wir üben das Mikroskopieren

Der Umgang mit dem Mikroskop erfordert Sorgfalt und Genauigkeit. Deshalb solltest du folgende Regeln beachten: Fasse das Mikroskop nur am Stativ an. Trage es immer aufrecht. Berühre die Linsen nie mit den Fingern. Entferne Schmutz mit einem weichen Lappen.

1–5 Die Einzelschritte beim Mikroskopieren

Mikroskopieren in 6 Schritten

Schritt 1 Achte vor dem Mikroskopieren auf die Grundeinstellung des Mikroskops: Das kleinste Objektiv ist eingeschwenkt. Der Objekttisch ist weit nach unten gedreht. Die Blende ist zu etwa einem Drittel geöffnet. Schalte die Beleuchtung zu Beginn der Mikroskopierarbeit ein und nach Beendigung ab.

Schritt 2 Zum Mikroskopieren eignen sich nur dünne, durchscheinende Objekte. Dickere Objekte werden in feine Scheiben geschnitten. Gib mit der Pinzette das Objekt in einen Wassertropfen auf den Objektträger und decke es mit einem Deckglas ab. ↑1, 2 Lege das fertige Präparat so auf den Objekttisch, dass es über der Öffnung auf dem Objekttisch liegt. ↑3

Schritt 3 Betrachte das Präparat zunächst mit der kleinsten Objektivvergrößerung. Stelle immer erst mit dem Grobtrieb scharf und reguliere mit dem Feintrieb. Drehe dann mit dem Objektivrevolver das nächste Objektiv ein. Zum Scharfstellen drehst du den Tisch vorsichtig nach oben. Achte darauf, dass sich Objektiv und Objekt nicht berühren, indem du von der Seite kontrollierst. ↑4, 5

Schritt 4 Stelle die richtige Blende ein. Den besten Kontrast erreichst du, wenn du die Blende so weit öffnest, dass die Ränder gerade aus dem Lichtfeld verschwinden. Öffne und schließe die Blende. Du siehst, wie sich das ausgeleuchtete Feld verändert.

Schritt 5 Durchmustere das Präparat. Verschiebe es dazu vorsichtig auf dem Objekttisch, bis in der Bildmitte eine günstige Stelle erscheint. Halte beim Mikroskopieren immer beide Augen offen.

Schritt 6 Zum Beenden des Mikrokopierens entfernst du das Präparat und stellst das kleinste Objektiv ein. Schalte die Lampe aus. Wickle das Kabel locker um den Stativfuß und bringe das Mikroskop an seinen Standort zurück.

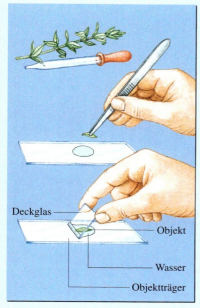

Deckglas
Objekt
Wasser
Objektträger

6 Herstellen eines Präparats vom Blättchen der Wasserpest

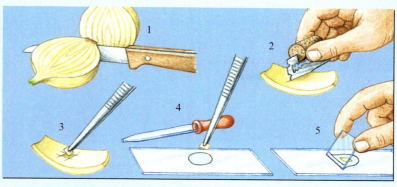

7 Präparieren eines Zwiebelhäutchens

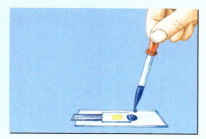

8 Anfärben eines Präparats

Vorsicht … !

… beim Umgang mit Methylenblau und Iod-Kaliumiodid-Lösung. Bitte Schutzbrille tragen!

Arbeitsaufträge

1 Vergrößern mit dem Lichtmikroskop

a Zupfe mit der Pinzette ein Blättchen der Wasserpest ab. Gib es auf den Objektträger in einen Wassertropfen und decke es mit einem Deckgläschen vorsichtig ab. ↑6

b Stelle zunächst bei schwächster Vergrößerung scharf. Vergrößere nun stärker.

c Du siehst jetzt, dass das Blatt der Wasserpest aus Zellen aufgebaut ist. Wie sind die einzelnen Zellen voneinander getrennt? Welche weiteren Zellbestandteile fallen dir auf?

2 Zellen der Küchenzwiebel Die feinen Häutchen an der Innenseite einer Zwiebelschuppe eignen sich gut zur Herstellung eines Präparats. ↑7

a Halbiere eine Zwiebel mit dem Messer.

b Löse eine Schale heraus. Ritze mit der Rasierklinge in die nach innen gewölbte Seite der Schale ein Muster kleiner Quadrate.

c Löse mit der Pinzette ein Hautstückchen ab.

d Fertige ein Präparat an und mikroskopiere. Welche Zellbestandteile erkennst du?

e Schließe die Blende, um den Kontrast zu erhöhen. Wie ändert sich das Bild?

f Zeichne und beschrifte einen Ausschnitt deines Präparats mit wenigen Zellen.

3 Anfärben eines Präparats ↑8 Oft sind die feinen Grauabstufungen der Zellbestandteile im Lichtmikroskop kaum zu unterscheiden. Mit Farbstoffen lassen sich die Zellbestandteile unterschiedlich anfärben.

a Tropfe die Färbelösung Methylenblau auf einen Objektträger. Lege ein Hautstückchen der Zwiebelschale hinein und mikroskopiere.

b Vergleiche gefärbte und ungefärbte Zellen. Worin unterscheiden sie sich?

c Probiere auch andere Färbelösungen aus (zum Beispiel Iod-Kaliumiodid-Lösung).

Zellen teilen, wachsen und verändern sich

Aus einem Bohnensamen keimt eine neue Bohnenpflanze und wächst heran. Wie kann die Pflanze wachsen? Vermehren sich die Zellen oder werden die Zellen größer? Übernehmen neu entstehende Zellen unterschiedliche Aufgaben für die Pflanze?

1 Keimende Gartenbohne

Zellteilung Die Bohnenpflanze entsteht durch **Zellteilungen**. Aus einer einzigen befruchteten Eizelle entwickeln sich viele weitere Zellen. Bei jeder Teilung bilden sich aus einer Mutterzelle zwei Tochterzellen. Sie enthalten die gleiche Erbinformation wie die Mutterzelle. Die Zellteilung läuft bei Pflanze, Tier und Mensch gleich ab.

Wachstum und Arbeitsteilung Die Tochterzellen wachsen nach der Zellteilung heran. Sie verändern ihre äußere und innere Form und übernehmen unterschiedliche Aufgaben. ↑2 Durch diese **Differenzierung** entwickeln sich beispielsweise Zellen, die Wasser aus dem Boden aufnehmen, andere sind für die Herstellung und Speicherung von Stoffen zuständig. Diese Arbeitsteilung erhöht die Leistungsfähigkeit eines Lebewesens.

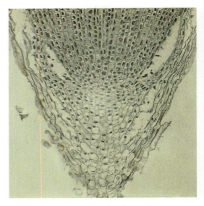

3 Zellen der Wurzelspitze einer Blütenpflanze

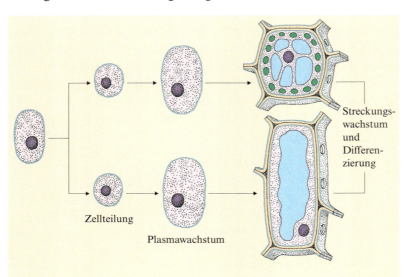

Streckungswachstum und Differenzierung

Zellteilung

Plasmawachstum

2 Zellteilung, Wachstum und Differenzierung

Zellformen und Aufgaben der Zellen bei Tier und Mensch Die Zellen von Tier und Mensch sind sehr unterschiedlich gestaltet. Je nach Aufgabe, die sie zu erfüllen haben, sind sie verschieden gebaut. Oft fallen die Unterschiede mehr auf als die gemeinsamen Baumerkmale. Neben verzweigten Nervenzellen mit langen Fortsätzen gibt es spindelförmige Muskelzellen, fast runde Drüsenzellen, rote Blutzellen und viele mehr.

Differenzierung
Gewebe
Organ
Organismus
Zellteilung
Zellverband

Gewebe und Organe Gleichartige Zellen bilden **Zellverbände** mit einheitlicher Funktion, die man **Gewebe** nennt. Bei Tieren und beim Menschen bilden Knochen- und Knorpelzellen das Stützgewebe, Muskelzellen das Muskelgewebe und Nervenzellen das Nervengewebe. ↑4 Mehrere Gewebe bilden schließlich **Organe** aus. Dabei stellt meist ein Gewebetyp den Hauptanteil. So findet man im Organ Herz neben Muskelgewebe auch Nervengewebe und ein Deckgewebe, das das Herz umgibt. Jedes Organ trägt mit seinen Fähigkeiten zum Funktionieren des Körpers bei. Alle Organe zusammen bilden den Körper. Man nennt ihn deshalb auch **Organismus**.

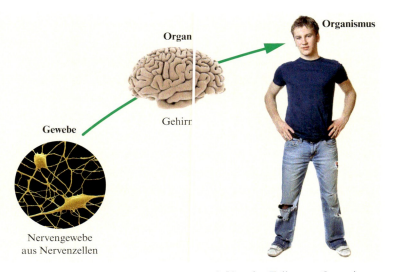

4 Von der Zelle zum Organismus

Merk dir! Alle Lebewesen bestehen aus Zellen, die durch Zellteilung aus einer Zelle entstanden sind. Gleichartige Zellen bilden Gewebe mit einheitlicher Aufgabe. Verschiedene Gewebe bilden zusammen Organe aus.

Arbeitsaufträge

1 Vergleiche verschiedene Zellformen.
  a Nenne Gemeinsamkeiten und Unterschiede der verschiedenen Zelltypen.
  b Stelle jeweils einen Zusammenhang zwischen Bau und Aufgabe der betreffenden Zelle her.

2 Beim Schwitzen arbeiten viele Gewebe und Organe zusammen.
  a Überlege, warum wir beim Sport schwitzen.
  b Welche Aufgabe haben dabei die Schweißdrüsen und die Blutgefäße der Haut?

3 Informiere dich darüber, welche Organe zum Nervensystem gehören, welche zum Abwehrsystem des Körpers, welche zum Ausscheidungssystem.

4 Bringe folgende Begriffe in eine hierarchische Reihenfolge: Nervenzellen, Gehirn, Zellkern, Nervengewebe, Hund.

Untersuchen – Entdecken – Zeichnen

1 Ein Heuaufguss entsteht.

In einem Heuaufguss können im Wasser lebende Kleinstlebewesen gezüchtet werden. Viele von ihnen bestehen aus einer einzigen Zelle. Sie sind Einzeller. Bei der Untersuchung mit dem Mikroskop lassen sich verschiedene Arten feststellen und bestimmen.

Ansetzen und Untersuchung eines Heuaufgusses

Schritt 1   Gib 1 bis 2 g Heu in ein Glasgefäß. Übergieße es mit 1 Liter Leitungswasser. ↑1 Gieße anschließend ein wenig Tümpelwasser zu. Decke das Gefäß mit einer Glasplatte ab. Lass den Heuaufguss bei Zimmertemperatur stehen. Achtung: Nimm nicht mehr als 2 g Heu, da sonst Sauerstoffmangel und Fäulnis auftreten!

Schritt 2   Untersuche den Heuaufguss nach einer Woche und dann alle 2 bis 3 Tage. Entnimm dazu mit einer Pipette einen Wassertropfen aus dem Häutchen, das sich an der Wasseroberfläche bildet. ↑2 Mikroskopiere den Wassertropfen.

Schritt 3   Bestimme die gefundenen Arten mithilfe von Bestimmungsliteratur.

Schritt 4   Zeichne einzelne Einzeller bei etwa 400-facher Vergrößerung. ↑3, 4

2 Heuaufguss mit Probenentnahme

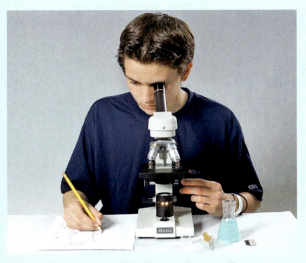

3 Ein mikroskopische Zeichnung wird erstellt.

Tipps für das Anfertigen einer mikroskopischen Zeichnung

- Verwende einen gespitzten Bleistift.
- Zeichne möglichst eine halbe Seite groß.
- Lege das Papier rechts neben dein Mikroskop. Dann kannst du mit einem Auge ins Mikroskop, mit dem anderen auf das Blatt schauen. ↑3
- Achte darauf, dass du klare und durchgehende Linien zeichnest. Schattierungen, Schraffuren und Farben gehören nicht in eine mikroskopische Zeichnung.
- Beschrifte deine Zeichnung mit dem Namen des Präparats und versuche auch einzelne Zellbestandteile zu benennen.

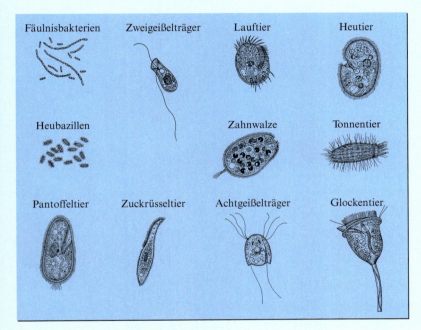

4 Einzeller aus dem Heuaufguss

Arbeitsaufträge

1 Setze einen Heuaufguss an (Schritt 1).
   a Untersuche den Heuaufguss (Schritt 2).
   b Bestimme die gefundenen Einzeller mithilfe von Abbildung 4.
   c Trage alle gefundenen Arten in ein Protokoll ein. Unterscheide dabei nach: selten, mehrere vorhanden und in Massen vorkommend.

2 Beschreibe das Aussehen des Heuaufgusses. Werte deine Untersuchungen nach etwa 4 Wochen aus.
   a Hast du eine Erklärung für das plötzliche Auftreten der Kleinstlebewesen?
   b In welcher zeitlichen Reihenfolge treten die Einzeller gehäuft auf?
   c Informiere dich über Lebensweise und Ernährung der gefundenen Organismen.

Klein, aber oho! –
die unsichtbare Welt der Einzeller

Der Körper der Einzeller besteht aus einer einzigen Zelle, die alle Lebensvorgänge übernimmt: Bewegung, Stoffwechsel, Wachstum, Fortpflanzung und Reizbarkeit. Mehr als 20 000 verschiedene Arten von Einzellern sind bekannt. Sie leben bei unterschiedlichen Temperaturen im Meer oder Süßwasser, in heißen Quellen, feuchten Böden oder im Körper anderer Lebewesen. An vielen Stellen spielen Einzeller eine unersetzliche Rolle, auch wenn sie dabei für unsere Augen unsichtbar bleiben. So reinigen beispielsweise Milliarden von Einzellern einen Großteil unserer Abwässer. ↑1

1 Kläranlage

Abwasserreinigung

Festsitzende Glockentiere ↑2 ernähren sich von Bakterien, Abfallstoffen und Pflanzenresten. Mit anderen Einzellern und Bakterien sorgen sie für die „Selbstreinigung" der Flüsse. In der biologischen Klärstufe in Kläranlagen bauen sie organische Schmutzstoffe ab. ↑1 Dazu benötigen sie Sauerstoff.

Verwandlungskünstler Amöbe

Die Amöbe ist im Vergleich zu anderen Einzellern riesig (0,5 mm). Im Mikroskop sieht man sie zunächst nur als kugeliges Schleimklümpchen. Nach einigen Minuten schieben sich wurzelförmige Scheinfüßchen vor, die bei der kleinsten Erschütterung wieder eingezogen werden und danach an anderer Stelle neu erscheinen. ↑3 Die

2 Kolonie von Glockentierchen

Zellmembran wölbt sich hier vor, das Zellplasma strömt nach. Das Außenplasma ist klar und dickflüssig, das Zellplasma im Innern der Zelle, das Innenplasma, ist trübe und dünnflüssig. Hier liegen der Zellkern und die anderen Zellbestandteile. Die Amöbe ändert ständig ihre Gestalt. Man nennt sie deshalb auch Wechseltier. Beim Vorwärtskriechen überfließt sie Sandkörner, Pflanzenreste, andere Einzeller und Bakterien. Die Nährstoffe gelangen ins Zellplasma. Unverdauliche Reste bleiben beim Weiterfließen liegen.

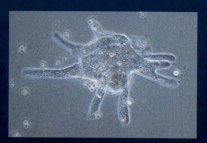

3 Amöbe mit Scheinfüßchen
(150-fache Vergrößerung)

Gefährliche Krankheitserreger

Eine bestimmte Amöbenart kann im Darm des Menschen leben und über das Blut im Körper verteilt werden. Der Betroffene erkrankt an Amöbenruhr. Der Erreger der Malaria – eine in südlichen Ländern weitverbreitete Krankheit – ruft Fieberanfälle hervor. Der Einzeller (Plasmodium) befällt die roten Blutkörperchen und vermehrt sich dort. ↑4

4 Plasmodien in roten Blutkörperchen (13 000-fache Vergrößerung)

Meeresleuchten

Bei windstillem Wetter sammeln sich Millionen von Einzellern an der Meeresoberfläche und bilden eine mehrere Zentimeter dicke Schicht. Wenn der Wind diese Schicht bewegt, entsteht ein gelbgrünes Leuchten. ↑5 Der bis zu 2 mm große Einzeller wandelt einen Teil seiner Energie in Lichtenergie um.

5 Meeresleuchten

Pantoffeltiere – blitzschnelle Schwimmer

Mehr als 10 000 feine Wimpern treiben das Pantoffeltier im Wasser vorwärts. ↑6 Die Wimpern dienen zum Schwimmen, am Mundfeld strudeln sie Bakterien, Algen und kleine Einzeller als Nahrung herbei. Pantoffeltiere können sich schnell vermehren. Dazu verdoppeln sie zuerst den Zellkern und die übrigen Zellbestandteile. Dann teilt sich die Zelle quer. Die geteilte Zelle geht ganz in den beiden Tochtertieren auf. Nichts bleibt übrig, nichts stirbt.

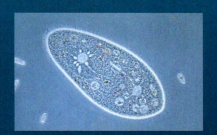

6 Pantoffeltierchen (200-fache Vergrößerung)

Humusbildner

In einem stecknadelkopfgroßen Stück Humus leben viele Millionen Einzeller. Auch sie zersetzen, wie Bakterien, Würmer und Pilze, abgefallenes Laub oder abgestorbene Pflanzenteile zu nährstoffreichem Humus. ↑7

7 Einzeller (Wimpertiere) im Humus

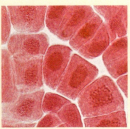

→ Alle Pflanzen, Tiere und der Mensch sind aus Zellen aufgebaut. ↑S. 12

Lebewesen bestehen aus Zellen – auf einen Blick

→ Nur mit Hilfsmitteln wie Lupe und Mikroskop kann man Zellen erkennen und untersuchen. ↑S. 10, 14

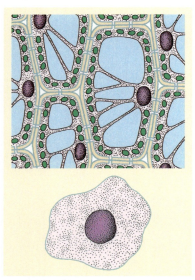

→ Alle Zellen bestehen aus einer Zellmembran, dem Zellplasma und einem Zellkern. Pflanzenzellen haben zusätzlich eine Zellwand und können Zellsafträume und Chloroplasten enthalten. ↑S. 12

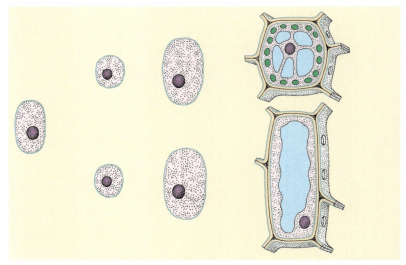

→ Alle Zellen sind durch Zellteilung aus einer Zelle entstanden. Nachdem die Tochterzellen herangewachsen sind, verändern sie je nach ihrer Aufgabe ihre innere und äußere Form. ↑S. 16

→ Die Zellen von Pflanzen, Tieren und Menschen sind je nach ihrer Aufgabe sehr uneinheitlich gestaltet. Gleichartige Zellen bilden Zellverbände, die man Gewebe nennt. ↑S. 17

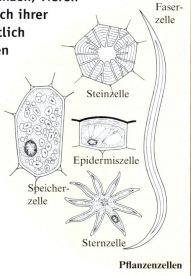
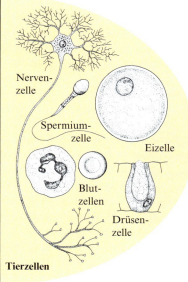

Faserzelle

Steinzelle

Epidermiszelle

Speicherzelle

Sternzelle

Nervenzelle

Spermiumzelle

Eizelle

Blutzellen

Drüsenzelle

Pflanzenzellen　**Tierzellen**

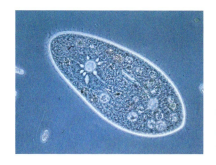

→ Der Körper der Einzeller besteht aus einer einzigen Zelle, die alle Lebensvorgänge übernimmt: Bewegung, Stoffwechsel, Wachstum, Fortpflanzung und Reizbarkeit. ↑S. 18–21

Arbeitsaufträge

1 Richtig oder falsch? Begründe deine Entscheidung.
   a Alle Lebewesen bestehen aus Zellen.
   b Die Zellen von Pflanzen sind anders gebaut als die Zellen von Tier und Mensch.
   c Die Zelle ist die kleinste Baueinheit des Lebens.
   d Alle Zellen werden von einer Zellwand umgrenzt.

2 Obwohl ein Einzeller nur aus einer einzigen Zelle besteht, besitzt er alle Kennzeichen eines Lebewesens. Wie kannst du beweisen, dass ein Einzeller ein Lebewesen ist?

3 Wer bin ich? Die Abbildungen 1 und 2 zeigen Zellen verschiedener Lebewesen. Um welche Art von Zellen handelt es sich? Begründe deine Entscheidung folgendermaßen: Ich bin eine … zelle, weil ich folgende Zellbestandteile habe: …

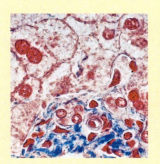
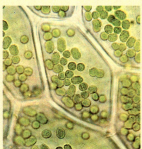

1　　　　　　　　　　　　2

1 In Abbildung 1 siehst du eine Schülerin beim Mikroskopieren.

1

a Beurteile, ob sie ihr Mikroskop beim Scharfeinstellen richtig bedient.

b Wie lauten die wichtigsten Regeln für den Umgang mit dem Mikroskop?

c Benenne die Teile des Mikroskops und gib ihre Aufgaben an.

d Das Objektiv mit 10-facher Vergrößerung ist eingeschwenkt, das Okular vergrößert 8-fach. Welche Gesamtvergrößerung des Präparats ergibt sich dadurch?

e Nenne den Unterschied zwischen Lupe und Mikroskop.

2 Lege in deinem Heft nach folgendem Muster eine vierspaltige Tabelle an, aus der Unterschiede und Gemeinsamkeiten der Zellen von Pflanze, Tier und Mensch hervorgehen. Trage in die vierte Spalte die Aufgaben der jeweiligen Zellbestandteile ein.

Zellbestandteil	Pflanzenzellen	Zellen von Tier und Mensch	Aufgabe der Zellbestandteile
Zellmembran	ja	ja	Abgrenzung, Stoffaustausch
…	…	…	…

3 Plane das Modell einer Pflanzenzelle.

a Welches Material benötigst du?

b Wie würdest du dein Modell bauen?

c Was zeigt dein Modell?

d Welchen Teil der Wirklichkeit kann dein Modell nicht wiedergeben?

2

4 Eine Katze ist wie der Mensch ein Lebewesen, das aus zahlreichen Organen besteht.

a Erkläre, was man unter einem Gewebe und was man unter einem Organ versteht.

b Nenne drei Organe, die bei einer Katze zu finden sind, und beschreibe kurz ihre Aufgaben.

3

5 Auch der Körper einer Tulpe (Pflanze) besteht aus mehreren Organen.

a Nenne drei davon.

b Welche Aufgaben haben diese pflanzlichen Organe?

6 Betrachte die nachfolgenden mikroskopischen Aufnahmen verschiedener Zellen. Es handelt sich dabei um eine Nervenzelle, eine Zelle aus einem Laubblatt, eine Flimmerhaarzelle aus der Luftröhre und Zellen aus der Wurzel einer Zwiebel.

   a Ordne die Bilder den angegebenen Zelltypen zu. Begründe deine Zuordnung.

   b Welche Bilder zeigen pflanzliche, welche tierische Zellen?

   c Gib die Besonderheiten der jeweiligen Zelltypen an.

   d Beschreibe den Zusammenhang zwischen der Struktur der Zellen und ihrer jeweiligen Aufgabe.

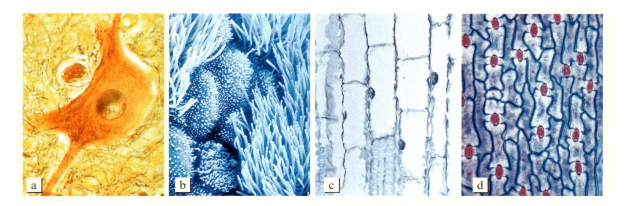

4

7 Fertige beschriftete Zeichnungen je einer typischen pflanzlichen und tierischen Zelle an.

Ordne deiner Lösung im Heft ein Smiley zu:
☺ Ich habe die Aufgabe richtig lösen können.
☺ Ich habe die Aufgabe nicht komplett lösen können.
☹ Ich habe die Aufgabe nicht lösen können.

Aufgabe	Fähigkeit	Hilfe findest du auf Seite …
1	Ich kann mit einem Mikroskop richtig umgehen.	10, 14
2	Ich kann pflanzliche und tierische Zellen miteinander vergleichen, kenne ihre Gemeinsamkeiten und weiß, wodurch sie sich unterscheiden.	12
3	Ich kann ein Zellmodell planen und nenne Unterschiede zwischen Modell und Wirklichkeit.	13
4, 5	Ich kann erklären, was man unter einer Zelle, unter einem Gewebe und unter einem Organ versteht.	17
6	Ich erkenne verschiedene Zelltypen und kann ihnen bestimmte Aufgaben zuordnen.	17
7	Ich kann eine mikroskopische Zeichnung anfertigen.	19

Lebewesen haben Geschichte

Die Anfänge unserer Erde liegen lange vor unserer Zeitrechnung. Die Erde entstand vor etwa 4,5 Milliarden Jahren. Ihre Geschichte, die Entstehung und Entwicklung, wird von den Paläontologen untersucht und erforscht. Die Forschung liefert uns Beweise für die unterschiedlichsten Lebensformen, die die Erde über Milliarden von Jahren bis in die heutige Gegenwart besiedelt haben. Dabei geht die Entwicklung von den kleinsten Lebewesen, den Bakterien, den einzelligen Pflanzen und Tieren über Mammutbäume und Dinosaurier zu den heutigen Pflanzen, Tieren und Menschen.

1 Wie entstand aus einem lebensfeindlichen Feuerball unser Planet? ↑S. 28

2 Die Entdeckung des Landlebens – Pflanzen und Tiere verlassen das Wasser. Doch welche Voraussetzungen ermöglichten die Besiedlung der Erde? ↑S. 30

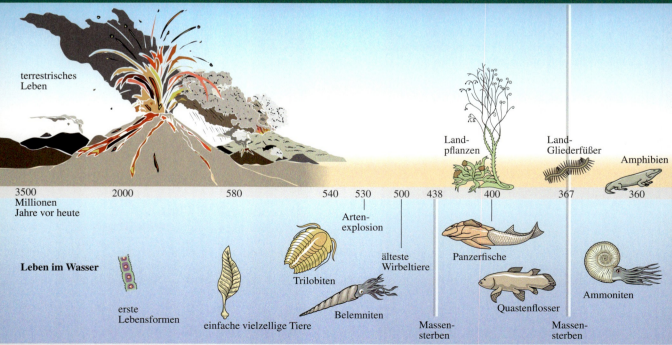

terrestrisches Leben

Land-pflanzen

Land-Gliederfüßer

Amphibien

3500 Millionen Jahre vor heute | 2000 | 580 | 540 | 530 | 500 | 438 | 400 | 367 | 360

Arten-explosion

älteste Wirbeltiere

Panzerfische

Leben im Wasser

erste Lebensformen

einfache vielzellige Tiere

Trilobiten

Belemniten

Quastenflosser

Ammoniten

Massen-sterben

Massen-sterben

3 Zeugnisse der Urzeit – Forscher finden im Kalksandstein Abdrücke ausgestorbener Arten. Welche Beweise längst vergangenen Lebens gibt es? ↑S. 36

4 Der Motor der Evolution ist die Anpassung an den Lebensraum. Welche Lebewesen haben die besten Überlebenschancen? ↑S. 44

5 Die Verwandtschaft ist unverkennbar. Doch stammt der Mensch tatsächlich vom Affen ab? ↑S. 50

6 Während der Entwicklung zum Homo sapiens veränderte sich das Aussehen des Menschen, das Hirnvolumen nahm zu. Veränderten sich dabei auch die Werkzeuge und die Moral? ↑S. 52

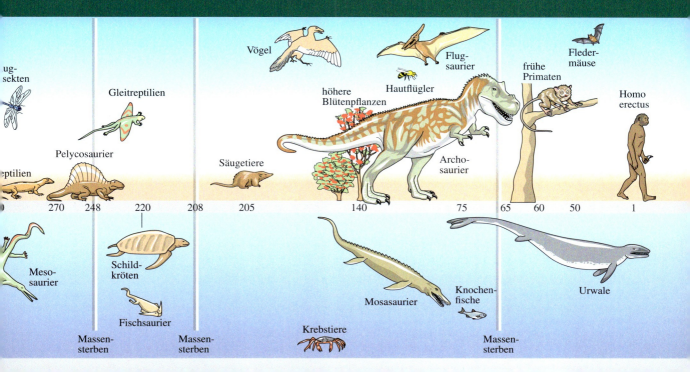

ug-sekten

Gleitreptilien

Pelycosaurier

reptilien

Säugetiere

höhere Blütenpflanzen

Hautflügler

Vögel

Flug-saurier

Archo-saurier

frühe Primaten

Fleder-mäuse

Homo erectus

270 248 220 208 205 140 75 65 60 50 1

Meso-saurier

Schild-kröten

Fischsaurier

Mosasaurier

Knochen-fische

Krebstiere

Urwale

Massen-sterben

Massen-sterben

Massen-sterben

Vom Urknall zu den Anfängen des Lebens

1 Big Bang – der Urknall

Kaum zu glauben, aber unsere Erde ist aus einer Reihe von Explosionen, Zusammenstößen und aus chemischen Verbindungen hervorgegangen. Wie ist das Leben auf unserer Erde genau entstanden und woher kommen Pflanzen, Tiere und der Mensch?

Big Bang – ein Ausflug in die Chemie Vor etwa 14 Milliarden Jahren entstand mit dem Big Bang, dem **Urknall**, unser Planetensystem. ↑1 Die Erde selbst kreiste noch lange als großer Feuerball in unserem Sonnensystem, bis sie sich allmählich abkühlte.

Die **Uratmosphäre** bestand aus Stickstoff, Kohlenstoffdioxid, Methan, Wasserstoff und Wasserdampf. Sauerstoff gab es noch nicht. Vulkane waren aktiv und die Atmosphäre wurde durch häufige schwere Gewitter erschüttert. Vor etwa 3,7 Milliarden Jahren sank die Temperatur unter 100 °C. Wasserdampf kondensierte und Regen fiel auf die abgekühlte Erdoberfläche. ↑2 Ozeane, Seen und Flüsse entstanden. In den Gewässern bildeten sich erste organische Verbindungen wie **Aminosäuren** und andere organische Moleküle. Man spricht von der **Ursuppe**.

Chemiker erforschen den Urknall Das berühmte Experiment des Chemiestudenten Stanley Miller von 1953 stellt das Atmosphäre-Ozean-System der frühen Erde dar. ↑3

2 Sintflutartige Regenfälle ließen das Urmeer entstehen.

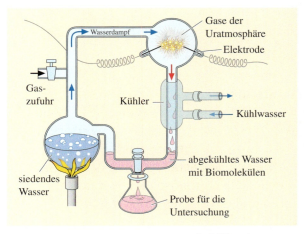

Wasserdampf

Gase der Uratmosphäre

Elektrode

Gaszufuhr

Kühler

Kühlwasser

abgekühltes Wasser mit Biomolekülen

siedendes Wasser

Probe für die Untersuchung

3 Miller-Apparatur

Der mit Wasser befüllte Kolben symbolisiert den Ozean. Beim Erhitzen entsteht Wasserdampf, der in den großen Kolben aufsteigt. Dieser enthält Gase, die die Uratmosphäre darstellen. Die elektrischen Entladungen imitieren die Blitze von Gewittern. Unter dem Einfluss dieser Energie reagieren die Gase miteinander. Das Wasser verfärbt sich von Rosa über Rot bis zu Braun und wird trübe. Analysen zeigen, dass unter diesen Bedingungen tatsächlich Aminosäuren, die Bausteine pflanzlichen und tierischen Lebens, entstehen.

Aus dem Chaos entsteht ein Kosmos Die organischen Verbindungen, die sich in der Ursuppe gebildet hatten, reagierten unter dem Einfluss von ultravioletter Strahlung, elektrischer Entladung, Wärme und Gasen aus der Atmosphäre zu größeren Biomolekülen. Es bildeten sich Nucleinsäuren und Proteine. Aus diesen Bausteinen und organischen Verbindungen entstanden Bakterien und weitere, einfache einzellige Lebewesen.

Die Entstehung der Vielzelligkeit Einzellige Lebewesen schlossen sich zu losen Verbänden zusammen. Aus den zunächst noch selbstständigen Einzellern entstanden Kolonien von Vielzellern mit einer gewissen Arbeitsteilung, ähnlich der Kugelalge Volvox, einer pflanzlichen Zellkugel unserer Süßgewässer. ↑4 Damit war der Weg zu höheren Lebensformen, die aus einer Vielzahl von Zellen mit unterschiedlichen Aufgaben bestehen, bereitet.

Merk dir! **Die Erde ist durch den Urknall als glühender Planet entstanden. Die Erdkruste erstarrte und kühlte sich ab. Chemische und physikalische Faktoren reagierten miteinander. Die Basis für die Entwicklung des Lebens war geschaffen.**

Aminosäuren
Uratmosphäre
Urknall
Ursuppe

4 Die Kugelalge Volvox

Ich vermute, dass Stoffe aus kleinsten, nicht mehr teilbaren Teilchen aufgebaut sind!

5 Entstehung von Leben nach Aristoteles

Arbeitsaufträge

1 Fertige in Form eines Posters einen Zeitstrahl an, auf dem die wichtigsten Fakten der Erdgeschichte abgebildet sind.
2 Benenne die chemischen Elemente, aus denen die Uratmosphäre vermutlich bestand.

3 Abbildung 5 gibt die Vorstellung von Aristoteles zur Entstehung des Lebens wieder.
a Nimm Stellung zu dieser Aussage und der Vermutung hinsichtlich der Entstehung des Lebens.
b Entwickle einen Versuch, um zu überprüfen, ob Aristoteles mit seiner Aussage richtig lag.

Das Leben erobert die Erde

1 Die Welt vor etwa 400 Millionen Jahren

Eine lebensfeindliche Umwelt – und doch erobern zunächst die Pflanzen, später die Tiere langsam die Erdoberfläche. Wie konnten sie sich vor der feindlichen Umwelt schützen?

Die Erfindung der Fotosynthese Vor etwa 3,5 Milliarden Jahren gelang es einer Gruppe von Bakterien, den **Cyanobakterien**, mithilfe von chlorophyllähnlichen Molekülen und dem Sonnenlicht Wassermoleküle zu zerlegen. ↑2 Aus den entstandenen Wassermolekülen und dem Kohlenstoffdioxid konnten sie große Mengen an Biomolekülen herstellen. Als Abfallprodukt entstand Sauerstoff, der sich allmählich im Wasser und in der Luft anreicherte. Mit der Ausbildung der Ozonschicht, die die Erde vor schädlichen UV-Strahlen schützt, waren die Voraussetzungen für Leben auf der gesamten Erdoberfläche geschaffen.

2 Cyanobakterien

Vom Wasser zum Land Algen und Meerespflanzen der Urmeere hatten noch keinen ausreichenden **Verdunstungsschutz** und waren somit nicht an das Leben außerhalb des Wassers angepasst. Moose konnten als erste Pflanzen an Land leben. Sie sind viel komplizierter gebaut als ihre Algenvorfahren. Sie besitzen einen Verdunstungsschutz, der sie vor Austrocknung schützt. Mit ihren feinen Wurzelfäden, den Rhizoiden, halten sie sich im Erdreich fest und nehmen über sie und die gesamte Moosoberfläche Wasser auf.

Nach den Moosen eroberte eine kleine Pflanze, Cooksonia, das Festland. ↑3 Sie besaß einen gegabelten, nackten Stiel, an dem sich Spaltöffnungen befanden. Anstelle von Blättern besaß sie endständig Kapseln mit Sporen. Die Wasser- und Nährstoffaufnahme erfolgte über Rhizoide aus dem Boden. Aus diesen ersten Landpflanzen entwickelten sich Farne, Schachtelhalme, Nadelgehölze, Laubbäume und die Blütenpflanzen.

3 Cooksonia, Versteinerung

Der Landgang der Tiere Etwa 10 Millionen Jahre nach dem Landgang der Pflanzen verließen die ersten Wirbellosen das Urmeer. Sie ähnelten unseren heutigen Tausendfüßern und Skorpionen. Würmer und Spinnentiere folgten. Der Luftraum gehörte fliegenden Insekten mit libellen- und schmetterlingsartigem Aussehen.

Erste amphibienartige Wirbeltiere wie Ichthyostega, der Fischschädellurch, verließen vor mehr als 355 Millionen Jahren das Wasser. ↑4 Wie unsere heute lebenden Amphibien war auch Ichthyostega an zwei Lebensräume gebunden. Die Eiablage und die Entwicklung der Jungtiere fanden im Wasser statt, im Erwachsenenstadium lebten die Tiere an Land.

Reptilien, die sich Jahrtausende später entwickelten, besaßen eine feste Haut mit Verdunstungsschutz und legten Eier mit fester Eischale. Die Eier aller Reptilien wurden an Land gelegt und ausgebrütet. Da Reptilien nicht mehr auf die feuchten Ufergebiete angewiesen waren, konnten sie sich in einer großen Artenvielfalt ausbreiten. Es begann die Zeit der **Dinosaurier**.

Lückenfüller Aus den frühen Reptiliengruppen entwickelten sich unabhängig voneinander die Säugetiere und die Vögel. Einen Beweis dieser stammesgeschichtlichen Entwicklung liefern die sogenannten Brückentiere oder **missing-links**. So stellt der Urvogel **Archaeopterix** das Bindeglied zwischen Reptilien und Vögeln dar. Er vereinigt Reptilien- und Vogelmerkmale in einem Lebewesen. ↑5

Merk dir! **Nachdem sich die Uratmosphäre mit Sauerstoff angereichert hatte und eine dichte Ozonschicht die schädlichen UV-Strahlen abhielt, entstand eine große Vielfalt an pflanzlichem und tierischem Leben auf der Erdoberfläche.**

> **Archaeopterix**
> **Cyanobakterien**
> **Dinosaurier**
> **Fotosynthese**
> **missing-link**
> **Verdunstungsschutz**

4 Ichthyostega

5 Archaeopterix

Arbeitsaufträge

1 Moose gelten als Wasserspeicher. Überprüfe mit folgendem Langzeitversuch (etwa 14 Tage), ob diese Aussage stimmt.

  a Suche ein kleines Moospolster (5 cm · 5 cm) im Wald und wiege es. Lass es unter Sonneneinstrahlung oder an der Heizung 14 Tage stehen. Wiege alle 2 Tage. Notiere das Gewicht deines Moospolsters und übertrage die Daten in eine Grafik. Erläutere den Verlauf der Kurve. Gieße das Moospolster nach 14 Tagen. Notiere deine Beobachtungen und interpretiere sie.

  b Erkläre, wieso Moose die ersten Landbewohner der Urerde gewesen sein könnten.

2 Erstellt in Gruppenarbeit Steckbriefe verschiedener Dinosaurier und ordnet sie einer Zeitleiste zu.

Dinosaurier bevölkerten etwa 170 Millionen Jahre lang die Erde. Sie lebten im Wasser, auf dem Land und in der Luft, bis sie vor 65 Millionen Jahren plötzlich verschwanden. Waren alle Saurier „schrecklich"? Wieso verschwanden sie so plötzlich?

Dinosaurier – Giganten der Urzeit

2 Brachiosaurus, ein Pflanzenfresser

1 Die Welt der Saurier

In der Welt der Dinosaurier gab es sanfte Riesen, zum Beispiel den Pflanzenfresser Brachiosaurus, und gefährliche Fleischfresser wie Tyrannosaurus Rex oder die Raptoren. ↑2–4

3 Der Fleischfresser Tyrannosaurus Rex

4 Raptoren jagten im Rudel ihre Beute.

Die schrecklichen Echsen – liebevolle Eltern?
Fossilfunde haben bewiesen, dass es sowohl bei Pflanzen als auch bei fleischfressenden Dinosauriern betreute Eigelege gab. Einige Arten wie die „Gute-Mutter-Saurier" betreuten die Jungtiere so lange, bis sie sicher vor Fressfeinden waren.
Auch Männchen waren an der Brutfürsorge und Jungenaufzucht beteiligt.

Friedliche Pflanzenfresser und gefährliche Räuber

- Brachiosaurus war bis zu 12 m hoch und wog mehr als 20 Tonnen. Seine Körperlänge von Kopf bis Schwanzspitze betrug bis zu 30 m. ↑2 Er ernährte sich ausschließlich von Pflanzen, die er mit kleinen Zähnen rupfte und im Magen mithilfe geschluckter Steine zermahlte.
- Tyrannosaurus Rex war bis zu 13 m groß und etwa 5–7 Tonnen schwer. ↑3 Er bewegte sich zweibeinig und jagte einzeln. Seine Zähne hatten eine Länge von bis zu 18 cm, die sich wie bei den Haien erneuern konnten.
- Die Raptoren waren relativ kleine Dinosaurier mit einer Länge von etwa 2 m und einer Höhe von etwa 1 m. Sie waren Fleischfresser mit langem Kopf und Schwanz. ↑4 Ähnlich wie Löwen jagten sie erfolgreich in Rudeln.

Warum verschwanden die Dinosaurier plötzlich? – Einige Erklärungsversuche

Meteoriteneinschlag
Vor etwa 65 Millionen Jahren schlug ein Meteorit auf der Erde ein. Er löste eine gewaltige Flutwelle rund um die Erde aus und verdunkelte mit einer Staubwolke die Atmosphäre, sodass sich die Erde abkühlte. Der damit verbundene Klimawandel führte zum Aussterben der wechselwarmen Saurier.

Vulkanausbrüche
Die Zeit vor 65 Millionen Jahren ist durch Vulkanausbrüche geprägt, die ungeheure Mengen an Staub und Treibhausgasen freisetzten. Die Vulkanausbrüche trugen zu einer extremen Klimaänderung bei, die zum Aussterben der Dinosaurier beitrug.

Die ersten Säugetiere
Am Ende des „Dinosaurierzeitalters" lebten kleine, rattenähnliche Säugetiere. Die aktiven gleichwarmen Tiere waren den wechselwarmen Riesenechsen überlegen, da sie sich auch in den kalten Nachtstunden als Nesträuber betätigten und kältesteife Echsen annagten. Deren Nachwuchs wurde dezimiert, die Saurier starben langfristig aus.

5 Ein Meteoriteneinschlag war möglicherweise der Auslöser für das Aussterben der Saurier.

Arbeitsaufträge

1 Pflanzenfressende Dinosaurier wanderten in großen Herden durch die Landschaft. Überlege, wieso Pflanzenfresser selten Einzelgänger waren. Welche körperlichen Strukturen besaßen sie zu ihrem Schutz?

2 Du hast bereits einige Theorien zum Aussterben von Sauriern kennengelernt. Findest du im Internet oder in Fachbüchern noch weitere Theorien? Erkläre, warum alle Begründungen nur Theorien sind.

Lebende Fossilien

1 Heute lebender Pfeilschwanzkrebs

2 Abdruck eines Fossils

Die Invasion der Urzeitkrebse

Pfeilschwanzkrebse besiedelten vor vielen Millionen Jahren alle Meere der Welt. Heute leben sie nur noch an der Atlantikküste von Nordamerika bis Mexiko und in den tropischen Meeren Südostasiens bis zu einer Wassertiefe von 50 m. Geschlechtsreife Tiere sammeln sich im Frühsommer an den flachen Küsten zur Eiablage. Der Name „Pfeilschwanzkrebs" ist irreführend, da es sich nicht um echte Krebse, sondern um Spinnentiere handelt. ↑1

3 Heute lebender Quastenflosser (oben) und fossiler Fund (unten)

Der Fisch aus der Tiefsee, ein Relikt der Urzeit

Marjorie Courtenay-Latimer, die Leiterin eines Meeresmuseums nahe der Kormoren, entdeckte am 23. 12. 1938 in einem Fischfang aus etwa 200 m Tiefe einen fremdartigen Fisch: stahlblau, 1,50 m lang und 52 kg schwer. Der Fisch hatte überdimensional große Schuppen, fleischige Flossen, die wie Gliedmaßen abstanden, und kräftige Unterkiefer. ↑3 Eine Skizze des Fisches wurde einem Fischkundler zugesandt, der schrieb: „Ich wäre kaum erstaunter gewesen, wenn ich auf der Straße einem Dinosaurier begegnet wäre." Bis zum Zeitpunkt dieses Fundes kannte man diesen Fisch, den Quastenflosser, nur als Fossil. ↑3 Er lebte schon vor über 350 Millionen Jahren und galt als längst ausgestorben.

Ein Säugetier, das Eier legt und Gift verspritzt?

Das Schnabeltier ist ein Kloakentier. ↑4 Wie bei Reptilien und Vögeln, die ebenfalls zu den Kloakentieren gehören, münden Ausscheidungs- und Geschlechtsorgane in einer gemeinsamen Öffnung. Der Bau des Unterkiefers erinnert an Reptilien, der namengebende Schnabel und das Eierlegen an Entenvögel. Jungtiere sind beim Schlüpfen nur 1–3 cm lang, blind und nackt. Männliche Tiere besitzen einen Giftsporn, den sie während der Paarungszeit gegen männliche Artgenossen einsetzen. Ist das Schnabeltier nun ein Vogel, ein Reptil oder ein Säugetier?

Das Schnabeltier gehört zu den Säugetieren, da es seinen Nachwuchs mit Muttermilch ernährt. Die Jungen werden vom Weibchen über Milchdrüsen gesäugt. Weitere Säugetiermerkmale sind das Fell und die Gehörknöchelchen im Mittelohr.

4 Schnabeltier mit Eigelege

Nautilus – die Urzeit überlebt, in der Neuzeit bedroht

Nautilus oder Perlboot ist ein Vertreter der Kopffüßer, der, wie Funde beweisen, schon die Urmeere besiedelte. ↑5, 6 Heute existierende Arten leben an Steilhängen der Korallenriffe im Indischen und Pazifischen Ozean in Tiefen von 50 bis 500 m. Perlboote besitzen – anders als die verwandten Kopffüßer, die Kraken – eine gewundene Kalkschale, die den weichen Körper schützt. Nautilus kann sich komplett in die Schale zurückziehen, die er mit einer festen Kalkklappe verschließt. Die Schale schützt zwar vor Fressfeinden, nicht jedoch vor Souvenirjägern. Jeder Kauf einer Nautilusschale führt zu neuen Fängen und gefährdet das Überleben der Tiere.

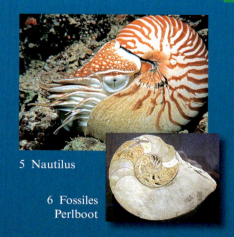

5 Nautilus

6 Fossiles Perlboot

Ein Baum aus der Urzeit, der Baum des Jahrtausends

7 Fossiler Ginkgo

8 Blatt des Ginkgobaums

Der Ginkgo wurde als Baum des Jahrtausends gewählt. Er stellt das Symbol für einen Weltenbaum, für Stärke und Hoffnung dar.

Vorfahren des Ginkgos sollen die Erde großflächig besiedelt haben, lange bevor die Dinosaurier lebten. ↑7 Heute wachsen Ginkgo-Arten natürlicherweise in Ostasien. Bei uns sind sie als Zierbäume in botanischen und privaten Gärten sehr beliebt. Das Ginkgoblatt ist ein aus Nadeln zusammengewachsenes Fächerblatt mit einem tiefen Einschnitt. Es ist hell- bis graugrün und im Herbst leuchtend gelb. ↑8

Baumrinde, Blätter und Früchte werden seit dem 11. Jahrhundert als Heilmittel genutzt. Ginkgopräparate werden gegen Durchblutungsstörungen eingesetzt, sie schützen das Nervensystem und behandeln altersbedingte Erkrankungen wie die Altersdemenz. Auch in der Kosmetikindustrie wird Ginkgo-Extrakt verwendet.

Ein Farn, der hoch hinauswill – der Baumfarn

Baumfarne gab es schon in den Sümpfen der Urerde. Sie wurden bis zu 30 m hoch. Heute kommen sie noch in der Regenwaldzone der Tropen vor. ↑9 Sie besitzen einen aufrechten, mehrere Meter hohen Stamm, der kein typischer Baumstamm ist, sondern ein aufrecht stehendes Wurzelbündel, das Rhizom. Am oberen Ende des Rhizoms entrollen sich die Farnwedel teilweise zu mehreren Metern Länge.

Baumfarne werden oft als Zierpflanzen gehalten. Beim Kauf eines Baumfarns sollte man unbedingt darauf achten, dass der Farn ein Zertifikat besitzt, da Baumfarne durch das Washingtoner Artenschutzabkommen geschützt sind.

Fossilien – auf den Spuren der Urzeit

1 An einer Ausgrabungsstelle

Wenn Forscher Fossilien finden, stellen sich ihnen immer wieder die gleichen Fragen: Zu welcher Tierart gehören die gefundenen Knochen oder Skelettteile? Wie alt sind sie und wie wurden sie über viele Jahre erhalten?

Spurensuche Normalerweise werden organische Stoffe, beispielsweise Lebewesen, nach ihrem Tod rasch zersetzt. **Fossilien** sind Spuren, die das Leben auf der Erde hinterlässt. Sie stellen wichtige Beweise für die Entwicklungsgeschichte des Lebens auf der Erde dar, für die Evolution. Dabei kann es sich um Reste von Lebewesen, deren Ausscheidungen und Spuren handeln. Zeitzeugen früheren Lebens findet man überall in Deutschland. Die Entstehung von Fossilien nennt man **Fossilisation**.

Versteinerungen und Abdrücke Es gibt verschiedene Arten der Fossilisation. So entstehen **Versteinerungen**, wenn organische Stoffe rasch von Sand oder Schlamm bedeckt werden. Bei der Zersetzung organischen Materials entstehen Hohlräume, die mit mineralischen Stoffen aufgefüllt werden. Durch den Druck der darüberliegenden Erdschichten versteinern diese allmählich. Beispiele für Versteinerungen sind Urfarne, das Urpferdchen oder der Urvogel. ↑2–4 **Abdrücke**, beispielsweise Fußspuren, die Lebewesen im Schlamm der Urzeit zurückgelassen haben, entstehen auf ähnliche Weise. ↑5

4 Archaeopterix

2 Versteinerter Farn

3 Urpferdchen

5 Versteinerte Spuren eines früheren Menschen

Bernstein – nicht nur hübscher Schmuck Bei Streifzügen am Flutsaum der Ostseeküste findet man manchmal Naturbernstein. Mit etwas Glück enthält der Bernstein **Einschlüsse** von Pflanzenteilen oder Kleintieren, die im Harz der Nadelhölzer aus der Urzeit gefangen wurden. ↑6 Die eingeschlossenen Pflanzen und Tiere stammen aus einer Zeit vor 30–40 Millionen Jahren.

Mumifizierung Bei dieser Art der Fossilisation bleibt ein Körper fast vollständig erhalten und zeigt keine wesentlichen Verwesungserscheinungen. Eine natürliche **Mumifikation** erfolgt unter Luftabschluss, zum Beispiel im heißen Wüstensand, im Moor oder im Eis. So fand man in der russischen Tundra ein mumifiziertes Mammutbaby und in den Alpen eine Gletschermumie aus der Jungsteinzeit. ↑7

> **Abdruck**
> **Einschluss**
> **Fossil**
> **Fossilisation**
> **Mumifikation**
> **Versteinerung**

6 Bernstein mit eingeschlossenen Lebewesen der Urzeit

7 Ötzi, die Gletschermumie

Merk dir! Abdrücke, Versteinerungen, Bernsteineinschlüsse und Mumien sind Zeugen des Lebens in vorgeschichtlicher Zeit.

Arbeitsaufträge

1 Gibt es in deiner Nähe Fossilienfunde? Erstelle eine Liste mit Fossilienfundstätten in Niedersachsen.

2 Informiere dich über die Arbeit eines Paläontologen und erkläre mithilfe von Abbildung 1, welche Schwierigkeiten auftreten können.

3 Informiere dich im Internet über die Entstehung von Bernstein und erläutere, warum ein im Bernstein sichtbares Insekt Zeuge des Lebens der Urzeit ist.

4 In einer Gesteinsschicht wird der Abdruck eines Vogels neben zahlreichen Ammoniten gefunden. Erkläre, wieso Wissenschaftler davon ausgehen, dass Ammoniten und der Vogel gleichzeitig gelebt haben.

5 Finde heraus, was man unter einem Donnerkeil versteht. ↑8

8 Donnerkeil

Immer wieder finden Forscher in den
verschiedenen Erdschichten Knochen und
Versteinerungen von Dinosauriern.
Vollständige oder nahezu vollständige
Funde sind äußerst selten.
Deshalb müssen die Einzelfunde in müh-
seliger Kleinarbeit zu einem vollständigen
Skelett rekonstruiert werden. ↑1 Moderne
Kenntnisse und Computertechnik helfen,
das Puzzle zusammenzusetzen. ↑2

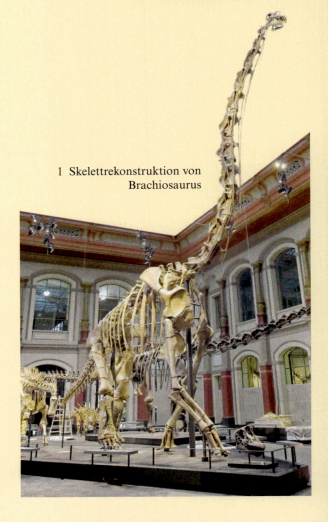

1 Skelettrekonstruktion von
Brachiosaurus

Knochenpuzzle – Dinosaurier werden lebendig

2 Tyrannosaurus Rex – eine
vollständige Rekonstruktion

Ein Dinosaurier entsteht Die Rekonstruktion eines Dinosauriers erfolgt in mehreren Schritten.

Bei ihrer Arbeit greifen die Forscher auf ihre Kenntnisse über heute lebende Tierarten und deren typische Knochenformen zurück. So kann beispielsweise die Form der Wirbelkörper und Rippen heute lebender Wirbeltiere auf Fossilfunde übertragen werden. Skelettteile können auf diese Weise richtig zugeordnet werden. ↑3

Aus einzelnen Skelettteilen kann so schließlich das ganze Skelett rekonstruiert werden. ↑4

Das Skelett wird durch Muskeln, Bänder und Sehnen zusammengehalten und bewegt. Auch hier wird das anatomische Wissen heute lebender Tierarten auf die Fossilfunde übertragen. ↑5

Der Dinosaurier bekommt schließlich noch eine Reptilienhaut. ↑6

Über die tatsächliche Färbung der Dinosaurier lassen sich allerdings keine sicheren Aussagen machen.

Mithilfe der Computeranimation werden schließlich alle zusammengetragenen Informationen verarbeitet. So können neben dem Aussehen auch mögliche Bewegungsabläufe der Dinosaurier errechnet und bildlich dargestellt werden. Die ausgestorbenen Giganten werden auf diese Weise wieder zum Leben erweckt.

3 Die gefundenen Skelettteile werden zugeordnet.

4 Das gesamte Skelett wird rekonstruiert.

5 Muskeln, Sehnen und Bänder werden hinzugefügt.

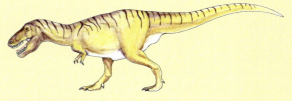

6 Die Körperoberfläche wird ergänzt.

Arbeitsaufträge

1 Paläontologen können beim Fund eines Saurierkopfes sehr gut Aussagen zum Nahrungserwerb ihres Fossils machen. Begründe diese Aussage.

2 Forscher können mithilfe von Knochenfunden und Computeranimation Skelett und Körperbau von Sauriern rekonstruieren. Aufgrund welcher Daten und Fakten können sie Auskunft über Fortpflanzung und mögliches Verhalten geben?

Arbeiten wie ein Paläontologe

Der sterbende Dinosaurier hinterlässt Fußabdrücke und zuletzt seinen Kadaver. Dieser sinkt im Schlamm ein, Sedimente überlagern ihn und seine Spuren.

Abgestorbene Teile von Pflanzen oder tote Tiere werden normalerweise sehr schnell von Aasfressern, Würmern, Kleinstlebewesen, Pilzen und Bakterien zersetzt. Wenn tote Lebewesen direkt nach dem Absterben unter Lufteinschluss im Schlamm eines Gewässers oder unter einer dichten Schneedecke eingebettet werden, setzt die Zersetzung stark verlangsamt ein. Feine feste Teilchen, Sedimente, lagern sich über dem toten Organismus ab und dringen in entstandene Hohlräume ein. Die Sedimentschicht über dem Kadaver und den Fußspuren

1 Entstehung von Fossilien in einer Szenenfolge

wird durch abgelagerten Sand, Schlamm und Geröll immer dicker. Der Druck der überlagernden Sedimentschichten presst das letzte Wasser aus und die Sedimente, die in Hohlräume eingedrungen sind, versteinern. Eine Versteinerung bleibt über Millionen von Jahren erhalten.

1

Die Entstehung von Abdrücken

In diesem Modellversuch vollziehst du die Einbettung toten organischen Materials und die Sedimentation.

Du brauchst: einen leeren Getränkekarton (Tetrapak, 1 l oder größer), Becherglas (500 ml), organisches Material (Muschelschalen, kleine Äste, Blätter …), je 100 ml Sand, Kies, Gips und Wasser, zusätzlich etwas Öl zum Einfetten des Materials. ↑2

→ Schneide die Oberseite des Kartons ab. Mische im Becherglas den Sand, den Kies, den Gips und das Wasser. Fülle dieses Gemisch als Untergrund in den Tetrapak. Wenn die Masse angetrocknet, aber noch feucht ist, legst du deine eingeölten organischen Stückchen (maximal 3 Teile) darauf. Dann gießt du die nächste Sedimentschicht darüber. Je nach Größe des Tetrapaks kannst du das Einbetten einige Male wiederholen.

2 Material für die Herstellung von Abdrücken

Der Kies-Sand-Gipsblock muss nun gut durchtrocknen. Danach kannst du den Karton entfernen und erkennst die unterschiedlichen Sedimentschichten im Block.

Klopfe vorsichtig mit einem Hammer auf den Block. Er teilt sich an den Stellen, an denen deine „Fossilien" liegen. ↑3 Du erhältst Abdrücke im Sediment, da sich die eingeölten Materialien lösen.

3 Sedimentblock und aufgeschlagener Block mit Abdruck

2

Die Entstehung von Versteinerungen

Du brauchst: Öl, Gips und Wasser, Schneckengehäuse, passende Muschelschalen …

→ Streiche Gehäuse und Schalen mit Öl ein und gieße ein Gips-Wasser-Gemisch in die Schalen.

Löse das Gehäuse oder die Schalen vorsichtig von dem ausge-härteten Gips. Du erhältst eine „Versteinerung". ↑4

4 Schüler beim Auslösen einer „Versteinerung"

3

Die Entstehung von Fußabdrücken

Du brauchst: Schuhabdrücke oder Tierspuren im Sand oder am Ufersaum, Gips, Wasser.

→ Gieße vorsichtig Gipsbrei auf die Spur. ↑5

Nachdem der Gips ausgehärtet ist, kannst du den Abdruck dei-ner Spur vorsichtig vom Untergrund lösen. So lassen sich Ab-drücke verschiedener Schuhprofile oder Tierspuren dauerhaft konservieren.

5 Herstellung eines Fußabdrucks

4

Die Entstehung von Einschlüssen

Du brauchst: Gießharz mit Härter (Bastelabteilung), eine Form zum Ausgießen, organisches Material.

→ Das Einbetten von deinem Material gelingt am besten, wenn du es auf eine angehärtete, noch klebrige Schicht Gießharz auf-legst. Danach bedeckst du dein Material nochmals mit einer etwa 1 cm dicken Kunstharzschicht.

Du erhältst so einen dauerhaften Einschluss im Kunstharz, der sich nicht mehr verändert. ↑6

6 Beispiele für fertige Kunstharzblöcke

Wie verlief die Evolution?

Der schwedische Wissenschaftler Carl von Linné veröffentlichte 1735 nach langen Forschungen sein Buch „Systema naturae". ↑1 Es ordnete die Vielfalt der Lebewesen auf der Erde nach ihrem Verwandtschaftsgrad.

Linnés Leitspruch war: „Gott schuf, Linné ordnet." Er ordnete zunächst nur die Pflanzen, später auch Tiere in ein theoretisches System ein, das auf anatomischen Ähnlichkeiten basierte. Danach bekam jede von ihm bestimmte Art einen zweiteiligen Namen, der weltweit Gültigkeit hatte und auch heute noch genutzt wird. Der erste Name benennt die Gattung, der Namenszusatz die Art.

1 Carl von Linné (1707–1778)

2 Jean-Baptiste de Lamarck (1744–1829)

Lamarck: „Wieso haben die Giraffen so lange Hälse?"
Der Franzose Jean-Baptiste de Lamarck kam zu seinen naturwissenschaftlichen Erkenntnissen über die „Scala naturae", die Stufenleiter alles Lebendigen. ↑2 Linné war der Auffassung, dass sich Lebewesen aktiv ihrer sich verändernden Umwelt anpassen und dann diese so erworbenen neuen Merkmale oder Eigenschaften an ihre Nachkommen vererben.

Nach Lamarck hatten die Vorfahren unserer Giraffen „normale", kurze Hälse, mit denen sie nur grasen oder buschhohe Blätter fressen konnten. Da sie aber lieber die saftigen, frischen Blätter in den Baumkronen erreichen wollten, streckten sie sich zu den Wipfeln. Durch das ständige Strecken des Halses verlängerte sich dieser. Diese Halsverlängerung vererbten die Giraffen an ihre Nachkommen und nach vielen Generationen hatten die Giraffen ihre heutige Halslänge erreicht. ↑3 Inzwischen weiß man, dass diese Vorstellung nicht richtig ist. Erworbene Eigenschaften werden nicht vererbt.

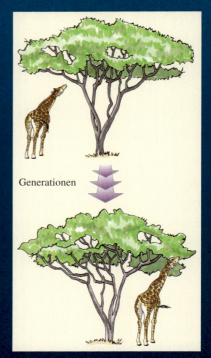

Generationen

3 Erklärungsversuch von Lamarck zur Entwicklung des Giraffenhalses

Arten sind nicht unveränderlich

Der britische Naturforscher Charles Robert Darwin gewann seine Erkenntnisse während einer 5-jährigen Forschungsreise mit dem Forschungsschiff Beagle. ↑4 Während der Weltumsegelung fielen ihm immer wieder Ähnlichkeiten und Unterschiede zwischen Fossilfunden und lebenden Arten auf. Außerdem bemerkte er Angepasstheiten der Lebewesen an ihren jeweiligen Lebensraum. Auf den Galapagosinseln entdeckte er 14 verschiedene Finkenarten. Alle glichen einer auf dem südamerikanischen Festland beheimateten Finkenart. Die Galapagosfinken besitzen nach Darwin einen gemeinsamen Vorfahren, erfuhren jedoch im Laufe der Zeit unterschiedliche Anpassungen an ihren jeweiligen Lebensraum. ↑5 Darwin entwickelte die Theorie der natürlichen Selektion (natürliche Auslese). Lebewesen, die an ihr Lebensumfeld am besten angepasst sind, haben die Chance, zu überleben und Nachkommen zu bekommen. Er prägte den Begriff „survival of the fittest", was so viel bedeutet wie „das Überleben des Bestangepassten".

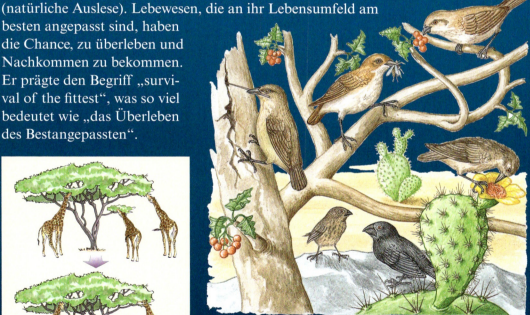

4 Charles Robert Darwin (1809–1882)

5 Galapagosfinken. Der Schnabel jeder Art zeigt Anpassungen an die Ernährungsweise.

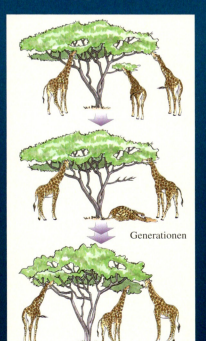

Generationen

6 Darwins Vorstellung zur Entwicklung des Giraffenhalses

Demnach leben in einer Giraffenherde Tiere mit längeren und Tiere mit kürzeren Hälsen nebeneinander. Wenn das Laub der unteren Baumschicht abgeweidet ist, können nur noch die langhalsigen Tiere weiden, da die kurzhalsigen nicht mehr an das Laub der Baumkronen heranreichen. Sie sind in der Nahrungssuche unterlegen, sterben früher und können keine Nachkommen mehr zeugen. Von Generation zu Generation vermehren sich nur noch die langhalsigen Giraffen, bis schließlich nur noch Giraffen mit langen Hälsen vorhanden sind. ↑6

Motoren der Evolution – Selektion und Mutation

Beim Birkenspanner, einem Nachtfalter, überwiegt in manchen Gegenden eine helle, in anderen Gebieten eine dunkle Form. Gibt es dafür eine Erklärung?

1 Helle und dunkle Form des Birkenspanners

Unterschiedliche Überlebenschancen Birkenspanner treten in einer hellen und in einer dunklen Form auf. ↑1 Sie ruhen tagsüber mit aufgespannten Flügeldecken unter den Blättern, an kleinen Zweigen oder auf den Stämmen von Birken. Helle Birkenspanner sind vermehrt auf der hellen Rinde zu finden, während die dunkle Variante dort äußerst selten ist. Diese Beobachtung ist darauf zurückzuführen, dass weiße Falter auf hellen Birkenstämmen deutlich bessere Überlebenschancen haben. Sie werden von ihren Fressfeinden, den Vögeln, nicht so leicht entdeckt, da sie besser an den Untergrund angepasst sind. Die dunkle Farbvariation wird dagegen schnell abgepickt.

Die Umwelt entscheidet über das Überleben Anfang des 19. Jahrhunderts war die Luft in Industriegebieten durch Rußpartikel belastet. Die hellen Flechten auf den Birken starben ab und die Baumstämme erschienen dadurch dunkler. Das hatte zur Folge, dass die Flügelflächen der hellen Birkenspanner auf den dunklen Stämmen für die Vögel gut sichtbar waren. Die dunkle Variante, die den dunklen Stämmen besser angepasst war, wurde nun weniger abgepickt und konnte sich erfolgreicher fortpflanzen.

Das Beispiel der Birkenspanner bestätigt eindeutig Darwins Theorie der **natürlichen Selektion**: Nur diejenigen Lebewesen, die ihrer Umwelt am besten angepasst sind, überleben und können sich fortpflanzen.

● größte Industriezentren
Anteile der hellen Form des Birkenspanners
Anteile der dunklen Form des Birkenspanners

2 Formen des Birkenspanners in Großbritannien (1981)

Künstliche Auslese Bei der Züchtung von Tieren und Pflanzen spielt der Mensch eine entscheidende Rolle. Die Voraussetzung für die Züchtung bestimmter Rassen ist eine künstliche Auslese oder **künstliche Selektion**. Dabei wählen Züchter diejenigen Nachkommen aus, die die gewünschten Merkmale besitzen, und sorgen damit dafür, dass nur diese sich fortpflanzen.

Wenn Gene verändert werden Veränderungen der Gene, Mutationen, führen häufig zu einem anderen Aussehen der Nachkommen. Mutationen können unter anderem auch durch Veränderungen der Umweltfaktoren hervorgerufen werden. Verschmutzte Luft enthält vermehrt Schwefeldioxid. Die erhöhte Konzentration dieses Luftschadstoffes führt beim Birkenspanner zur Mutation eines Gens, das für die Produktion des Farbstoffs Melanin verantwortlich ist. Je mehr Melanin produziert wird, desto dunkler ist der Falter. ↑3 Für den Birkenspanner im 19. Jahrhundert war diese Art der Mutation von großem Vorteil, denn er war durch die Veränderungen seines Erbgutes besser an seine Umgebung angepasst als die hellen Exemplare.

künstliche Selektion
natürliche Selektion

3 Melaninsynthese

Merk dir! Selektion und Mutation sind wichtige Ursachen für die Veränderung der Lebewesen in der Evolution. Die Anpassung an den Lebensraum ist das Ergebnis von Selektion und Mutation. Die Selektion in der natürlichen Umwelt entscheidet, ob eine Mutation erfolgreich ist.

Arbeitsaufträge

1 Beschreibe die Unterschiede zwischen der natürlichen und der künstlichen Selektion.

2 „Mutationen sind schädlich." Nimm Stellung zu dieser Aussage. Bietet die Mutation dem Birkenspanner einen Überlebensvorteil?

3 Erkläre anhand der Informationen und der Abbildungen 4 und 5, warum der Fellwechsel beim Schneehasen im Herbst und Frühjahr unter dem Aspekt der Selektion sinnvoll ist.

4 Feldhase

5 Schneehase: a im Sommerfell, b im Winterfell

Feldhasen des Tieflands besitzen das ganze Jahr über ein gleichmäßig graubraunes Fell. ↑4 Der Schneehase wechselt seine Fellfarbe im Herbst und Frühjahr von Graubraun zu Weiß. ↑5 Die Gene für diesen Fellwechsel vererbt er an seine Nachkommen.

Ein Spielmodell – Wie wirkt die Evolution?

Nach der Evolutionstheorie von Darwin haben diejenigen Lebewesen einen Selektionsvorteil, die am besten an die Umweltbedingungen ihres Lebensraums angepasst sind. Sie haben bessere Überlebens- und Fortpflanzungschancen, vermehren sich und verdrängen Artgenossen, die im gleichen Lebensraum nicht so optimal an die Umweltbedingungen angepasst sind.
Die natürliche Selektion bestimmt die Richtung der Evolution.

1 Natürliche Selektion durch Angepasstheit

1

Mit einem einfachen Spiel lässt sich die natürliche Selektion in der Klasse nachspielen.
Ihr braucht (pro Gruppe): schwarz-weiß gesprenkelten Karton, 250 ausgestanzte schwarze und weiße Plättchen in der Größe einer 5-Cent-Münze, Stoppuhr.

	Anzahl Plättchen	
	dunkel	hell
Beginn	50	50
nach dem 1. Durchlauf		
nach dem 2. Durchlauf		
nach dem 3. Durchlauf		

2 Beispielprotokoll für den Spielverlauf

Durchführung des Spiels

– Es sollten je fünf Schüler in einer Gruppe zusammenspielen: zwei Beutegreifer, zwei Beuteverteiler (Beobachter), ein Protokollführer.
– Jede Gruppe breitet ihren Karton auf dem Tisch aus.
– Die Beuteverteiler verteilen je 50 schwarze und weiße Plättchen auf dem Tisch. Dabei sollen die Beutegreifer die Verteilung nicht beobachten.

Ziel des Spiels

– Die Beutegreifer sammeln in einer Minute möglichst viele Plättchen ab.
– Das Ergebnis wird protokolliert.
– Die verbliebenen „Tiere" (Plättchen) vermehren sich: Zu jedem verbliebenen Plättchen kommt ein neues hinzu.
– Wieder sammeln die Beutegreifer möglichst viele Plättchen ab. Das Ergebnis wird ebenfalls protokolliert und die verbliebenen Plättchen werden wieder vermehrt.
– Der Spielablauf sollte mindestens 4-mal wiederholt werden.

→ Wertet die Spielprotokolle aus. Stellt in einem Liniendiagramm dar, wie sich die Anzahl der roten und schwarzen Plättchen in den Durchläufen verändert.

→ Beschreibt das Ergebnis nach der 3. Spielrunde. Wie verhält sich die Anzahl der „Beutetiere", die überlebt haben und sich „fortpflanzen" können, zu den abgesammelten „Beutetieren"?

→ Diskutiert, ob das Spielergebnis als Erklärung für das gehäufte Auftreten von dunklen Birkenspannern in britischen Großstädten herangezogen werden kann.

3 Schüler spielen die natürliche Selektion.

2

Spielvariation

Ihr braucht (pro Gruppe):
buntgemustertes Geschenkpapier, 50 Plättchen verschiedener Form, 50 Plättchen verschiedener Färbung (auch die weißen und schwarzen).

Ziel des ersten Spielverlaufs über mehrere Runden ist es, die natürliche Selektion modellhaft darzustellen. Das Modell der ersten Spielvariante unterscheidet jedoch nur zwischen optimal angepasster „Beute" und nicht angepassten „Beutetieren", die leicht entdeckt und entfernt werden können.

In den Spielverlauf wird nun die „Mutation" eingebaut. Dafür wird zusätzlich mutierte „Beute" in Gestalt von Plättchen mit anderen Formen und Farben eingesetzt.

Durchführung des Spiels

Der Untergrund wird geändert, indem das gemusterte Geschenkpapier auf dem Tisch ausgebreitet wird. Ebenso erfährt die „Beute" eine optische Änderung. Auf dem gemusterten Geschenkpapier werden die schwarzen, weißen und bunten Plättchen verteilt.

Der weitere Ablauf des Spiels entspricht der ersten Variante.

→ Erklärt anhand der natürlichen „Spielselektion" den Begriff der Mutation. Welche Bedeutung haben Form und Farbe der verschiedenen Plättchen?

→ Beurteilt, inwieweit sich das Spiel mit realen Vorgängen in der Natur vergleichen lässt.

→ Übertragt das Spiel auf die Realität. Wofür stehen die verschiedenen Farben und Formen bei den Plättchen?

→ Was bedeutet es, Gewinner oder Verlierer zu sein? Übertragt dieses Ergebnis auf natürliche Bedingungen.

Verwandt oder nicht?

1 Die Fledermaus – eine Verwandte des Menschen?

Sicherlich ist dir bei einem Besuch im Tierpark schon die Ähnlichkeit zwischen einem Menschen und einem Schimpansen aufgefallen. Weniger deutlich werden dir vermutlich die Gemeinsamkeiten zwischen dem Menschen und der Fledermaus geworden sein. Sind denn Fledermäuse und Menschen überhaupt verwandt und wie lässt sich das beweisen?

Umbau statt Neubau Fledermäuse begeben sich bei Einbruch der Dämmerung fliegend auf Nahrungssuche. Ihre verlängerten Fingerknochen sind von einer dünnen Haut überzogen, die Flughaut spannt sich von den verlängerten Fingerknochen zum Hals und zu den Hinterbeinen. Abbildung 2 zeigt die Vordergliedmaßen weiterer Wirbeltiere. Ihre Aufgaben sind jeweils völlig verschieden: Der Wal hat Flossen zum Schwimmen, der Vogel nutzt die Armschwingen zum Fliegen, der Mensch hat seine Hand zum Greifen, das Pferd Vorderbeine zum schellen Laufen und der Maulwurf zum Graben. Wo sind also die Gemeinsamkeiten?

Sieht man genau hin, entdeckt man, dass der Grundbauplan der Vorderextremitäten und die Lage der einzelnen Knochen im Skelett bei allen Wirbeltieren gleich ist. In der Abbildung haben Knochen mit gleichem Grundbauplan jeweils die gleiche Farbe. Lebewesen mit einem identischen Grundbauplan stammen von einem gemeinsamen Vorfahren ab. Die Gleichwertigkeit im Grundbauplan aller nahe verwandtem Arten nennt man **Homologie**, die Organe werden als homologe, das heißt ursprungsgleiche Organe bezeichnet.

Bei Wirbeltieren lässt sich die Homologie nicht nur am Skelett, sondern zum Beispiel auch an der Lage der inneren Organe nachweisen.

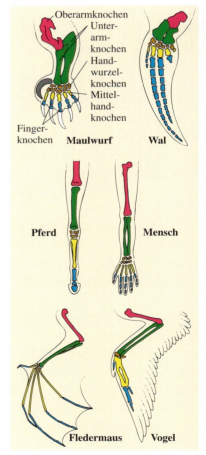

2 Homologie der Vordergliedmaßen der Wirbeltiere

Unterschiedlicher Start – gleiches Ergebnis Sowohl Insekten als auch Vögel besitzen Flügel und bewegen sich fliegend fort. Der Aufbau der Flügel aber ist grundlegend verschieden. Vögel haben ein knöchernes Innenskelett, der Insektenflügel besteht aus einer Hautausstülpung aus Chitin. ↑3
Haben sich bestimmte Organe als Anpassung an einen bestimmten Lebensraum mit gleichen Umweltbedingungen ähnlich entwickelt, sind aber nicht miteinander verwandt, handelt es sich um analoge Organe. Man spricht von **Analogie**.

Gleicher Lebensraum – ähnlicher Körperbau Die Stromlinienform ist eine Anpassung an den Lebensraum Wasser und kennzeichnet alle schnellen Schwimmer. ↑4 Entwickeln nicht verwandte Arten aufgrund ihrer Anpassung an ähnliche Lebensräume ähnliche Strukturen, so spricht man auch von konvergenten Entwicklungen oder von **Konvergenz**.

| Analogie |
| Homologie |
| Konvergenz |

3 Analoge Organe bei Vogel und Insekt

4 Die Stromlinienform – eine konvergente Anpassung an den Lebensraum Wasser

Merk dir! **Verwandte Lebewesen besitzen homologe Organe mit einem identischen Grundbauplan. Ähnliche Lebensräume und Umweltbedingungen bringen funktional gleiche, analoge Organe hervor, die im Bauplan verschieden sind.**

Arbeitsaufträge

1 Vergleiche die Vorderextremitäten von Pferd, Mensch und Fledermaus und erkläre mit eigenen Worten, wieso Wissenschaftler bei so unterschiedlichem Bau dennoch von gleichem Bauplan sprechen.

2 Bastle aus Folie, Pfeifenreinigern und Federn je einen Schmetterlings-, einen Libellen- und einen Vogelflügel. Vergleiche die Flügel. Welche Flügel sind homolog?

3 Gib weitere Beispiele für konvergente Lebensformen an.

Stammesgeschichte des Menschen

Nachdem Darwin seine Evolutionstheorie veröffentlicht hatte, empörten sich die Menschen immer wieder über den Ausspruch: „Der Mensch stammt vom Affen ab." Wie viel Wahrheit steckt in dieser Aussage?

1 Sind wir verwandt?

Unsere nächsten Verwandten Wenn sich Menschenaffen und Menschen im Zoo begegnen, stellt sich häufig die Frage: Wer beobachtet wen und wer imitiert wen? Das Quartier der Menschenaffen erscheint dem Zoobesucher wahrscheinlich deshalb so attraktiv, weil er bei keinem anderen Wirbeltier so viele Ähnlichkeiten im Aussehen und Verhalten feststellen kann. Der Mensch gehört wie die Orang-Utans, Gorillas und Schimpansen zur Säugetierordnung der **Primaten**.

Eine 1929 in Afrika entdeckte Zwergschimpansenart zeigt eine genetische Übereinstimmung mit dem Menschen von mehr als 98%! Diese Übereinstimmung weist eindeutig auf einen gemeinsamen Vorfahren hin. ↑2 Das bedeutet aber nicht, dass der Mensch vom Affen abstammt.

Unterschiede Der Mensch kann mit seiner typischen **Greifhand** den Daumen allen anderen Fingern gegenüberstellen und somit Werkzeuge präzise nutzen. Der Affe hat eine **Klammerhand**. Der Daumen kann nicht abgespreizt werden. Beim Fuß ist es umgekehrt. Während der große Zeh des Affen abgespreizt werden kann, besitzt der Mensch einen **Standfuß** mit parallel nebeneinanderliegenden Zehen und einem Fußgewölbe, das beim Gehen Stöße abfängt. Der Schädel des Menschen zeigt einen ausgeprägten Hirnschädel, der Platz für das große Gehirn bietet und ein flaches Gesicht mit wenig ausgeprägtem Gebiss. Affen dagegen haben einen fliehenden Gesichtsschädel mit vorstehen-

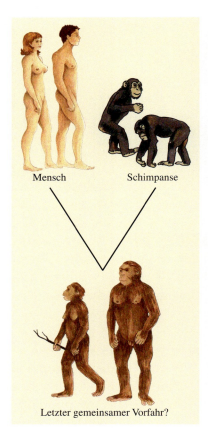

Mensch   Schimpanse

Letzter gemeinsamer Vorfahr?

2 Mensch und Menschenaffe haben einen gemeinsamen Vorfahren.

der Schnauze und starken Wülsten über den Augenhöhlen. Das Gebiss hat lange Eckzähne, der Hirnschädel ist relativ klein.
Die Wirbelsäule des Menschen ist doppel S-förmig gebogen. Der Schwerpunkt liegt in der Körpermitte. Dadurch ist der Mensch optimal an den **aufrechten Gang** angepasst. Affen bewegen sich meist vierfüßig. Ihre Wirbelsäule ist c-förmig und der Körperschwerpunkt liegt vor dem Körper. ↑3

> **aufrechter Gang**
> **Greifhand**
> **Klammerhand**
> **Primaten**
> **Standfuß**
> **Vormensch**

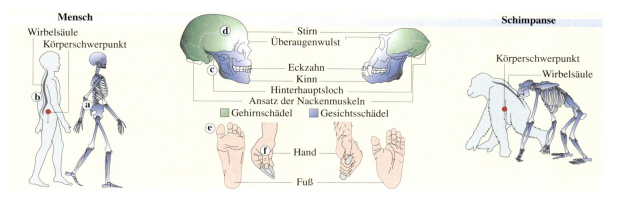

3　Unterschiede zwischen Schimpanse und Mensch

Affenähnliche Menschen　Die sogenannten **Vormenschen** lebten, wie Knochenfunde beweisen, vor 3,9 bis 3,0 Millionen Jahren. Ihr Hirnvolumen war wenig größer als das der heute lebenden Schimpansen. Sie bewegten sich schon aufrecht, nutzten aber noch keine Werkzeuge und kein Feuer. Ihre Sprache beschränkte sich wahrscheinlich auf Lautäußerungen.
Mithilfe der dreidimensionalen Computertechnik und der anatomischen Kenntnisse lebender Affen und Menschen ist es gelungen, Vormenschen zu rekonstruieren. ↑4

Merk dir!　Menschen und Menschenaffen sind miteinander verwandt. Sie haben gemeinsame Vorfahren. Mithilfe von Knochenfunden und moderner Computertechnik können Wissenschaftler Vormenschen rekonstruieren.

4　Rekonstruktion eines Vormenschen

Arbeitsaufträge

1　Vergleiche die anatomischen Unterschiede von Affe und Mensch in einer Tabelle.
2　In einer sandgefüllten Petrischale liegen Getreidekörner. Sammle einmal mit Daumen und Zeigefinger innerhalb einer Minute möglichst viele Körner in eine leere Petrischale, das nächste Mal nur mit Zeige- und Mittelfinger. Werte die Versuche aus (Anzahl der Körner, Gewicht des mitge-
führten Sandes). Die Verarbeitung aller bekannten Daten lässt sogar Rückschlüsse auf Bewegungsabläufe zu.
3　Erkläre, welchen Vorteil sehr lange Arme für den Affen haben könnten.
4　Erkläre, warum Primaten, die sich zweibeinig fortbewegen können, bei Gefahr aber den Vierfüßergang nutzen.

Mensch – woher kommst du?

1 Unsere hangelnden Vorfahren?

Anhand fossiler Knochenfunde konnten Paläontologen nachweisen, dass Afrika vor etwa 10 Millionen Jahren von vielen Affenarten besiedelt war, die in den Baumkronen der Urwälder lebten. 4 Millionen Jahre alte Fossilien stellten sich als Überreste aufrecht gehender affenartiger Lebewesen heraus. Handelt es sich hier um die Vorfahren des heutigen Menschen?

So fing alles an Der **Proconsul** galt lange Zeit als gemeinsamer Vorfahre von Menschenaffen und Menschen. Er lebte vor 26 bis 14 Millionen Jahren. Fossilfunde wurden ausschließlich in Afrika gemacht. Ein fast vollständig erhaltenes Skelett weist auf einen vierfüßigen Waldbewohner hin, der sich wahrscheinlich hauptsächlich kletternd in den Bäumen aufhielt. Aus seinem Zahnstatus lässt sich schließen, dass er sich von Laub und grober faserreicher Kost ernährte. ↑2

Die ersten Zweibeiner Der südliche Affe, **Australopithecus**, ist in seinem Aussehen dem Affen noch sehr ähnlich. Er lebte in der Savanne, wo das Gras oft über einen Meter hoch ist, und er ging aufrecht. Dadurch konnte Australopithecus das Grasland besser überblicken und seine Überlebenschancen verbessern. In der Afar-Wüste in Afrika fanden Wissenschaftler 1974 ein fast vollständiges, 3,2 Millionen Jahre altes Skelett, das unter dem Namen „Lucy" in die Geschichte einging. ↑3

Der geschickte Mensch **Homo habilis**, stellte erste Werkzeuge her, die er fachgerecht nutzte, um an seine Nahrung zu gelangen und sich vor wilden Tieren zu schützen. Sein Hirnvolumen war etwa 30% größer als das der Vormenschen. Seine Gestalt dagegen ähnelte noch sehr der des Vormenschen.

2 Schädel des Proconsuls

3 So sah Lucy vermutlich aus.

Der aufrechte Mensch **Homo erectus** lebte vor etwa 2 Millionen Jahren. Er hatte ein deutlich größeres Gehirn als seine Vorfahren und nutzte als erster Mensch das Feuer zum Schutz vor wilden Tieren und um Holzspeere zu härten. Allerdings konnte er es noch nicht entzünden. Homo erectus suchte und bewahrte das Feuer, beispielsweise nach Gewittern. Fossilfunde des Homo erectus gibt es in Afrika, Asien und in Europa.

Die Entwicklung geht weiter Der Neandertaler, **Homo neanderthalensis**, lebte vor 220000 Jahren in Europa. ↑4 Dieser Nachfahre von Homo erectus stellte gute Werkzeuge her und bestattete seine Toten mit Opfergaben. Sein Gehirn war etwa 1600 cm³ groß.

Der wissende Mensch **Homo sapiens** entwickelte sich vor 200000 Jahren in einer Nebenlinie zum Neandertaler. Er entdeckte neue Werkstoffe wie Knochen und Elfenbein für die Herstellung von Waffen und Skulpturen und stellte sein Leben in Höhlenmalereien dar. ↑5 Er sieht dem heutigen Menschen sehr ähnlich. Die dicken Augenwülste sind verschwunden, der Gesichtsschädel ist höher. Homo sapiens ist größer, sein Knochenbau feiner als der seiner Ahnen.

Sind wir alle Afrikaner? In Afrika spaltete sich die Entwicklungslinie vom Proconsul zu den heutigen Primaten. Die **Out-of-Africa-Theorie** besagt, dass Homo erectus über damals bestehende Landbrücken Richtung Asien wanderte. Weitere Auswanderungswellen führten ihn nach Europa und in die übrigen Teile der Welt.

Merk dir! Fossilfunde zeigen, dass es im Laufe der Erdgeschichte verschiedene aufrecht gehende Vormenschen gab. Ihre Hirnmasse nahm während der Entwicklung ebenso zu wie ihre Geschicklichkeit. Alle Vorfahren lebten in Afrika und eroberten von dort die Welt.

Australopithecus
Homo erectus
Homo habilis
Homo neanderthalensis
Homo sapiens
Out-of-Africa-Theorie
Proconsul

4 Rekonstruktion der Lebensweise der Neandertaler

5 Höhlenmalerei

Arbeitsaufträge

1 Informiere dich über die Bedeutung der Begriffe habilis, erectus und sapiens.

2 Erstelle eine Tabelle, in der die Primatenentwicklung vom Proconsul bis zum Homo sapiens deutlich wird. Unterscheide jeweils hinsichtlich Schädel, Gangart, Gebiss, Hirnvolumen und Körpergröße.

3 Erstelle Steckbriefe von Lucy und vom geschickten Mensch. Vergleiche die Steckbriefe im Hinblick auf
   a die Anpassung an den Lebensraum,
   b die Entwicklung des Menschen.

Menschen haben sich über einen langen Zeitraum und über viele Entwicklungsschritte von affenähnlichen Vorfahren bis zum heutigen Homo sapiens entwickelt. Während der einzelnen Entwicklungsschritte veränderte sich das Aussehen und die Hirngröße. Ebenso hat er sich als handwerklich geschickter Mensch entwickelt und eine kulturelle Struktur gebildet. Er hat in seinem Kulturkreis ein Regelwerk für richtiges oder falsches Handeln geprägt. Die Vorfahren von Homo sapiens mussten mit anderen Herausforderungen fertig werden. Ihr Leben war teilweise schwerer, gefährlicher, entbehrungsreicher …, aber nicht schlechter als das des heutigen Menschen.
Im Folgenden sollt ihr euch selbst ein Bild vom Leben unserer Vorfahren machen.

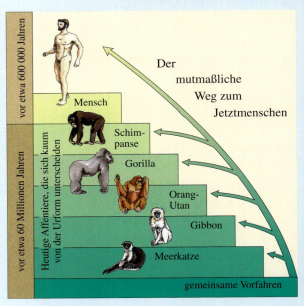

1 Der lange und verzweigte Weg zum Jetztmenschen

Kulturelle Evolution

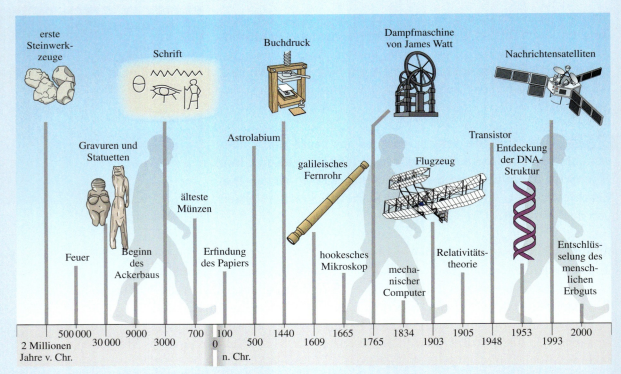

2 Meilensteine in der kulturellen Evolution des Menschen

Schritte und Tipps für die Erarbeitung der „Kulturellen Evolution"

Vorbereitung Die Mindmap zeigt, welche Bereiche das Thema „Kulturelle Evolution" umfasst. Fällt euch noch mehr ein?

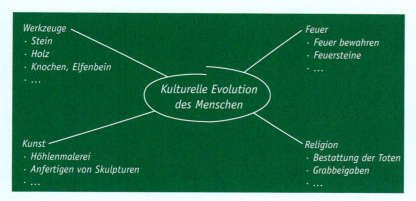

Werkzeuge
· Stein
· Holz
· Knochen, Elfenbein
· ...

Feuer
· Feuer bewahren
· Feuersteine
· ...

Kulturelle Evolution des Menschen

Kunst
· Höhlenmalerei
· Anfertigen von Skulpturen
· ...

Religion
· Bestattung der Toten
· Grabbeigaben
· ...

3 Anfertigen einfacher Werkzeuge

Planung Überlegt, welche Informationsquellen ihr für die Erarbeitung des Themas nutzen könnt:
- Bücher über die Entwicklung des Menschen
- Informationen aus dem Internet
- Informationen aus dem Geschichts-, Religions- und Erdkundeunterricht
- Besuch im Naturkundemuseum: Hier könnt ihr erleben, wie die Urmenschen gelebt und gearbeitet haben und wie sie gekleidet waren. ↑3, 4
- Interview mit einem Museumsmitarbeiter

4 Aussehen wie unsere Vorfahren. Im Museum könnt ihr manchmal sogar in die Haut und die Kleidung unserer Vorfahren schlüpfen.

Durchführung Bildet Arbeitsgruppen und verteilt die Aufgaben:
- Wie viele Schüler sind in einer Gruppe?
- Welche Gruppe übernimmt welche Aufgabe?
- Erledigt die verteilten Aufgaben in der Gruppe.

Abschluss und Präsentation Überprüft eure Ergebnisse und überlegt, wie ihr sie für andere Klassen oder für die Eltern interessant gestalten könnt. Ihr könnt beispielsweise folgendermaßen vorgehen:
- Jede Gruppe bereitet einen kleinen Vortrag vor.
- Es werden Plakate erstellt.
- Verschiedene Produkte und die unterschiedlichen Plakate werden in einer kleinen Ausstellung präsentiert.

➡ Nachdem sich die Ur-atmosphäre abgekühlt hatte und Gewässer entstanden waren, konnten sich erste einfache Lebensformen entwickeln. ↑S. 28

➡ Nach der Entstehung der Fotosynthese reicherte sich die Uratmosphäre mit Sauerstoff an. Nach der Bildung einer schützenden Ozonschicht konnte sich das Leben auf der ganzen Erdoberfläche ausbreiten. ↑S. 30

Lebewesen haben Geschichte – auf einen Blick

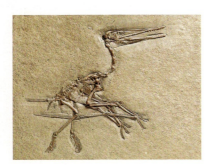

➡ Unter bestimmten Bedingungen können Reste von Lebewesen als Fossilien die Zeiten überdauern. Fossilien sind Zeugen früheren Lebens auf der Erde. ↑S. 36

➡ Selektion und Mutation sind die Motoren der Evolution. Angepasstheiten an den Lebensraum sind das Ergebnis von Selektion und Mutation. ↑S. 44

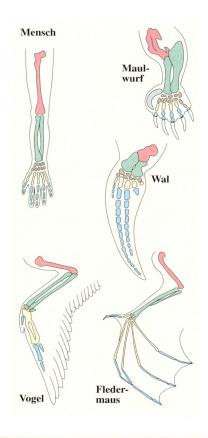

Mensch

Maulwurf

Wal

Vogel

Fledermaus

→ Verwandte Lebewesen besitzen einen gleichen Grundbauplan mit homologen Organen. Ähnliche Lebensräume und damit ähnlicher Selektionsdruck bringen analoge Organe hervor, die im Bauplan verschieden sind. ↑S. 48

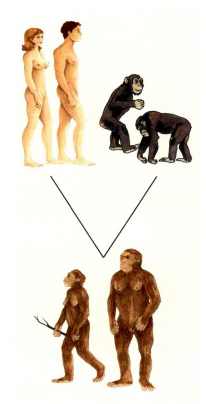

→ Menschenaffen und Menschen haben die gleichen Vorfahren, sie trennten sich in ihrer weiteren Entwicklung ↑S. 50

Arbeitsaufträge

1 Nenne einige „Zeugen" für den wissenschaftlichen Nachweis früheren Lebens auf der Erde.

2 Erkläre anhand der Beispiele Quastenflosser und Schnabeltier den Begriff „missing-link".

3 Erkläre den Unterschied zwischen Zucht und natürlicher Auslese.

4 Ordne die Steckbriefe in der Abbildung 1 den jeweiligen menschlichen Vorfahren zu.

5 Gestalte ein Wissensquiz zum Thema „Evolution des Menschen".

  a Denke dir verschiedene Fragen aus und schreibe sie jeweils auf eine Seite einer Karteikarte. Die Antworten schreibst du auf die Rückseite jeder Karteikarte.

  b Spiele das fertige Wissensquiz mit einem deiner Mitschüler.

 a   b   c   d

Homo rudolfensis
• lebte vor 2,4 Millionen Jahren
• nutzte Steinwerkzeuge
• Gehirnvolumen: 600–800 cm³

Homo neanderthalensis
• lebte vor 220 000 Jahren
• stellte gute Werkzeuge her
• Bestattungskultur
• Gehirnvolumen: bis 1750 cm³

Homo erectus
• Fossilfunde aus Afrika, Asien und Europa
• lebte vor 2 Millionen Jahren
• nutzte das Feuer
• Größe: etwa 1,65 m
• Gehirnvolumen: 900–1100 cm³

Sahelanthropus tschadensis
• bisher ältester menschlicher Fund
• lebte vor 7 Millionen Jahren
• Größe: etwa 1,50 m
• Gehirnvolumen: 380 cm³

1

1 Ordne die Abbildungen 1–4 zur Entstehung der Erde den folgenden Begriffen richtig zu. Begründe deine Zuordnung.
a Welt mit Uratmosphäre **c** erstes Leben im Meer
b Urknall **d** Urmeer

1

2

3

4

2 Pflanzen und Tiere besiedelten nach und nach das Land. Nenne Aspekte, die für den Landgang wichtig waren.

5

3 Erläutere, welche Bedingungen dafür verantwortlich sind, dass das Mammutbaby oder Ötzi auch nach langer Zeit noch gut erhalten sind. Begründe deine Antwort.

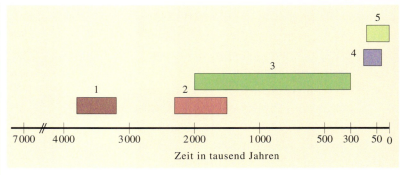

7 000 4 000 3 000 2 000 1 000 500 300 50 0
Zeit in tausend Jahren

6

4 Unter Paläontologen gilt die Regel: „Die Funde in den oberen Schichten sind jünger als die Funde, die tiefer unten liegen." Begründe, warum diese Regel Gültigkeit hat.

5 Evolution ist eine Anpassung an veränderte Lebensbedingungen. Erkläre diese Aussage mit eigenen Worten.

6 Nenne Anpassungen der Wirbeltiere, die erforderlich sind, um auf der Erde zu überleben.

7 Erkläre die Begriffe natürliche und künstliche Selektion. Gib jeweils ein Beispiel.

8 Ordne folgende Vorfahren des Menschen den Nummern im Zeitstrahl zu: Homo sapiens, Homo erectus, Australopithecus, Neandertaler, Homo habilis.

9 Liste Vorteile auf, die für die Menschen entstanden, als sie das Feuer zu nutzen wussten.

10 Erläutere, welche Bedeutung der Sprachgebrauch und die geschriebene Sprache für den Menschen haben.

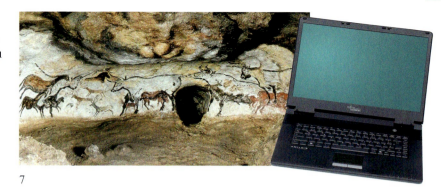

7

8

Ordne deiner Lösung im Heft ein Smiley zu:
☺ Ich habe die Aufgabe richtig lösen können.
☺ Ich habe die Aufgabe nicht komplett lösen können.
☹ Ich habe die Aufgabe nicht lösen können.

Aufgabe	Fähigkeit	Hilfe findest du auf Seite ...
1	Ich kann die Entstehung des Lebens auf der Erde wissenschaftlich erklären.	28
2	Ich kann Fakten benennen, die wichtig für die Besiedlung und Eroberung der Erde waren.	30
3	Ich weiß, welche Faktoren nötig sind, um tote Organismen zu erhalten.	36
4	Ich kann anhand der Gesteinsschichten Aussagen über das Alter von Fossilfunden machen.	36
5, 6	Ich kann die Evolution verstehen und erklären, dass sich die Lebewesen immer wieder an andere Lebensbedingungen anpassen müssen.	44
7	Ich kann die Selektion erklären.	44
8	Ich kenne die Entwicklungsgeschichte des Menschen.	52
9	Ich weiß, dass sich mit der Höherentwicklung des Menschen auch äußere Lebensbedingungen änderten.	53
10	Ich weiß, dass neben der körperlichen Evolution beim Menschen auch eine kulturelle Evolution stattfand, die noch nicht beendet ist.	54

Gesundheit des Menschen – Abhängigkeit und Sucht

D Gesund ist, wer sich körperlich und seelisch wohl fühlt. Gesund zu sein, ist nicht selbstverständlich. Fehlende Bewegung, die falsche Ernährung, Frust, Stress und Ärger können unser Wohlbefinden beeinträchtigen. In diesem Kapitel erfährst du was Gesundheit eigentlich ist und wie du sie erhalten kannst. Du erfährst was Drogen und Süchte sind, wie sie auf den Körper wirken und was du tun kannst, um dich vor Abhängigkeiten zu schützen.

1 Sich wohl zu fühlen und gesund zu sein, ist nicht selbstverständlich. Was ist Gesundheit eigentlich? ↑ S. 62

2 Was kannst du tun um gesund zu bleiben? ↑ S. 64

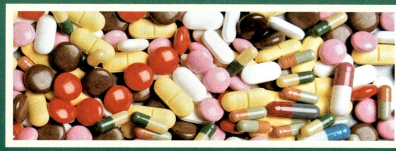 

3 Was sind Drogen und wie wirken sie auf den Körper? ↑ S. 66

4 Wie giftig ist Nikotin? Wie wirkt es und warum macht es süchtig? ↑ S. 68

5 „Computerspiele machen eben mehr Spaß als das Fußballtraining. Na und? Ist das schlimm?" ↑ S. 70

6 Spaß auch ohne Alkohol. ↑ S. 74

Was ist eigentlich Gesundheit?

Marc und Andrea sind miteinander befreundet.
Andrea ist auf den Rollstuhl angewiesen, weil sie wegen eines Unfalls querschnittgelähmt wurde. Jetzt kommt sie gut zurecht und genießt die vielen Dinge, die sie kann. Marc geht es nicht immer so gut wie jetzt. Er hat Probleme mit dem Schlafen.
Wer von den beiden ist gesund und wer krank?

1 Marc und Andrea

Gesundheit und Krankheit Wenn wir uns gesund fühlen, funktioniert unser Körper, ohne dass wir viel davon spüren. Sind unsere körperlichen Abläufe gestört, fühlen wir uns körperlich und vom Kopf her nicht voll leistungsfähig. Wir fühlen uns unwohl oder sogar krank. Oft gibt der Körper eindeutige Signale und reagiert mit Schmerzen oder Fieber.

2 Trägt Training im Fitnessstudio zur Gesunderhaltung bei?

Was unsere Gesundheit beeinflussen kann Früher erkrankten die Menschen vor allem an Krankheiten, die durch Krankheitserreger hervorgerufen wurden. Heute leiden die Menschen eher an Krankheiten, die mit ihrer Lebensweise zusammenhängen. Stress, Bewegungsmangel, Hektik, falsche Ernährung, Alkohol und Zigaretten – all das kann krank machen und die sogenannten **Zivilisationskrankheiten** hervorrufen. Zu ihnen gehören körperliche Erkrankungen wie zum Beispiel der Herzinfarkt oder Krebs, aber auch Schlaf- und Essstörungen sowie seelische Erkrankungen wie Depressionen.

3 Auch Unternehmungen mit Freunden sind für die Gesundheit wichtig.

Was unsere Gesundheit schützt Eine Garantie auf **Gesundheit** gibt es nicht, selbst wenn du alles dafür tust. Gesundheit ist nicht nur von gesunder Ernährung, Sport und dem Verzicht von Alkohol und Zigaretten abhängig. ↑2 Forschungsergebnisse haben gezeigt, dass unsere Gesundheit auch entscheidend beeinflusst wird von positiven Erfahrungen. ↑3 Dazu gehört zum Beispiel die Möglichkeit, sein Leben aktiv gestalten und Aufgaben erfolgreich bewältigen zu können. Eine positive Grundhaltung entscheidet darüber, wie gut wir mit Belastungen im Alltag umgehen können.

Gesundheit
Zivilisationskrankheiten

4 Wann bist du gesund, wann bist du krank?

Merk dir! Gesundheit ist die Fähigkeit, trotz Mängeln, Störungen und Schäden leben, arbeiten, genießen und zufrieden sein zu können.

Arbeitsaufträge

1 Lies die Aussagen von Abbildung 4.
  a Überlege, was dir zu „Gesundsein" und „Kranksein" einfällt.
  b Vergleicht eure Meinungen in der Gruppe.
2 Wann fühlst du dich wohl? Beschreibe die Situationen und welches Gefühl du dabei hast.

3 Was kannst du tun, um Krankheiten möglichst zu vermeiden?
4 Auch in der Werbung spielt die Gesundheit eine Rolle. Sammle Werbung mit dem Thema Gesundheit. Was will der Werbende damit erreichen?

Projekt

Wir alle möchten gesund und munter sein, um das Leben voll genießen zu können. Doch immer öfter haben es auch Jugendliche mit Krankheiten zu tun. Vor allem die Anzahl der seelischen Erkrankungen wie Schlaf- und Konzentrationsstörungen nehmen zu.

Was macht euch krank und wie könnt ihr euch davor schützen? Innerhalb eines Projekts könnt ihr euch mit den einzelnen Gesundheitsrisiken auseinandersetzen und Ideen zur Gesunderhaltung entwerfen.

1 Auch der Schulalltag ist oft mit Stress verbunden. Was könnt ihr tun, damit sich der Stress nicht nachteilig auf eure Gesundheit auswirkt?

Das macht mich krank! – Ich will gesund bleiben!

2 Entspannung, Sport, gesunde Ernährung und Spaß sind für die Gesundheit wichtig.

Schritte und Tipps für euer Projekt

Vorbereitung Besprecht, was ihr unternehmen wollt.
Die Mindmap hilft euch dabei.

Planung
Überlegt, welche Informationen ihr braucht und woher ihr sie bekommt:
• Bücher
• Umfragen aus dem Internet und unter Mitschülern
• Informationen der Bundeszentrale für gesundheitliche Aufklärung (BZgA, www.bzga.de)
• Ärzte befragen

Durchführung
Bildet Arbeitsgruppen und verteilt die Aufgaben:
• Wie viele Schüler sind in jeder Gruppe?
• Welche Gruppe übernimmt welche Aufgabe?
Erledigt die verteilten Aufgaben in den Gruppen.

3 Schülerkochkurs für eine gesunde Ernährung

Abschluss und Präsentation
Überprüft eure Ergebnisse. Wertet sie mit den anderen Gruppen der Klasse aus.
Überlegt, wie ihr die Ergebnisse den anderen Klassen, euren Eltern und Bekannten präsentieren könnt:
• Poster oder Wandzeitung
• Ausstellung mit dem Motto „Das macht mich krank! – Ich will gesund bleiben!"
• Stand mit Infomaterialien, Flyer mit Gesundheitstipps, Ansprechen der Besucher
• Wissensquiz zum Thema

Bei Festen wird oft viel Alkohol getrunken und geraucht. Dies soll zu einer gelockerten Stimmung beitragen. ↑1 Doch spätestens am Tag danach fühlt man sich dann zumeist sehr schlecht. ↑2 Drogen wie Alkohol und Nikotin haben eine erhebliche Wirkung auf den Körper.

1 Hochstimmung … und etwas später …

2 … Katerstimmung!

Die Wirkung von Drogen

Was sind Drogen? Drogen werden auch als Suchtmittel oder Rauschmittel bezeichnet. Sie können aus pflanzlichen oder chemischen Grundstoffen gewonnen werden. Sie greifen in den natürlichen Ablauf des Körpers ein und beeinflussen Stimmungen, Gefühle und Wahrnehmungen. Es wird unterteilt in legale und illegale Drogen. ↑3, 4

Warum nimmt jemand überhaupt Drogen? Jeder Mensch muss Stress und Ärger aushalten: zu Hause, in der Schule oder am Arbeitsplatz. Die meisten Menschen können mit dieser Belastung gut umgehen. Wenn sie es nicht alleine schaffen, so holen sie sich Rat und Hilfe bei anderen Menschen.

Es gibt aber auch Menschen, die es nicht gelernt haben, mit ihren Problemen umzugehen. Gerade solche Menschen greifen leichter zu Drogen, da diese kurzfristig die Stimmung verbessern. Aber: Drogen lösen

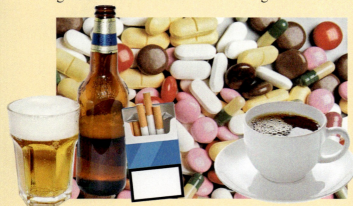

3 Legale Drogen, deren Besitz, Konsum oder Handel nicht verboten ist. Dazu gehören zum Beispiel Alkohol, Koffein, Nikotin und Medikamente.

4 Illegale Drogen, deren Besitz, Konsum oder Handel im Gesetz geregelt sind. Dazu gehören Cannabis (Haschisch, Marihuana), Heroin, Opium, LSD, Kokain, Crack, Ecstasy (XTC) und Speed.

keine Probleme. Sie verschlimmern sie sogar noch.

Wie wirken Drogen? Rauschdrogen bewirken eine Änderung der Aktivität der Nervenzellen in bestimmten Hirnregionen. ↑5 Dadurch kommt es zu veränderter Wahrnehmung des eigenen Selbst und der Umwelt, die als angenehm empfunden werden kann. Werden Drogen jedoch regelmäßig eingenommen, gewöhnt sich das Gehirn daran. Es kommt ohne Drogen nicht mehr aus.

Ab wann ist man süchtig? Wenn ein Mensch nicht mehr in der Lage ist, auf den regelmäßigen Konsum von beispielsweise Zigaretten zu verzichten, auch wenn er es gerne möchte. Bei den meisten Drogen ist die seelische Abhängigkeit größer als die körperliche. Bei Suchtkrankheit kann man Hilfe bei seinem Arzt finden oder aber auch bei städtischen und kirchlichen Einrichtungen.

6 Zigaretten machen leicht süchtig.

Droge	Wirkung	Risiken
Alkohol	Man entspannt sich. Das Reaktions- und Konzentrationsvermögen wird mit zunehmendem Alkoholgenuss immer mehr eingeschränkt.	Gehirn und Leber werden angegriffen. Es besteht große Unfallgefahr bei alkoholisiertem Autofahren und Kontrollverlust.
Nikotin	Viele Raucher rauchen Zigaretten, weil sie sich dann weniger nervös fühlen. Das Nikotin kann auf sie auch eine anregende Wirkung haben.	Da Nikotin Blutgefäße verengt, kann es zu unterschiedlichen Durchblutungsstöungen kommen. Durch das Kondensat können Lunge und Atemwege stark geschädigt werden.
Koffein	Koffein (enthalten in Kaffee, schwarzem Tee oder Cola) wirkt aufputschend.	Der übermäßige Genuss von Koffein kann zu Schlafstörungen, Magenreizung und Herzproblemen führen.
Cannabis	Der Genuss von Cannabis kann individuell sehr unterschiedliche Wirkungen haben. Häufig fühlen sich die Konsumenten entspannt und weniger gehemmt. Eine Hochstimmung kann sich verstärken, Tiefstimmungen allerdings auch.	Die Leistungsfähigkeit von Gedächtnis und Reaktionsvermögen werden auf Dauer herabgesetzt. Depressionen können sich einstellen. Das Interesse an der Umwelt lässt nach.

5 Wirkung von Drogen

Arbeitsaufträge

1 Anna macht sich Sorgen. Sie bemerkt, dass Jakob regelmäßig um die Wette trinkt. Am nächsten Tag kann er sich an nichts mehr erinnern.
   a Wie könnte Anna Jakob helfen?
   b Sucht mithilfe des Internets Kontaktadressen, wo ihr Beratung und Hilfestellung bei Suchtproblemen sowie weitere Informationen zu Drogen erhalten könnt.
2 Informiert euch im Internet über die Kampagne „Keine Macht den Drogen". ↑7 Stellt das Projekt vor.
3 Überlegt gemeinsam, was ihr tun könnt, um Stress, Ärger oder Probleme auch ohne Drogen zu bewältigen. Sammelt eure Vorschläge und stellt diese auf einem Plakat zusammen.

7 Keine Macht den Drogen (www.kmdd.de)

Rauchst du noch oder lebst du schon?

Zigaretten rauchen ist unter Erwachsenen weit verbreitet. Jugendliche sind also ständig mit Zigaretten konfrontiert und müssen lernen, verantwortlich damit umzugehen. Was sind die Unterschiede zwischen Genuss, Missbrauch und süchtigem Konsum?

Rauchen macht erwachsen
Stimmt: Haut, Hirngefäße und Schlagadern altern schneller.

Raucher haben Kontakt
Stimmt: Mit krebserregenden Stoffen wie Arsen, Benzol, Radon oder Teer.

1 Plakate einer Anti-Rauch-Kampagne

Probierverhalten

Die Neugier zu befriedigen, wie sich das anfühlt, eine Zigarette zu rauchen oder Alkohol zu trinken – das gehört für viele Jugendliche zum Erwachsenwerden einfach dazu. Einige stellen fest, dass es ihnen gar nicht schmeckt, und lassen fortan die Finger davon.

Risikokonsum

Manchen reicht das Probieren nicht. Sie wollen zeigen, dass sie sich die Welt der Erwachsenen erobern und wollen sich selbst und ihre Grenzen austesten. Benutzen sie dazu Zigaretten kann dies möglicherweise in die Abhängigkeit führen.

Keine Macht den Drogen

Es gibt Jugendliche, die ihr Leben ohne Zigaretten nicht mehr bewältigen. Doch so weit muss es nicht kommen.

- Am besten ist es, gar nicht erst damit anzufangen, sein Wohlbefinden mit Suchtmitteln steuern zu wollen. Denn eine Sucht kann sich schnell entwickeln, das Aufhören fällt jedoch unendlich schwer.
- Es ist wichtig über Wirkungen, Nebenwirkungen und Folgerisiken informiert zu sein. Nur wer ein Suchtmittel einzuschätzen weiß, kann sich in Acht nehmen.
- Auch wenn die Neugier noch so groß ist und der Freundeskreis Druck ausübt: Nein zu sagen ist keine Schwäche, sondern beweist Selbstbewusstsein und Willensstärke.
- Um Spaß zu haben, brauchst du keine Suchtmittel. Gemeinsame Unternehmungen und Hobbys mit Gleichaltrigen können dazu beitragen, den eigenen „Kick" auszulösen.

2 Selbst viele Raucher finden überquellende Aschenbecher ekelerregend.

Nikotin

Der erste Kontakt mit Zigaretten findet oft schon im Kindesalter statt. Nach einer Statistik der AOK haben 69 Prozent
der Acht- bis Zwölfjährigen schon geraucht – aus Neugier,
als Mutprobe oder um in der Gruppe akzeptiert zu werden.
Je früher der Körper mit Zigarettenrauch in Kontakt kommt,
desto eher und stärker treten Gesundheitsschäden auf.
Nikotin ist der Hauptbestandteil des Tabaks. Beim Tabak handelt es sich um die getrockneten Blätter der Tabakpflanze.

3 Tabakpflanzen auf dem Feld

Herkunft

Ursprünglich stammt die Tabakpflanze aus Mittelamerika. Bereits die
Maya und die Azteken bedienten sich ihrer berauschenden Wirkung.
Während der Tabak in Nordamerika in Pfeifen geraucht wurde, ist aus
Südamerika auch das Kauen und Schnupfen bekannt.

Wirkstoff

Tabak enthält mehr als 4000 Inhaltsstoffe. Das Nikotin ist in erster Linie
für die Wirkungen des Rauchens und
die Entwicklung der Abhängigkeit
verantwortlich. Nikotin ist sehr giftig:
Für ein Kleinkind kann schon eine
zerkaute Zigarette tödlich sein.

Risiken und Folgeschäden

Ungewohnter Tabakkonsum bewirkt Vergiftungs-
erscheinungen wie Speichelfluss, Schwindelge-
fühl, Übelkeit, Erbrechen, Kopfschmerzen und
Herzrasen. Wegen der schnellen Gewöhnung ver-
schwinden sie schnell, was die Entstehung einer
Nikotinabhängigkeit begünstigt.
Neben Nikotin verursachen vor allem die vielen
Schadstoffe im Zigarettenrauch die gesundheits-
schädigenden Folgen des Rauchens.
Der Teer im Rauch zerstört die Flimmerhärchen
in den Atemwegen. Dadurch gelangen auch mehr
Krankheitserreger in den Körper. Er versucht sie
durch erhöhte Schleimproduktion und Husten
wieder auszuscheiden („Raucherhusten").
Häufige Langzeitfolgen sind chronische
Bronchitis und andere Lungenerkrankungen.
Die chronische Verengung der Blutgefäße
mindert langfristig die körperliche Leis-
tungsfähigkeit und führt oft zu Herz-
Kreislauf Erkrankungen.

Wirkungsweise

Beim Rauchen werden rund 30 Prozent des in der Zigarette enthaltenen Nikotins inhaliert und über die Lungenbläschen ins Blut aufgenommen. Innerhalb von sieben bis acht Sekunden gelangt das Nikotin ins Gehirn.
In der Folge nimmt die Herzfrequenz zu, der Blutdruck
steigt und die Hauttemperatur sinkt ab. Zugleich werden
Aufmerksamkeit und Gedächtnisleistung gesteigert, und
zwar durch die Beeinflussung von Botenstoffen im Belohnungssystem des Gehirns, die auch für das hohe
Suchtpotenzial von Nikotin verantwortlich ist.

4 Bereits Kinder
beginnen mit
dem Rauchen.

Nicht nur Drogen machen süchtig

1 Viele Jugendliche verbringen täglich mehrere Stunden vor dem Bildschirm.

Wenn Anna von der Schule kommt, schaut sie zuerst nach, ob sich einer ihrer vielen virtuellen Freunde gemeldet hat. Sie verbringt täglich mehrere Stunden am Computer, um Freunde zu finden, zu chatten, zu flirten und Beziehungen zu pflegen. Mit ihrer Familie redet sie kaum noch. Manchmal steht sie spät abends noch einmal auf, um die letzten E-Mails abzurufen. Einen Tag ohne ihre Netzkontakte kann sie sich nicht vorstellen. Kann es sein, dass Anna süchtig ist?

Abhängig vom eigenen Verhalten Unter Sucht verstehen die meisten Menschen die Abhängigkeit von einer Droge wie Alkohol oder Cannabis. ↑2 Es gibt aber auch Abhängigkeiten, bei denen gar kein Stoff konsumiert wird. Man nennt sie **Verhaltenssüchte**. Am weitesten verbreitet ist die Spielsucht. ↑3 Dabei handelt es sich um ein eigentlich normales Verhalten, das übermäßig ausgeübt wird und alle Kriterien einer Sucht erfüllt. Zwischen 6 und 8 Prozent der Deutschen gelten als verhaltenssüchtig. Weltweit sind Millionen von Menschen betroffen.

Kriterien der Sucht Ob jemand als süchtig gilt, hängt von folgenden Kriterien ab:
1. Kontrollverlust. Der Genusstrinker kann nach dem zweiten Glas aufhören, während der Süchtige nicht in der Lage ist, den Konsum zu kontrollieren und sich in der Regel betrinkt.
2. Dosissteigerung. Genießer trinken stets in Maßen, während Süchtige immer mehr von ihrer Droge brauchen. Sie steigern die Menge oder die Qualität.
3. Abstinenzunfähigkeit. Genusstrinker kommen wochenlang ohne Alkohol aus, während Süchtige ohne Alkohol nicht leben können.

2 Die Droge Alkohol ist gesellschaftlich akzeptiert.

3 Am Spielautomaten

4. Entzugserscheinungen. Genusstrinker können auch ohne Alkohol gut drauf sein, während Süchtige wegen der Gewöhnung des Gehirns unter Entzugserscheinungen leiden.

5. Interessenverlust. Bei süchtigen Trinkern dreht sich das Leben zunehmend um Alkohol und dessen Beschaffung.

Belohnungssystem
Botenstoffe
Entzugserscheinungen
Verhaltenssüchte

Welche Verhaltenssüchte gibt es? Vermutlich kann jedes Verhalten zur Sucht werden. Derzeit sind zwar nur Spielsucht und Essstörungen medizinisch anerkannt. Aber Psychologen behandeln auch Menschen, die süchtig sind nach Arbeit, Sex, Sport oder Einkaufen. Immer öfter sind auch Kinder und Jugendliche von einer oder mehreren Formen von Mediensucht betroffen: Computerspielen, Chatten, Telefonieren und SMS-Schreiben oder Fernsehen.

Wie kann man vom eigenen Verhalten süchtig werden? Alle Verhaltensweisen, die süchtig machen können, haben eine belohnende Wirkung. Sie führen im **Belohnungssystem** des Gehirns zur Freisetzung bestimmter **Botenstoffe** und lösen so gute Gefühle aus. Je öfter man sich so verhält, desto mehr Botenstoffe werden freigesetzt. Nach einiger Zeit gewöhnt sich das Gehirn an die erhöhte Botenstoffmenge und kommt nicht mehr ohne sie aus. Um sich wieder gut zu fühlen, muss der Süchtige das Verhalten aufrechterhalten. Hört er damit auf, hat er **Entzugserscheinungen**. An der Entstehung und Aufrechterhaltung einer Verhaltenssucht sind also die gleichen Mechanismen beteiligt wie bei einer Drogensucht.

4 Handys – ein Suchtmittel?

Merk dir! **Nicht nur Drogen, sondern auch übermäßig ausgeübte Verhaltensweisen stören das Gleichgewicht der Botenstoffe im Belohnungssystem des Gehirns. Das Gehirn gewöhnt sich auch an die Zufuhr der eigenen Botenstoffe, sodass es mit Entzugserscheinungen reagiert, wenn das übermäßige Verhalten nicht aufrechterhalten wird.**

Arbeitsaufträge

1 Erläutere die Unterschiede und Gemeinsamkeiten von Drogensucht und Verhaltenssucht.

2 Informiere dich im Internet über Handysucht. Welche Hilfen gibt es? ↑4

3 Bei Drogensucht besteht die Möglichkeit, auf die Einnahme des Suchtmittels völlig zu verzichten. Gilt das auch für Verhaltenssüchte?

4 Heute arbeiten Kinder bereits in der Grundschule mit dem Computer. Befürworter meinen, so könnten Kinder lernen verantwortlich mit Medien umzugehen. Kritiker behaupten, Kinder würden dadurch bereits frühzeitig „angefixt". Diskutiert in der Klasse.

Von der Recherche zur Präsentation

Informationen suchen, bearbeiten, auswerten und als Ergebnis präsentieren – das alles sind wichtige Fertigkeiten, die du nicht nur für die Schule benötigst, sondern die später auch im Berufsleben gefordert werden. ↑1

Recherche bedeutet Suche nach Informationen. Heutzutage stehen dir viele Informationsquellen zur Verfügung. Eine beliebte und oft genutzte Möglichkeit ist das Internet. Ergebnisse können auf verschiedene Art und Weise vorgestellt werden. Eine Möglichkeit ist das Gruppenreferat, bei dem du zusammen mit anderen Personen ein Thema präsentierst.

1 Im Berufsleben ist es wichtig, seine Arbeitsergebnisse präsentieren zu können.

4 Schritte für die Internetrecherche

Schritt 1   **Fragestellung**
Am Anfang jeder Suche muss eine Frage oder Aufgabe stehen. Überlege dir einen sinnvollen Suchbegriff.

2 Suchmaschine

Schritt 2   **Suche**
Gib den Suchbegriff in eine Suchmaschine (z. B. Google) ein. ↑2

Schritt 3   **Bewertung**
Hast du Informationen gefunden, denk daran: Nicht alles, was im Internet steht, ist richtig. Manche Webseiten dienen nur zur Werbung. Wichtig ist, dass du mehrere Trefferergebnisse anschaust und abschließend bewertest, welchen Seiten du trauen kannst.

Schritt 4   **Auswertung**
Entscheide, wie du den Inhalt der Seite festhalten willst. Du kannst sie speichern oder ausdrucken. Mithilfe der gefundenen Ergebnisse kannst du nun die Frage oder Aufgabe lösen.

Gruppenreferat

In 6 Schritten zum Gruppenreferat

Schritt 1 Sammle Informationen (Texte und Materialien) zum Thema, z. B. mit der Internetrecherche.
Lies die Texte. Stelle dir Fragen zum Text. Bilder und Zeichnungen helfen dir, den Text zu verstehen. Markiere wichtige Begriffe und Informationen. Notiere dir Stichworte auf Karteikarten. ↑3

Alcopops
- Mixgetränk, enthält
  Saft/Limo
  Rum/Wodka
- 5–6 Vol.- %

3 Beispiel Karteikarte

Schritt 2 Stelle die Ergebnisse deiner Recherche den anderen Gruppenmitgliedern vor.
Heftet eure Stichworte an die Tafel. Vergleicht eure Ergebnisse miteinander und sucht gemeinsame Oberbegriffe.

Schritt 3 Beratet und entscheidet, wie eine interessante Einleitung aussehen könnte und wer welchen Bereich vorträgt. ↑4

Schritt 4 Stellt anschauliches Material zusammen (Bilder, Folien oder Plakate).

Schritt 5 Überlegt eine kurze interessante Schlussfrage und/oder zeigt ein Bild zum Nachdenken.

4 Diskussion und Beratung in der Gruppe

Schritt 6 Übt das Referat vorzutragen. Versucht möglichst frei zu sprechen. Verwendet die Anschauungsmittel. ↑5
Falls ihr einen PC mit Beamer zur Verfügung habt und das Powerpoint-Programm beherrscht, könnt ihr das Referat zu einer Powerpoint-Präsentation ausbauen. Probiert alle technischen Geräte vorher aus.

5 Beispiel für eine Präsentation

Arbeitsaufträge

1 Recherchiert zum Thema „Alcopops – bunte Spaßmacher oder süße Verführer?" und präsentiert eure Ergebnisse.
  a Sucht nach Informationen im Internet. Beachtet dabei die Schritte 1 bis 4.
  b Erarbeitet ein Gruppenreferat zum Thema. Beachtet dabei die Schritte 1 bis 6.
2 Überlegt euch, wie ihr euer Gruppenreferat für eure Mitschüler noch interessanter gestalten könntet.

Partydrinks ohne Promille

Erfrischungsgetränke oder Party-Mixdrinks ohne Alkohol machen fit und müssen gar nicht langweilig sein.
Mit etwas Fantasie lassen sich aus Mineralwasser, Limonaden, Säften, Tees oder Milch schmackhafte Durstlöscher, aber auch süße oder herzhafte Drinks zubereiten.

1

Sunrise

Zutaten für 4 Portionen:
8 Minzeblätter,
125 ml Zitronensaft,
250 ml heißes Wasser,
250 g Johannisbeergelee,
375 ml Orangensaft,
Eiswürfel,
1 Flasche Ginger Ale.

Minzeblätter in einer Schüssel zerdrücken. Zitronensaft, heißes Wasser, Johannisbeer-gelee zugeben und aufrühren, erkalten lassen. Durch ein Sieb gießen, mit den übrigen Zutaten mischen. Als Deko-ration eignen sich Orangen-scheiben, Minzeblätter und Beeren. ↑1

Kiwi-Bowle

Zutaten für 12 Gläser:
6 Kiwis,
250 ml Ananassaft,
250 ml Orangensaft,
250 ml Zitronensaft,
1 Flasche Ginger Ale,
Eiswürfel,
Zucker.

Geschälte Kiwis in dünne Scheiben schneiden, mit den Fruchtsäften in ein Bowle-gefäß geben und mit Zucker abschmecken. Die Bowle 2 Stunden kühl stellen. Vor dem Servieren Ginger Ale und Eiswürfel zugeben. ↑2

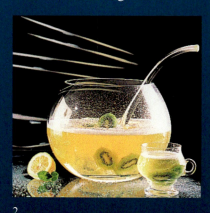

2

3

Kirschmilch

Zutaten für 2 Portionen:
250 ml Sauerkirschnektar,
2 Esslöffel flüssiger Honig,
150 ml Milch.

Zum Dekorieren:
75 ml Sahne,
1 Teelöffel Vanillinzucker,
Schokoladenröllchen,
Trinkhalme.

Kirschnektar mit Honig und Milch verquirlen, in Becher-gläser füllen, kalt stellen. Sahne mit Vanillinzucker steif schlagen, als Häubchen auf die Kirschmilch setzen und Schokoröllchen darüber streuen. ↑3

Jungle Juice

Zutaten für 2 Portionen:
5 Esslöffel Zitronensaft,
100 ml Maracujanektar,
100 ml ungesüßter Ananas-
saft,
4 Eiswürfel,
etwa 100 ml Mineralwasser,
100 ml Bitter Lemon.

Zum Dekorieren:
Ananasecken.

Säfte und Eiswürfel in 2 hohe
Gläser geben, kurz verrühren,
mit Mineralwasser und Bitter
Lemon auffüllen. Ananas-
ecken am Glasrand auf-
stecken. ↑4

5

Kräutermix

Zutaten für 4 Portionen:
Frische Kräuter (z. B. Kresse,
Schnittlauch, Petersilie, Dill,
Kerbel, Borretsch, Estragon),
1 Liter Buttermilch.
Zitronensaft,
Salz,
Zucker,
frisch gemahlener weißer
Pfeffer.

Gemischte Kräuter klein
hacken oder im Mixbecher
pürieren, mit der gekühlten
Buttermilch verquirlen und
mit Zitronensaft, Salz, Zucker
und Pfeffer abschmecken. ↑5

Möhrendrink

Zutaten für 2 Portionen:
300 g Möhren,
1 rote Paprikaschote,
Saft von ½ Zitrone,
Saft von 2 Orangen,
250 ml Gemüsesaft,
Salz,
Pfeffer,
Selleriesalz.

Möhren waschen, putzen,
schrappen, Paprika entkernen
und waschen. Klein schneiden
und mit Zitronen- und Orangensaft pürieren, Gemüsesaft
zugeben, mit Gewürzen ab-
schmecken und in dickbau-
chige Gläser füllen. ↑6

4

6

→ Gesundheit ist die Fähigkeit, trotz Mängeln, Störungen und Schäden leben, arbeiten, genießen und zufrieden sein zu können. ↑S. 62

Gesundheit des Menschen – Abhängigkeit und Sucht – auf einen Blick

→ Zu viel Stress belastet unseren Körper negativ und ist die wichtigste Ursache für Zivilisationskrankheiten. Ihr könnt euch mit den Gesundheitsrisiken auseinandersetzen und Ideen zur Gesunderhaltung entwerfen. ↑S. 64

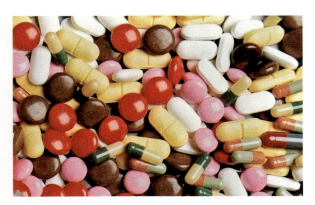

→ Drogen wirken auf unser Gehirn und verändern unsere Wahrnehmung. Regelmäßige Einnahme kann das Gehirn schädigen und zur Sucht führen. ↑S. 66

→ **Zigaretten können süchtig machen und gefährden die Gesundheit.** ↑S. 68

→ **Nicht nur Drogen, Alkohol und Zigaretten können süchtig machen. Es gibt auch Verhaltenssüchte, die das Gleichgewicht des Körpers und die Gesundheit gefährden.** ↑S. 70

Arbeitsaufträge

1 Legt unter der Überschrift „Das hält mich gesund", „Das macht mich krank" eine Tabelle mit zwei Spalten an. Vergleicht eure Tabellen innerhalb der Klasse und stellt eine gemeinsame Liste zusammen.

2 Drogen werden auch als „Abkürzungen zum Glück" bezeichnet. Erkläre diese Aussage mit eigenen Worten.

3 Nenne Gesundheitsschäden, die durch die Inhaltsstoffe von Zigaretten hervorgerufen werden.

4 Ist ein Mensch, der ohne Glücksspiel nicht mehr leben kann, süchtig? Begründe deine Entscheidung.

1

1 Vorbeugen ist besser als heilen. Was kannst du selbst tun, um Krankheiten vorzubeugen?

2 Was könnte die Ursache für den Unfall auf Abbildung 2 sein? War Alkohol im Spiel? Oder andere Drogen?
 a Welche Wirkungen haben Drogen?
 b Welche Personen sind besonders suchtgefährdet?
 c Wäge Risiken und Genuss gegeneinander ab. Zu welchem Urteil kommst du? Welche Folgen hat dein Urteil?
 d Nenne Alternativen, um sich zu entspannen.

2

3 „Rauchen gefährdet nicht nur den Raucher selbst, sondern auch andere Menschen." Diskutiert diese Aussage in der Klasse.

4 Interpretiere die Abbildungen 3 und 4. Aus welchen Gründen könnte der Jugendliche zur Zigarette und zum Alkohol gegriffen haben? Wie würdest du reagieren, wenn es dein Freund wäre?

3

4

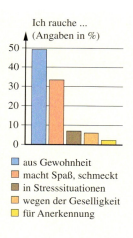

Ich rauche ...
(Angaben in %)

☐ aus Gewohnheit
☐ macht Spaß, schmeckt
☐ in Stresssituationen
☐ wegen der Geselligkeit
☐ für Anerkennung

5 Die Grafik in Abbildung 5 zeigt das Ergebnis einer Umfrage in einer 8. Klasse. Sie gibt an, warum die Jugendlichen regelmäßig rauchen. Werte das Diagramm aus. Welche Schlussfolgerungen kannst du ziehen?

5

6 Es gibt auch eine Sucht ohne Drogenkonsum.
  a Nenne einige Verhaltenssüchte, die du kennst.
  b Passen die Suchtkriterien auch auf Verhaltenssüchte?

Ordne deiner Lösung im Heft ein Smiley zu:
☺ Ich habe die Aufgabe richtig lösen können.
☺ Ich habe die Aufgabe nicht komplett lösen können.
☹ Ich habe die Aufgabe nicht lösen können.

Aufgabe	Fähigkeit	Hilfe findest du auf Seite …
1	Ich kann Maßnahmen zur Gesunderhaltung des Körpers nennen.	62, 64
2	Ich kann erklären, welche Wirkung Drogen haben und kenne verschiedene Alternativen zum Drogenkonsum.	66
3	Ich kann Stellung zu Aussagen über das Rauchen beziehen.	68
4	Ich kenne Gründe, wie es zu Suchtverhalten kommen kann und kann mögliche Alternativen aufzeigen.	66–71
5	Ich kenne verschiedene Gründe, weshalb Jugendliche zur Zigarette greifen.	68
6	Ich weiß, was Sucht bedeutet und dass es neben Drogen noch weitere Formen der Abhängigkeit es gibt.	70

Sinne erschließen die Welt

Mit unseren Sinnen nehmen wir die Welt wahr. Im Kino sinken wir in die gemütlichen Sessel und tauchen ein in die Welt des Films. Mit den Augen verfolgen wir die Bilder auf der Kinoleinwand. Mit den Ohren nehmen wir die Geräusche aus den Lautsprechern wahr. Das macht das Erlebnis Kino perfekt.

Es ist uns gar nicht bewusst, was unsere Sinnesorgane täglich leisten. Erst wenn ein Sinnesorgan beeinträchtigt wird, merken wir, wie wichtig unsere Sinne eigentlich sind.

1 Wodurch wird der Kinobesuch zu einem ganzheitlichen Erlebnis für uns? ↑S. 82

2 Wie sehen wir? ↑S. 86

3 Wie kommen Menschen zurecht, wenn ein Sinn ausfällt? ↑S. 94

4 Wie kommt die Musik in unser Ohr? ↑S. 96

5 Welche Sinne haben die Tiere uns voraus? ↑S. 100

6 Was leisten Nervensystem und Gehirn? ↑S. 104

7 Wie kommt das Wissen in unseren Kopf? ↑S. 108

Wahrnehmung mit den Sinnesorganen

1 Erlebnis Kino

Wer geht nicht gerne ins Kino? Das ist doch viel besser als Fernsehen. Irgendwie mitreißender. Und wenn der Film zu Ende ist, braucht man eine gewisse Zeit, um wieder in der Wirklichkeit anzukommen. Aber warum eigentlich? Was macht Kino zu einem solchen Erlebnis?

Das Kino spricht in besonderer Weise unsere Sinne an Die Kinoleinwand ist um ein Vielfaches größer als der Fernseher zu Hause. Schon allein dadurch fühlt man sich mitten im Geschehen. Der Eindruck wird aber noch von den Geräuschen verstärkt, die ein besonderes Hörerlebnis schaffen. Man hört zum Beispiel, wie die Pinguine leise von hinten heranlaufen und immer lauter näherkommen. ↑1

Die Umwelt ist voller Reize Alles, was von unserer Umwelt auf uns einwirkt und was wir mit mithilfe unserer **Sinnesorgane** wahrnehmen können, nennt man **Reize**. Dabei ist jedes Sinnesorgan auf einen bestimmten Reiz spezialisiert. ↑2

Sinneszellen wandeln die Reize in Signale um Die Rufe der Pinguine aus dem Kinofilm erzeugen Schallwellen, die in unser Ohr gelangen. Dort nehmen Hörsinneszellen diese Schallwellen wahr.
Sie wandeln die Schallwellen dann in **Signale** um, die sie über den Hörnerv an das **Gehirn** weiterleiten. Dies kann man sich wie ein Telefongespräch vorstellen. Du sprichst in die Sprechmuschel des Hörers. Deine Stimme wird in Signale umgewandelt, die

Reiz	Sinnesorgan
Licht ························►	Auge
Schall ························►	Ohr
Teilchen in der Luft ····►	Nase
Teilchen in Lebensmitteln ···········►	Zunge

2 Sinnesorgane nehmen Reize auf

über das Telefonkabel weitergeleitet werden. Das Telefonkabel entspricht also dem Hörnerv. Schließlich werden die Signale dann wieder in Sprache verwandelt, sodass dein Gesprächspartner dich sprechen hört. Ähnlich geschieht die Verarbeitung im Gehirn. Auch hier werden die Signale umgewandelt, sodass du ein Hörerlebnis hast. ↑3

Gehirn
Reize
Signale
Sinnesorgane
Sinneszellen

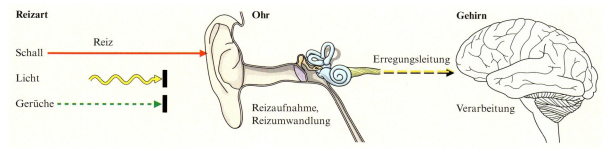

3 Reizaufnahme und Reizverarbeitung

Das Gehirn ermöglicht die Wahrnehmung unserer Umwelt Erst das Gehirn vermittelt uns den jeweiligen Sinneseindruck, also das Bild, den Geschmack und Geruch und die Geräusche. ↑4 Im Gehirn werden die Signale verarbeitet, die über den Hörnerv weitergeleitet werden, und auch die Signale, die aus den anderen Sinnesorganen ankommen. Damit können wir unsere Umwelt auf vielfältige Weise wahrnehmen. Wir sehen beispielsweise nicht nur die Pinguine, sondern hören sie auch.

Sinnesorgan	Gehirn vermittelt
Auge	► Bild
Ohr	► Geräusch
Nase	► Geruch
Zunge	► Geschmack

4 Das Gehirn verarbeitet und vermittelt Sinneseindrücke.

Merk dir! **Die Sinneszellen der Sinnesorgane nehmen verschiedene Reize wahr, wandeln diese in Signale um, die dann über Nerven an das Gehirn geleitet werden. Das Gehirn verarbeitet die Signale, sodass wir unsere Umwelt wahrnehmen können.**

Arbeitsaufträge

1 Beschreibt verschiedene Situationen (am Strand liegen und Eis essen, im Wald spazieren gehen …) und überlegt euch, welche Sinnesreize die verschiedenen Sinnesorgane jeweils aufnehmen.

2 Lena meint: „Sehen und Hören sind ja ziemlich wichtig. Aber die anderen Sinne, vor allem Riechen, braucht man gar nicht." Bist du auch ihrer Meinung? Begründe deinen Standpunkt.

3 Beschreibe mit eigenen Worten, wie du die Dinge um dich herum sehen bzw. hören kannst.

Mit allen Sinnen

1

Fühlbeutel

Ihr braucht: verschließbaren Stoffbeutel mit verschiedenen Gegenständen, Augenbinde.

→ Wichtig: Die Versuchsperson darf die Gegenstände vorher nicht sehen. Ihr werden die Augen verbunden.

Was fühlst du?

a Die Versuchsperson nimmt jeweils einen Gegenstand aus dem Beutel und beschreibt ihn möglichst genau. ↑1

b Welche Gegenstände werden schnell erkannt? Woran?

c Welches Sinnesorgan hat die Versuchsperson eigentlich benutzt? Was genau konntest du damit wahrnehmen?

Notiert eure Ergebnisse.

1 Mögliche Gegenstände für den Fühlbeutel

2

Sehen mit zwei Augen

Ihr braucht: Stift mit Kappe.

Warum haben wir zwei Augen?

a Die Versuchsperson nimmt den Stift in die eine, die Kappe in die andere Hand. Dann schließt sie ein Auge und versucht mit leicht angewinkelten Armen die Kappe auf den Stift zu stecken.

b Der Versuch wird noch einmal wiederholt, diesmal jedoch mit beiden Augen.

c Was könnt ihr beobachten?

d Vergleicht die Ergebnisse beider Versuche miteinander. Könnt ihr nun erklären, welchen Vorteil es hat, zwei Augen zu haben?

Notiert eure Ergebnisse.

3

Teste den Gleichgewichtssinn

Ihr braucht: einen Drehstuhl.

Wie hältst du dein Gleichgewicht?

a Die Versuchsperson setzt sich auf einen Drehstuhl und dreht sich mit geschlossenen Augen schnell um die eigene Achse. Nach mehreren Umdrehungen stoppt die Versuchsperson die Bewegung schlagartig. Die Augen müssen geschlossen bleiben. Was empfindest du dabei?

b Die Versuchsperson dreht sich wieder mehrmals mit geschlossenen Augen. Wenn die Versuchsperson jetzt ruckartig anhält, öffnet sie gleich die Augen. Was empfindest du, wenn du die Gegenstände betrachtest, die sich dir gegenüber befinden?

Notiert eure Ergebnisse.

4
Duftmemory

Ihr braucht: mehrere Filmdöschen, in die verschiedene Düfte gefüllt werden (z. B. Essig, Parfüm, Gewürze, Zahnpasta), Augenbinde, Klebepunnkte.

➔ Wichtig: In jeweils zwei Döschen kommt der gleiche Duft. Kennzeichnet zusammengehörige Döschen mit farbigen Klebepunkten am Boden.

Was riechst du?

a Die Versuchsperson legt die Augenbinde an. Sie öffnet nacheinander die einzelnen Döschen und riecht vorsichtig an ihnen. Danach sollten die Döschen sofort wieder verschlossen werden. Die Versuchsperson versucht den Duft zu beschreiben und zu benennen. ↑2

b Die jeweils gleichen Düfte sollen nun einander zugeordnet werden. Mithilfe der Klebepunkte kann man die Zuordnung leicht überprüfen.

Notiert eure Ergebnisse.

2 Versuchsdurchführung Duftmemory

5
Lecker!

Ihr braucht: verschiedene Lebensmittel (Schokolade, Gummibärchen, Obststücke, Gemüsestücke), Augenbinde, Nasenklammer.

➔ Wichtig: Die Versuchsperson soll die Nahrungsmittel nur am Geschmack erkennen. Achtet auf Sauberkeit.

Was schmeckst du?

a Die Versuchsperson verbindet sich die Augen und steckt sich die Nasenklammer auf, sodass sie möglichst weder sehen noch riechen kann.

b Ein Helfer gibt der Versuchsperson nun nacheinander verschiedene Geschmacksproben. Die Versuchsperson versucht diese Proben zu beschreiben und zu benennen.

c Welche Geschmacksproben sind leicht zu erkennen und woran? Welche nicht?

d Führt den Versuch ohne Nasenklammer nur mit Augenbinde durch. Könnt ihr einen Unterschied feststellen? Und wenn ja, warum?

Notiert eure Ergebnisse.

Schau mir in die Augen

1 Anna betrachtet ihre Augen im Spiegel.

Anna steht morgens im Bad und betrachtet ihre Augen eingehend im Spiegel. Dabei bemerkt sie, dass ihre Augen nicht einfach nur blau sind, sondern dass sich da auch ein paar grüne und sogar braune Fleckchen versteckt haben.
Wie sind unsere Augen aufgebaut? Was leisten sie?

Augenblick mal Wenn Anna ihr Auge so genau betrachtet, fällt ihr allerhand auf: Der weiße **Augapfel** ist von feinen Äderchen durchzogen. Die **Iris** ist nicht einfarbig, sondern mit verschiedenen Farben gesprenkelt. Die schwarze **Pupille** wird blitzschnell kleiner, als Annas Mutter plötzlich das Licht über dem Spiegel anknipst und sie ermahnt: „Anna! Beeil dich! Oder du kommst zu spät in die Schule!"

Schutz der Augen Unsere Augen reagieren sehr empfindlich, beispielsweise wenn man etwas ins Auge bekommt. Daher dienen einige Teile des Auges seinem Schutz: Die **Wimpern** halten Fremdkörper fern und mit dem **Oberlid** kann man das Auge schnell zumachen. ↑2 Wenn wir Sport treiben, dann verhindern die **Augenbrauen**, dass Schweiß in die Augen gelangen kann.
Sollte dennoch mal etwas ins Auge gelangt sein, so produzieren die Tränendrüsen vermehrt Tränenflüssigkeit, sodass Fremdkörper ausgespült werden.

2 Menschliches Auge

Für das Sehen sind viele Teile des Auges wichtig Von außen sind die weiße Lederhaut, Iris und Pupille sichtbar. Leder-, Ader- und Netzhaut bilden die äußeren Schichten des Augapfels. Bei zu starkem Licht zieht sich die Iris zusammen, sodass die Pupille kleiner wird und nur noch wenig Licht ins Auge fällt. Direkt hinter der Pupille befindet sich die **Linse**. ↑3 Sie lässt auf der **Netzhaut** ein scharfes Bild von dem, was wir sehen, entstehen. Auf der Netzhaut befinden sich die **Sehsinneszellen**, die dieses scharfe Bild in Signale umwandeln, die sie über den **Sehnerv** an das Gehirn weiterleiten. Das Gehirn vermittelt uns dann das Bild.

Augapfel
Augenbrauen
Iris
Linse
Netzhaut
Oberlid
Pupille
Sehnerv
Sehsinneszellen
Wimpern

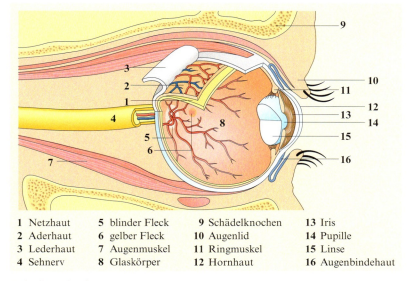

1 Netzhaut	**5** blinder Fleck	**9** Schädelknochen	**13** Iris
2 Aderhaut	**6** gelber Fleck	**10** Augenlid	**14** Pupille
3 Lederhaut	**7** Augenmuskel	**11** Ringmuskel	**15** Linse
4 Sehnerv	**8** Glaskörper	**12** Hornhaut	**16** Augenbindehaut

3 Aufbau des Auges

Merk dir! Das menschliche Auge besteht aus vielen Teilen. Einige dienen dem Schutz (Wimpern, Ober- und Unterlid, Lederhaut), andere sind für das Sehen wichtig (Pupille, Iris, Linse, Hornhaut, Netzhaut, Sehnerv).

Arbeitsaufträge
1 Betrachte dein Auge im Spiegel.
   a Zeichne es möglichst genau mit Bleistift auf ein weißes Blatt ab. Versuche anschließend die Farben mit Buntstift wiederzugeben. Du kannst auch ein Auge deines Sitznachbarn abzeichnen.
   b Beschrifte deine Zeichnung mit den Fachbegriffen.
2 Vergleiche das Auge mit einem Fotoapparat. ↑4
   Welche Teile entsprechen sich?
   Welche nicht? Begründe.

Film

Linse

Blendeneinstellung

Entfernungseinstellung

4 Fotoapparat

Das Auge erzeugt Bilder

1 Auch große Bilder „passen" in unser Auge.

Die Klasse 8c der Gutenberg-Hauptschule besucht eine Ausstellung in einem Museum für Moderne Kunst. Gleich in der Eingangshalle bewundern die Schüler ein sehr großes Bild. Es ist knapp zwei Meter hoch und über drei Meter breit.
Unglaublich, wie kann ein so großes Bild in unser Auge passen?

Das Bild wird verkleinert Das Bild im Kunstmuseum ist 2 Meter hoch und 3,20 Meter breit. Unsere Netzhaut ist jedoch nur ungefähr so groß wie ein 1-Cent-Stück. Deshalb muss das Auge das Bild verkleinern.

Der Weg des Lichtes Zunächst fällt Licht auf das Bild und wird dann von diesem zurückgeworfen. Danach gelangt das Licht durch die Pupille in unser Auge. Direkt hinter der Pupille befindet sich die Linse.
Die Linse bündelt nun das Licht so, dass ein sehr kleines, aber scharfes Bild des Gemäldes auf der Netzhaut erscheinen kann. Durch die Bündelung steht es nun allerdings „auf dem Kopf". ↑2

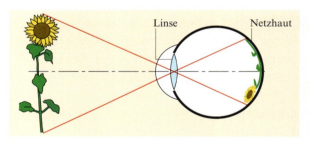

2 Die Linse bündelt das Licht so, dass ein kleines Abbild auf der Netzhaut entsteht.

Auf der Netzhaut befinden sich rund 130 Millionen lichtempfindliche Sehsinneszellen. Die meisten von ihnen sind längliche **Stäbchen**, die nur Hell und Dunkel unterscheiden können. Die übrigen sind dickere **Zapfen**, die zum Farbensehen dienen. ↑3

Empfangen, Leiten, Verarbeiten Fällt nun Licht durch die Pupille und Linse auf die Netzhaut, so werden die Stäbchen und Zapfen gereizt, sie beginnen zu arbeiten.

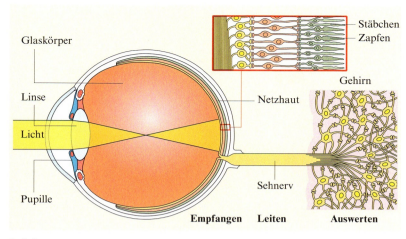

3 Sehvorgang

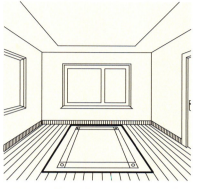

**Stäbchen
Zapfen**

4 Welche Teppichkante ist breiter?

Jede einzelne Sinneszelle wandelt den Lichtreiz in ein Signal um, das sie über den Sehnerv an das Gehirn weiterleitet. ↑3
Im Gehirn werden die Signale nun verarbeitet. Das Gehirn sorgt dabei dafür, dass die unterschiedlichen Bilder beider Augen zu einem einzigen räumlichen Bild zusammengesetzt werden. Außerdem dreht das Gehirn das Bild, das auf der Netzhaut auf dem Kopf stehend abgebildet ist, richtig herum.

Optische Täuschungen Beim Verarbeiten der Informationen wertet das Gehirn aber nicht nur das Netzhautbild aus, sondern versucht gleichzeitig, ein möglichst „sinnvolles" Bild zu erzeugen. Auch Erfahrung und Wissen spielen dabei eine Rolle. Optische Täuschungen widersprechen unserer Erfahrung und werden deshalb leicht fehlgedeutet. ↑4

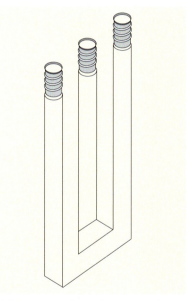

5 Ein unmöglicher Gegenstand?

> **Merk dir!** Das Licht fällt durch Pupille und Linse in das Auge. Die Linse erzeugt dabei ein verkleinertes Bild auf der Netzhaut, das von den Sehsinneszellen in Signale umgewandelt wird. Über den Sehnerv werden diese Signale an das Gehirn weitergeleitet, wo sie verarbeitet werden. Erst jetzt haben wir ein Seherlebnis.

Arbeitsaufträge

1 Beschreibe den Weg des Lichtes bis zur Wahrnehmung im Gehirn. Verwende dabei die Begriffe aus dem Merkkasten.

2 Sieh dir den Gegenstand auf Abbildung 5 genau an und zeichne ihn ab. Warum fällt das so schwer?
Decke zuerst die untere, dann die obere Hälfte ab.

Versuche zum Auge

1

Wie schützt sich das Auge vor zu starkem Licht?

a Verdunkelt den Klassenraum. Wartet einige Minuten, bis sich eure Augen an die Dunkelheit gewöhnt haben. Betrachtet nun die Augen eures Sitznachbarn genau.

b Nun schaltet jemand das Licht ein. Beobachtet in diesem Moment genau, was sich bei den Augen verändert.

c Fertigt zwei Zeichnungen an, um eure Beobachtungen festzuhalten. Zeichnet ein Auge bei Dunkelheit und ein Auge bei hellem Licht.

d Versucht nun zu erklären, wie sich das Auge vor zu starkem Licht schützen kann. ↑1

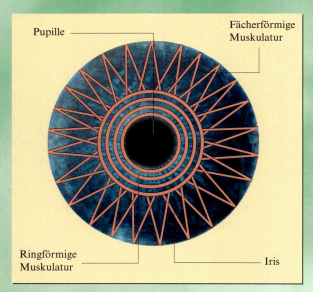

1 Die Iris ist ein Muskel.

2

Wie funktioniert das Sehen?

Ihr braucht: eine Sammellinse und einen Abbildungsschirm, eine Kerze, Feuerzeug.

a Baut den Versuch wie in Abbildung 2 auf.

b Zündet die Kerze an. Beachtet die Brandgefahr!

b Verschiebt die Linse so lange hin und her, bis ihr ein scharfes Abbild der Kerzenflamme auf dem Schirm erhaltet.

c Was könnt ihr auf dem Schirm erkennen? Zeichnet es auf.

d Der Versuchsaufbau ist ein Modell für den Sehvorgang. Ordne folgende Begriffe einander zu:

Sehvorgang	Versuchsaufbau
1 Augenlinse	A Schirm
2 Netzhaut	B Kerzenflamme
3 Gegenstand	C abgebildete Kerzenflamme
4 Netzhautbild	D Sammellinse

e Erkläre nun den Sehvorgang mithilfe des Modells.

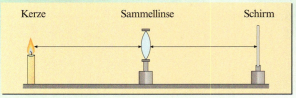

2 Versuchsaufbau

3

Wie können wir Farben sehen?

→ Auf der Netzhaut gibt es zwei Sorten von Sinneszellen. Die Stäbchen sind für das Hell-Dunkel-Sehen zuständig. Die Zapfen sind für das Farbensehen verantwortlich. Manche sprechen auf rotes, manches auf grünes und manche auf blaues Licht an. Fällt beispielsweise violettes Licht auf die Netzhaut, so werden sowohl die Zapfen für rotes als auch für blaues Licht angesprochen. Im Gehirn kommt es zur Farbwahrnehmung „violett".
Werden alle drei Zapfensorten auf der Netzhaut gleichzeitig gereizt, entsteht im Gehirn der Farbeindruck „weiß".

Mit folgendem Versuch kann man die Arbeit der Zapfen nachweisen:

a Sieh dir die olympischen Ringe auf Abbildung 3 mindestens 1 Minute lang an, ohne wegzusehen.

b Schaue dann auf ein weißes Papier. Was siehst du?

Erklärung: Durch das lange Hinschauen auf die gleiche Stelle ermüden die angesprochenen Zapfen. Wenn man plötzlich auf ein weißes Papier schaut, dann sind beispielsweise die Zapfen für Rot und Blau ermüdet. Sie arbeiten jetzt erst einmal nicht. Es erscheint somit die Komplementärfarbe, da sich weißes Licht aus allen Farben zusammensetzt, bestimmte Farbbereiche aber durch die Ermüdungserscheinung kurzfristig nicht wiedergegeben werden können.

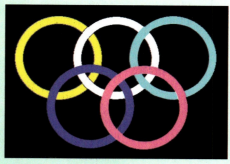

3 Die olympischen Ringe einmal anders

4

Nachweis des blinden Flecks

→ Dort, wo der Sehnerv das Auge verlässt, befinden sich keine Sinneszellen. Diese Stelle bezeichnet man als „blinder Fleck".
Ihr braucht: das Biologiebuch.

a Haltet diese Buchseite in Armlänge vor eure Augen.

b Schließe das rechte Auge und blicke mit dem linken ununterbrochen auf den weißen Punkt. ↑4

c Bewege jetzt das Buch langsam zum Auge hin.
Kannst du beobachten, dass das Kreuz bei einer bestimmten Entfernung plötzlich verschwindet? ↑4 In genau diesem Moment fällt sein Bild auf den blinden Fleck.

d Warum macht sich der blinde Fleck beim Sehen normalerweise nicht bemerkbar?

4

In Deutschland tragen über 40 Millionen Menschen eine Brille.
Sind bei Brillenträgern die Augen anders? Wie können wir unsere Augen schützen?

1 Brillenträger

Damit nichts ins Auge geht

Die Augen sind ein kostbares Gut Ungefähr 90 Prozent aller Sinneseindrücke nehmen wir mit den Augen wahr. Eine Einschränkung oder sogar der Verlust des Sehvermögens wäre sicherlich für jeden eine schwerwiegende Beeinträchtigung. Daher ist es sehr wichtig, seine Augen zu schützen. Viele Menschen tragen eine Brille, da sie einen Augenfehler haben. Manche benötigen eine solche Sehhilfe schon als Kind, andere wiederum erst im Alter, wenn die Sehfähigkeit nachlässt. ↑1 Auch durch einen Unfall kann ein bleibender Sehschaden entstehen.

Fehlsichtigkeit Bei der Kurzsichtigkeit ist der Augapfel zu lang, sodass das scharfe Bild vor der Netzhaut entsteht. Die Abbildung auf der Netzhaut ist unscharf. Dieser Augenfehler kann durch eine Brille mit Zerstreuungslinse korrigiert werden. ↑2

Bei der Weitsichtigkeit ist der Augapfel zu kurz, sodass das scharfe Bild hinter der Netzhaut entsteht. Die Abbildung auf der Netzhaut ist unscharf. Dieser Augenfehler kann durch eine Brille mit Sammellinse korrigiert werden. ↑2

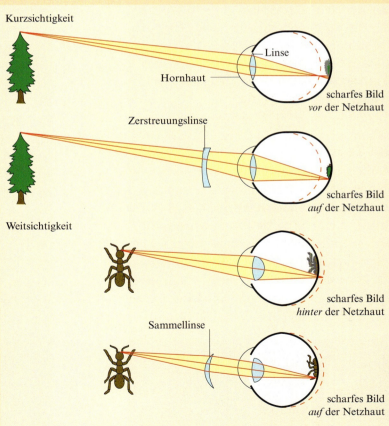

2 Kurz- und Weitsichtigkeit

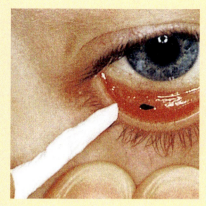

3 So entfernt man einen Fremdkörper.

Und wenn doch mal was ins Auge geht Wenn ein Fremdkörper ins Auge gelangt, beginnt es zu tränen, um diesen wieder auszuspülen. Man kann auch selbst versuchen ihn zu entfernen.
Ziehe das Oberlid vorsichtig über das Auge nach unten. Bewege nun das Auge so lange nach allen Seiten, bis der Fremdkörper an den unteren Augenrand gelangt. Nun kann jemand mit der Spitze eines sauberen Tuchs den Fremdkörper entfernen. Ziehe dazu das Unterlid nach unten und schaue gleichzeitig nach oben. ↑3
Gerade beim Hantieren mit Chemikalien kann es passieren, dass eine ätzende Flüssigkeit ins Auge gelangt. In diesem Fall spüle beide Augen sofort und ausgiebig mit Leitungswasser aus. ↑4 Gehe dann sicherheitshalber zum Arzt.

Tipps vom Augenarzt So schont man die Augen bei der Arbeit oder dem Spiel am Computer.
Der Bildschirm sollte ca. 50 bis 60 cm vom Auge entfernt sein.
Sitze immer so vor dem Monitor, dass du mit leicht geneigtem Kopf nach unten blickst. Achte auf eine ausreichende Beleuchtung. Das Licht darf aber nicht zu grell sein. Mache nach einer Stunde vor dem Computer eine Pause und beschäftige dich mit anderen Dingen.

4 Augendusche

Arbeitsaufträge

1 Wie viel Zeit verbringst du täglich vor dem Computer oder mit Lesen?
   a Mache dir eine Woche lang Notizen. Vermerke auch, ob du Ermüdungserscheinungen bei deinen Augen feststellen kannst. Vergleicht eure Ergebnisse untereinander.
   b Stellt eure Ergebnisse in Form eines Diagramms dar.
2 Wovor schützen jeweils die auf den Abbildungen 5 bis 8 abgebildeten Gegenstände?

5

6

7

8

Blinde finden sich auf andere Weise zurecht

1 Blindenfußball – woher wissen die Spieler wo der Ball ist?

Bei blinden Menschen ist der Sehsinn ausgeschaltet. Trotzdem machen Blinde fast alles, was Sehende auch tun. Wie finden sich sehbehinderte Menschen zurecht?

Geschärfte Sinne Blinde sind entweder von Geburt an blind oder durch Krankheit oder eine Verletzung erblindet. Da bei ihnen der Sehsinn entfällt oder stark eingeschränkt ist, finden sie sich mithilfe anderer Sinne zurecht. So sind bei sehbehinderten Menschen der Tastsinn und das Gehör besonders gut ausgebildet.

Sich im Alltag orientieren Manchmal kannst du Blinde in Begleitung eines Blindenhundes sehen, der sie sicher durch den Straßenverkehr führt. ↑2 Wie jeden fremden Hund darfst du besonders **Blindenhunde** nicht streicheln und somit von ihrer Aufgabe ablenken. In einem Kurs können Blinde erlernen, mit einem **Blindenstock** Hindernisse auf ihrem Weg zu ertasten und sich selbstständig in ihrer Umgebung zu bewegen.
Viele Bahnhöfe haben ein Leitsystem für Blinde. Geriffelte Bodenplatten verlaufen entlang des Bahnsteigs und führen zu den Treppen. ↑3
Für Blinde und stark Sehbehinderte sind die Leuchtsignale der Ampeln nicht zu erkennen. Ein Knackgeräusch, das auch bei Rot ertönt, leitet Blinde zum Ampelmast. Ein Freigabeton dient dazu, den Blinden das Fußgänger-GRÜN zu signalisieren. Dieser hebt sich von üblichen Umweltgeräuschen gut ab.

2 Tasten statt sehen

3 Wegweiser für Blinde

Hilfsmittel Blinden stehen viele Hilfsmittel zur Verfügung. Mithilfe der **Blindenschrift** (Brailleschrift) können sie auch Bücher lesen. Bei der Blindenschrift handelt es sich um punktförmige Erhebungen. ↑4 Blinde „lesen" die Buchstaben tastend mit ihren Fingern. Mit dem Computer können sie in normaler Schrift schreiben. Eine besondere Vorrichtung am Computer übersetzt den Text. ↑5

4 Blindenschrift lesen

Blinde
Blindenhund
Blindenschrift
Blindenstock

5 Computer mit Blindenschriftzeile

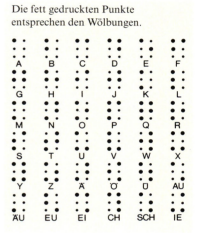

Die fett gedruckten Punkte entsprechen den Wölbungen.

6 Blindenschrift

Merk dir! Blinde und sehbehinderte Menschen sind in besonderer Weise auf ihre übrigen Sinne angewiesen. Diese Sinne sind bei ihnen besonders gut ausgeprägt. Blinden stehen heute viele Hilfsmittel zur Verfügung.

Arbeitsaufträge

1 Befrage einen blinden oder sehbehinderten Menschen. Wie kommt er im Alltag zurecht? Welche Hilfsmittel nutzt er?

2 Lasst euch mit verbundenen Augen und/ oder mit Ohrstöpseln von einem Mitschüler über den Schulhof führen. Berichtet über eure Erfahrungen. Probiert unter den gleichen Bedingungen, euch mithilfe eines Stocks zu orientieren. Auch hier müsste

ständig ein Mitschüler in der Nähe sein, falls Hilfe notwendig ist. Welche Erfahrungen macht ihr?

3 Nimm einen Bogen festes Papier und schreibe deinen Namen in Blindenschrift. ↑6 Drücke dazu mit einem Stift von hinten in das Papier. Schreibe eine kurze Nachricht in Blindenschrift an deine Nachbarin oder deinen Nachbarn.

Mit den Ohren auf Schallempfang

1 Entspannen mit Musik

Was für ein Tag! Erst das Diktat in Deutsch, danach der Test in Biologie und auch die Mathematikstunde war ganz schön anstrengend. Und nach der Schule dann auch noch der Termin beim Kieferorthopäden. Da hilft nur eins: Schöne Musik.
Wie hören wir eigentlich?

Bau des Ohrs Man unterscheidet drei Teile: Außenohr, Mittelohr und Innenohr. Zum **Außenohr** gehören Ohrmuschel, Gehörgang und Trommelfell. Direkt hinter dem Trommelfell schließt sich das **Mittelohr** mit den Gehörknöchelchen an. Sie stellen die Verbindung zum Innenohr dar. Im **Innenohr** liegt die Schnecke, in der sich die Hörsinneszellen befinden. Die Schnecke ist mit Flüssigkeit gefüllt. ↑2
Das Ohr ist nicht nur zum Hören da. In ihm befindet sich auch das **Gleichgewichtsorgan**, das dafür verantwortlich ist, dass wir unser Gleichgewicht halten können.

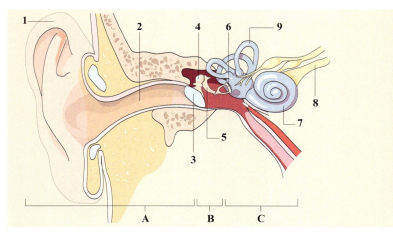

A Äußeres Ohr
1 Ohrmuschel
2 Gehörgang
3 Trommelfell

B Mittelohr
(Gehörknöchelchen)
4 Hammer
5 Amboss
6 Steigbügel

C Innenohr
7 Schnecke
8 Hörnerv
9 Bogengänge mit Gleichgewichtsorgan

2 Bau des Ohrs

Der Weg durch das Ohr Die Musik erzeugt Schallwellen, die nun durch Außen-, Mittel- und Innenohr wandern.

Zunächst werden die Schallwellen von der **Ohrmuschel** aufgefangen und in den **Gehörgang** gelenkt. ↑2 Der Gehörgang leitet sie dann zum **Trommelfell** weiter, das dadurch in Schwingungen versetzt wird.

Direkt hinter dem Trommelfell befinden sich die **Gehörknöchelchen**, die diese Schwingungen aufnehmen und verstärken. ↑2 Die Gehörknöchelchen übertragen die Schwingungen dann auf die **Schnecke**. In ihr befindet sich eine Flüssigkeit, die nun auch in Schwingung versetzt wird. Dadurch werden die Hörsinneszellen gereizt, die diese Schwingungen in Signale umwandeln. Über den Gehörnerv werden die Signale dann an das Gehirn weitergeleitet. Im Gehirn werden diese Signale zu einem Geräusch verarbeitet, das wir jetzt hören. ↑3

Pflege des Ohrs Im Gehörgang befinden sich Drüsen, die das Ohrenschmalz bilden. Es verklebt Staubteilchen und verhindert so, dass diese bis zum Trommelfell gelangen und sich dort ablagern. Durch unsere Kieferbewegungen wird das Schmalz immer wieder nach außen befördert. Daher brauchst du deine Ohren nur äußerlich zu reinigen, am besten mit dem Zipfel eines Handtuchs.

Bohre nie mit einem Wattestäbchen in dein Ohr hinein. Dadurch würdest du das Ohrenschmalz zu einem Pfropf zusammenschieben, der sich dann auf dem Trommelfell ablagert. Nur der Ohrenarzt kann einen solchen Pfropf entfernen.

Merk dir! **Schallwellen werden von den Ohrmuscheln aufgefangen. Das Trommelfell wird in Schwingung versetzt und überträgt diese auf die Gehörknöchelchen. Die Gehörknöchelchen verstärken und übertragen die Schwingungen auf die Schnecke. Dadurch werden die Hörsinneszellen angeregt und leiten über den Gehörnerv Signale an das Gehirn weiter. Dort werden diese Signale zu einem Geräuscherlebnis verarbeitet.**

Außenohr
Gehörgang
Gehörknöchelchen
Gleichgewichtsorgan
Innenohr
Mittelohr
Ohrmuschel
Schnecke
Trommelfell

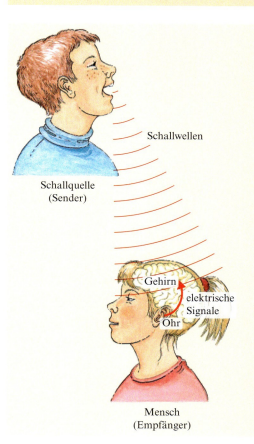

Schallwellen

Schallquelle
(Sender)

Gehirn

elektrische
Signale

Ohr

Mensch
(Empfänger)

3 Im Ohr werden Schallwellen in Signale umgewandelt.

Arbeitsaufträge

1 Decke in Abbildung 2 die Beschriftungen ab. Benenne die einzelnen Teile des Ohrs und erkläre ihre Funktion mit eigenen Worten. Überprüfe zum Schluss.

2 Beschreibe mithilfe der Abbildungen, wie ein Hörerlebnis zustande kommt.

Leistungen des Gehörs

1 Ein Popkonzert – eine Herausforderung für unsere Ohren

Auf einem Popkonzert seid ihr vielen Geräuschen ausgesetzt: der Stimme des Sängers, dem Sound der Musikinstrumente und dem Schreien der Fans. Das ist eine echte Herausforderung für unsere Ohren. Aber was leistet das Gehör eigentlich genau?

Was unser Gehör alles kann Unsere Ohren sind täglich vielen **Geräuschen** ausgesetzt. Doch was genau nehmen wir von diesen Geräuschen eigentlich wirklich wahr?

Hoch und tief Unser Gehör kann die **Tonhöhe** unterscheiden. Ein Glockenspiel klingt viel höher als zum Beispiel eine Bassgitarre, das Brummen des Staubsaugers tiefer als das Klingeln des Telefons. ↑3

Einige hören mehr – andere weniger Viele Tiere können weitaus besser hören als wir Menschen. Sie nehmen Töne wahr, die für unser Gehör viel zu hoch sind. Diese bezeichnet man als Ultraschall. Delfine und Fledermäuse beispielsweise können Ultraschall wahrnehmen. Wir hingegen hören mittlere Tonhöhen am besten.

Hörschäden und Hörgeräte
Große Lautstärken oder Infektionen des Ohres können bleibende Hörschäden verursachen. Aber auch von Geburt an kann das Hörvermögen beeinträchtigt sein. Hörgeräte können helfen den Hörverlust auszugleichen. Die Entscheidung für ein bestimmtes Hörgerät hängt nicht nur von der Art der Schwerhörigkeit ab, sondern ebenso von persönlichen Bedürfnissen und Ansprüchen, die man an eine solche Hilfe stellt.

2

3 Was klingt hoch, was tief?

Laut und leise Unser Ohr nimmt die **Lautstärke** von Geräuschen wahr, also ob ein Geräusch laut oder leise ist. Flüstern wird beispielsweise als leise empfunden, ein Moped hingegen als laut. ↑4 Geräusche werden dann als Lärm bezeichnet, wenn sie als störend empfunden werden oder unserer Gesundheit schaden.

Geräusche
Lautstärke
Richtungshören
Tonhöhe

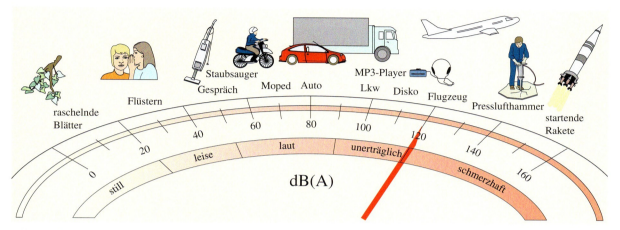

4 Lautstärken

Woher kommt ein Geräusch? Unser Gehör kann aber auch die Richtung von Geräuschen bestimmen. Kommt also beispielsweise von rechts ein Moped herangefahren, so wird dieses Geräusch etwas früher und auch etwas lauter vom rechten Ohr wahrgenommen als vom linken. Obwohl wir den Mopedfahrer noch gar nicht sehen, wissen wir dann schon, aus welcher Richtung er kommt. Diese Fähigkeit bezeichnen wir auch als **Richtungshören**. ↑5

Merk dir! Das Gehör unterscheidet hoch und tief und laut und leise. Mit beiden Ohren können wir zudem hören, aus welcher Richtung Geräusche kommen (Richtungshören).

5 Versuch zum Richtungshören

Arbeitsaufträge

1 Führt den Versuch von Abbildung 5 durch.
 a Klopfe mit einem Stift leicht auf den Schlauch. Kann dein Partner angeben, ob du links, rechts oder in der Mitte geklopft hast?
 b Versucht das Ergebnis zu erklären.

2 Ab welcher Lautstärke kann unser Gehör geschädigt werden?
 a Finde heraus, was bei einer Schädigung in den Ohren passiert.
 b Schreibe einige Tipps auf, mit denen du deine Ohren vor Lärm während eines Popkonzerts schützen kannst.
 c Informiere dich über die verschiedenen Hörgerättypen. ↑2

Die Supersinne der Tiere

Lebensretter Hund – 80-Jähriger bei Pilzsuche verunglückt

„Ein 80-jähriger Pilzsammler ist am Dienstag in Stuttgart verunglückt. Er rutschte eine Böschung in der Nähe eines Friedhofs hinunter und konnte sich nicht selbst aus dem Dickicht befreien. Aufgespürt wurde der Mann von einem Hund. Der Hund konnte mithilfe seines Geruchssinns die Witterung zu dem Mann aufnehmen. Der völlig durchnässte Rentner konnte so gerettet werden. Man kann davon ausgehen, dass der Hund dem älteren Herrn das Leben gerettet hat."

Hunde haben empfindliche Nasen

Wäre es nicht praktisch, wenn du allein durch Schnüffeln an deiner Schultasche herausfinden könntest, was für ein Frühstück in deiner Brottasche steckt? Oder in der deines Nachbarn? Nun, dazu bräuchtest du wohl die Nase eines Hundes: Hunde können extrem gut riechen, selbst wenn ein Geruch äußerst schwach ist und wir ihn gar nicht wahrnehmen können. Hunde haben in ihrer Nase bis zu 220 Millionen Riechzellen – Menschen nur 5 Millionen. Kein Wunder also, dass Hunde bei der Polizei zum Aufspüren von Drogen oder Sprengstoff eingesetzt werden.

1 Hunde haben eine wahre Supernase.

Klapperschlangen haben Wärmesensoren

Klapperschlangen haben ein besonderes Sinnesorgan: das Grubenorgan. Dabei handelt es sich um eine Grube zwischen Augen und Nasenloch, die empfindlich auf Wärme reagiert. Damit fangen Klapperschlagen sogar in der Dunkelheit eine Maus.

2 Klapperschlange mit Grubenorgan

Adleraugen

Wenn jemand sehr gut sehen kann, sagen wir auch: „Er hat Adleraugen." Und in der Tat können Adler ausgesprochen gut sehen: Selbst aus großer Höhe erkennen sie eine winzige Maus auf dem Feld. Schließlich haben sie 5-mal so viele Sehzellen in ihren Augen wie der Mensch.

3 Adler

Verstecken – beim Hai zwecklos

Der Hai besitzt ein Sinnesorgan, über das wir Menschen nicht verfügen. Er kann damit schwache elektrische Felder wahrnehmen, die von lebenden Fischen ausgehen. Selbst wenn sich also ein Fisch gut versteckt, kann der Hai ihn mit seinem elektrischen Sinn trotzdem leicht aufspüren.

4 Beim Hai hilft auch kein Verstecken.

Die Fledermaus – Jägerin der Nacht

Fledermäuse jagen zumeist in der Dämmerung oder nachts. Sie stoßen Ultraschallrufe aus, die wir nicht hören können, da sie zu hoch sind. Diese Rufe werden von Gegenständen der Umgebung zurückgeworfen und gelangen zum Ohr der Fledermaus. Je weiter nun ein Gegenstand entfernt ist, desto länger braucht der Schall, um wieder zurückzukommen. Auf diese Weise kann die Fledermaus Entfernungen abschätzen.

5 Die Fledermaus ist nachts unterwegs.

Den Kompass immer mit dabei

Stell dir mal vor, du hättest einen eingebauten Kompass. Dann wüsstest du immer, in welche Richtung zum Beispiel dein zuhause liegt. Eine Biene hat diese Fähigkeit. Denn sie kann das Magnetfeld der Erde wahrnehmen und verliert daher niemals ihre Orientierung.

6 Bienen wissen, wo es langgeht.

Vom Reiz zur Reaktion

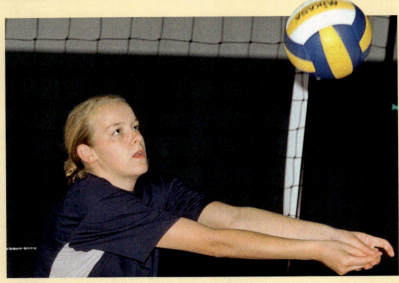

1 Schnelle Reaktion beim Volleyballspiel

Tarek ist begeistert vom Volleyballspiel. Interessiert beobachtet er, wie die Spieler sich blitzschnell den Ball zuspielen.
Wie schafft es der Körper, so schnell zu reagieren?

Schnelle Reaktion Ein schnelles Reaktionsvermögen ist beim Volleyballspielen sehr wichtig. Man muss den Ball immer im Auge behalten und auf die Zurufe der Mitspieler achten. Aber auch bei anderen Sportarten muss man schnell reagieren können, zum Beispiel beim Fußball oder auch beim Basketball. Ebenso gibt es im Alltag viele Situationen, die schnelles Reagieren erfordern, vor allem im Straßenverkehr. ↑2

2 Auch im Alltag ist schnelles Reagieren erforderlich.

Vom Reiz zur Reaktion Die Spielerin konnte nur deshalb so schnell reagieren, weil sie mit ihren Augen die ganze Zeit über den Ball verfolgt hatte. Außerdem hatte sie dann die Zurufe ihrer Mitspieler gehört und gleich den Ball angenommen. Ball und Zuruf stellen **Reize** dar. ↑3

Aus Informationen werden Befehle Die schnellen und zielgerichteten Bewegungen werden durch das Zusammenspiel von **Sinnesorganen**, **Nerven** und **Muskulatur** ermöglicht. ↑3 Alle Sinnesorgane geben eintreffende Reize als **Signale** über Nervenbahnen an das Gehirn weiter. Das Gehirn verarbeitet die eingehenden Informationen (**Reizverarbeitung**). Dann schickt es ebenfalls mittels elektrischer Signale **Befehle** an die Muskeln, die daraufhin eine bestimmte **Reaktion** zeigen.

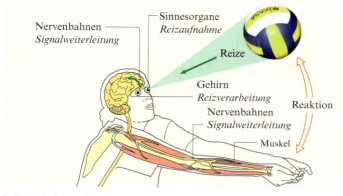

Sinnesorgane
Reizaufnahme

Nervenbahnen
Signalweiterleitung

Reize

Gehirn
Reizverarbeitung

Reaktion

Nervenbahnen
Signalweiterleitung

Muskel

3 Vom Reiz zur Reaktion

Befehle
Muskulatur
Nerven
Reaktion
Reize
Reizverarbeitung
Signale
Sinnesorgan

Die Spielerin hat also über Auge und Ohr fortwährend Informationen über das Spielgeschehen aufnehmen können, die schließlich im Gehirn verarbeitet wurden. Das Gehirn wiederum hat den Befehl an die Muskeln gegeben, sich zusammenzuziehen, sodass sich die Spielerin zum Ball hindrehen und ihn blitzschnell annehmen konnte. ↑3

Sinnesorgane sind lebenswichtig! Alex liebt es, auf dem Nachhauseweg beim Fahrradfahren Musik zu hören. Da kann er gut „abschalten". Leider ist dann aber auch sein Hörsinn „abgeschaltet". Durch die laute Musik aus den Kopfhörern dringt kein Verkehrslärm mehr an sein Ohr. ↑4
Er kann also nicht hören, wenn plötzlich ein Auto von hinten herannaht und laut hupt. Alex hat vor dem Abbiegen nicht richtig nach hinten geschaut, so abgelenkt war er von seiner Musik. Zum Glück kann der Autofahrer noch schnell reagieren und rechtzeitig bremsen. Jetzt hört Alex seine Musik lieber erst zu Hause.

4 Im Straßenverkehr sollte man Augen und Ohren „offen halten"!

Merk dir! Jedes Sinnesorgan spricht nur auf bestimmte Reize an, die als Signale über Nervenbahnen an das Gehirn weitergegeben werden. Im Gehirn werden die eingehenden Informationen ausgewertet und entsprechende Befehle an die Muskeln geschickt, sodass diese reagieren können.

Arbeitsaufträge

1 Erkläre das Zusammenspiel zwischen Sinnesorganen, Nerven und Muskeln, das abläuft, wenn dir plötzlich eine Katze vor das Fahrrad läuft. Erläutere, wie das Reiz-Reaktions-Verhalten aussehen könnte.

Verwende dabei möglichst alle Begriffe aus dem Merkkasten.
2 Begründe, weshalb man beim Radfahren im Verkehr auf Musik aus dem Kopfhörer verzichten sollte.

Unser Nervensystem

1 Im Takt der Musik beim Abschlussball

Anna ist glücklich. Endlich hat sie ihren Freund zu einem Tanzkurs überreden können. Beide mögen die Musik, die Tanzbewegungen und die fröhliche Stimmung.
Wie bringt unser Körper Stimmungen und Bewegungen eigentlich mit der Musik in Einklang?

Zusammenspiel Wenn man erst einmal ein bisschen Übung hat, dann macht Tanzen sehr viel Spaß. Die Musik erzeugt Stimmungen und Gefühle, die man über das Tanzen ausdrückt. Außerdem gelangen neben den Schallreizen auch Licht-, Bewegungs- und Druckreize auf unsere Sinnesorgane.

Netzwerk Nervensystem Das **Nervensystem** durchzieht als reich verzweigtes Netz unseren ganzen Körper. Es besteht aus vielen Milliarden **Nervenzellen**, die hintereinandergeschaltet sind und so lange **Nervenbahnen** bilden können. Auf diese Weise werden Verbindungen vom Gehirn über das **Rückenmark** bis in alle Körperbereiche geschaffen. ↑2

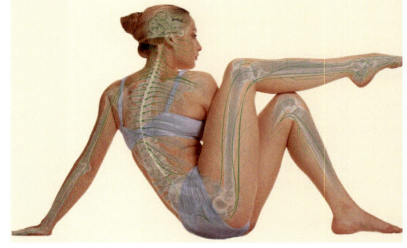

2 Das Nervensystem – ein weitverzweigtes Netz

Nervenbahnen bestehen aus Nervenzellen Nervenzellen gehören zu den längsten Zellen des Körpers. Manche können bis zu einen Meter lang werden. Die meisten weisen einen ähnlichen Bau auf. ↑3 Sie gliedern sich in vier Abschnitte.

Mithilfe der **Dendriten** nimmt die Nervenzelle elektrische Signale von den vorgeschalteten Nervenzellen auf.

Im **Zellkörper** befindet sich der Zellkern.

Die elektrischen Signale werden dann über einen einzelnen langen Fortsatz, der **Nervenfaser**, weitergeleitet. Auf diese Weise gelangen die Signale schließlich in die Endknöpfchen.

Die Verbindungen, die eine Nervenzelle mit anderen Zellen eingeht, bezeichnet man als **Synapsen**. Hier werden die Signale auf die nachfolgende Nervenfaser übertragen.

Eilige Botschaften mit elektrischer Übertragung

Damit Sinneswahrnehmungen möglichst schnell zu einer Reaktion führen können, müssen die Signale sehr rasch von den Nervenfasern übertragen werden. Dies geschieht mithilfe elektrischer Erregung. Die Zellmembran der Nervenzellen ist elektrisch geladen. Wird nun über den Dendriten ein Signal empfangen, so ändert sich die elektrische Ladung für einen kurzen Moment. Diese kurzfristige Ladungsänderung breitet sich über die ganze Nervenzelle aus und führt schließlich dazu, dass die nachfolgende Nervenzelle ebenfalls elektrisch erregt wird.

Auf diese Weise können Informationen in Form elektrischer Impulse schnell übertragen werden. Die Übertragungsgeschwindigkeit kann bis zu 120 Meter pro Sekunde schnell sein.

Merk dir! **Viele hintereinandergeschaltete Nervenzellen bilden lange Nervenbahnen, die zum Nervensystem vernetzt sind. Das Nervensystem dient der Weiterleitung von Informationen in Form elektrischer Signale zwischen dem Gehirn und allen Bereichen des Körpers.**

> Dendriten
> Nervenbahnen
> Nervenfaser
> Nervensystem
> Nervenzellen
> Rückenmark
> Synapsen
> Zellkörper

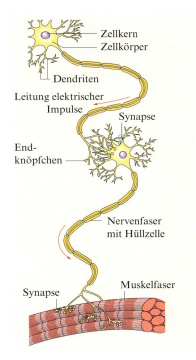

3 Hintereinandergeschaltete Nervenzellen bilden Nervenbahnen.

Arbeitsaufträge

1 Bringe die Sätze in die richtige Reihenfolge.
 a Das Gehirn schickt über Nervenbahnen einen Befehl in Form elektrischer Signale an die Muskeln im Augenlid.
 b Die Sehsinneszellen wandeln den Reiz in elektrische Signale um.
 c Ein Lichtreiz trifft auf die Sehsinneszellen.
 d Über Nervenfasern wird das elektrische Signal von Nervenfaser zu Nervenfaser weitergeleitet.
 e Das elektrische Signal gelangt ins Gehirn, wo es verarbeitet wird.

2 Zeichne das Modell einer Nervenzelle groß auf und beschrifte die einzelnen Bauteile. Erklärt euch gegenseitig anhand eurer Zeichnung den Weg des elektrischen Signals durch die Nervenzelle.

Schaltzentrale Gehirn

1 Bei der Theaterprobe

Die Klasse 8b übt für das nächste Schulfest ein Theaterstück ein.
Lena und Jakob haben die beiden Hauptrollen und müssen viel Text auswendig lernen. Und natürlich wollen alle auf der Bühne auch mit schauspielerischem Talent überzeugen.
Was leistet das Gehirn beim Schauspielern?

Bereiche des Gehirns Das Gehirn ist die Schaltzentrale unseres Körpers. Hier laufen alle Informationen von den Sinnesorganen zusammen. Diese werden ausgewertet und entsprechende Befehle in alle Körperteile geschickt. Im Gehirn entstehen auch Gefühle und Empfindungen. Es besteht aus verschiedenen Bereichen: dem Großhirn, dem Kleinhirn, dem Zwischenhirn und dem Hirnstamm. ↑2

Das Großhirn Den größten Teil des Gehirns nimmt das **Großhirn** ein. Seine Form erinnert an eine Walnuss. Es ist das Zentrum unserer Wahrnehmung. Alle Bewegungen, die Jakob und Lena auf der Bühne machen, werden hier geplant. Beim Theaterspielen muss sehr viel Text gelernt und abgespeichert werden.

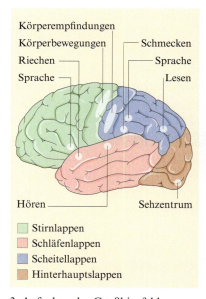

Körperempfindungen
Körperbewegungen
Riechen
Sprache
Schmecken
Sprache
Lesen
Hören
Sehzentrum

☐ Stirnlappen
☐ Schläfenlappen
☐ Scheitellappen
☐ Hinterhauptslappen

3 Aufgaben der Großhirnfelder

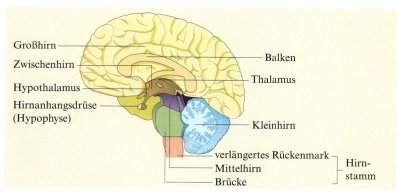

Großhirn
Zwischenhirn
Hypothalamus
Hirnanhangsdrüse (Hypophyse)
Balken
Thalamus
Kleinhirn
verlängertes Rückenmark
Mittelhirn
Brücke
Hirnstamm

2 Menschliches Gehirn

Dafür ist ebenfalls das Großhirn zuständig. Zudem ist es Sitz unserer Sprache und Intelligenz.
Die Oberfläche des Großhirns kann man in verschiedene Felder gliedern. Diese Felder sind für bestimmte Aufgaben zuständig. ↑3

Vom Aufnehmen zum Handeln Sinneseindrücke aus den Sinnesorganen gelangen über die Nervenbahnen zu den Großhirnfeldern und werden dort verarbeitet. Wenn Lena den Text des Theaterstücks liest, so werden als Erstes die Nervenzellen im Sehzentrum aktiviert. Das Sehzentrum befindet sich im hinteren Großhirn. ↑3 Das Sprachzentrum sorgt dann dafür, dass aus den einzelnen Buchstaben Worte werden, deren Bedeutung Lena verstehen kann. Das Sprachzentrum befindet sich im seitlichen Bereich des Großhirns. ↑3

Zusammenarbeit der Gehirnbereiche Das Großhirn ist auf die Zusammenarbeit mit den anderen Bereichen des Gehirns angewiesen.
Den zweitgrößten Teil des Gehirns bildet das **Kleinhirn**. ↑2 Es ist neben dem Großhirn ein zweites Zentrum für die Bewegungen. Es ist für automatische Bewegungen und das Gleichgewicht verantwortlich.
Wichtig ist aber auch, dass sich Jakob und Lena gut in ihre Rolle „hineinfühlen" können. Dazu muss man Gefühle empfinden und auch zum Ausdruck bringen. Für Gefühle, Hunger, Durst und Körpertemperatur ist das **Zwischenhirn** zuständig. ↑2
Der **Hirnstamm** steuert wichtige Körperfunktionen: Atmung, Herzschlag, Blutdruck, Augenbewegung, Husten und Schlucken. ↑2

**Großhirn
Hirnstamm
Kleinhirn
Zwischenhirn**

· Gesamtlänge aller Nervenbahnen unseres Gehirns: 5,8 Millionen Kilometer. Das sind 145 Erdumrundungen.
· Durchschnittsgewicht des menschlichen Gehirns: 1245 bis 1375 Gramm
· Nur 2 Prozent unseres Körpergewichts entfallen auf das Gehirn.

4 Zahlen zum Gehirn

Merk dir! Die verschiedenen Bereiche des Gehirns haben unterschiedliche Funktionen. An einer Aufgabe arbeiten immer mehrere Bereiche zusammen.

Arbeitsaufträge

1 Benenne die Teile des Gehirns. Informiere dich im Internet oder in Büchern über die genauen Funktionen der einzelnen Bereiche.
2 Welche Bereiche des Großhirns werden bei folgenden Tätigkeiten aktiviert: Singen, Bodenturnen, Autofahren, Kochen, Sichstreiten, Klavierspielen?
3 Vergleiche das Gehirn mit einem Computer. Welche Gemeinsamkeiten und welche Unterschiede gibt es?
4 Informiere dich, was bei einer Unterversorgung des Gehirns mit Sauerstoff passiert.

Wie wir lernen

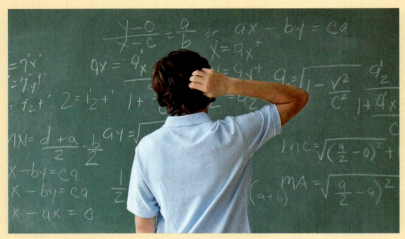

Für die Mathearbeit muss eine Menge gelernt werden. Leider fällt es einem oft schwer, sich die vielen Formeln zu merken.
Gibt es nicht die Möglichkeit, dem Gedächtnis ein wenig „auf die Sprünge zu helfen"?

1 Lernen ist Herausforderung für das Gedächtnis.

Lernen – Informationen aus dem Gedächtnis abrufen Den Begriff **Lernen** verbinden wir schnell einfach nur mit „Schule". Für Englisch beispielsweise muss man Vokabeln lernen, für Mathematik Formeln. Dabei lernen wir eigentlich ständig, ohne dass es uns unbedingt bewusst wird. So merken wir uns die neuen Abfahrtzeiten des Schulbusses oder erkunden Abkürzungen des Schulweges. Auch das ist Lernen. Lernen bedeutet nichts anderes, als dass Informationen, die im Gedächtnis gespeichert wurden, wieder abgerufen werden können. Das heißt also, dass wir uns erinnern können: Wie lautete die Formel aus dem Mathematikunterricht? Wann fährt der Schulbus ab? ↑2

Schritt 1 – Das Kurzzeitgedächtnis Unsere Sinnesorgane nehmen in jeder Sekunde sehr viele Informationen wahr. Diese gelangen zunächst ins **Kurzzeitgedächtnis**, wie beispielsweise eine Formel aus dem Mathematikunterricht. Da eine solche Fülle von Informationen unser Gedächtnis schnell überlasten würde, sortiert das Gehirn gleich all das aus, was es für unwichtig hält. Das Gehirn entlastet sich also selbst durch Vergessen. ↑3

Schulbus – Abfahrt	
Amlingsberg Kirche	7:10
Amlingsberg Bahnhof	7:18
Schlosshausen Vorstadt	7:26
Schlosshausen Zentrum	7:32
Osterdorf	7:38
Willersberg	7:45
Hasenwinkel Schule	7:52

2 Schulbus – Abfahrtsplan

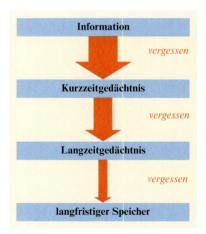

3 Unser Gedächtnis arbeitet in verschiedenen Schritten.

Schritt 2 – Das Langzeitgedächtnis Nur das, was dem Gehirn wichtig erscheint, wird im **Langzeitgedächtnis** abgespeichert. Das Gelernte bleibt hier über mehrere Wochen haften. Dann wird es einer erneuten Prüfung unterzogen: Ist es wirklich wichtig, sich diese Information, also beispielsweise die neuen Abfahrtzeiten des Schulbusses, zu merken? ↑3

Schritt 3 – Nur das Wichtigste bleibt hängen Besteht die Information diese „Wichtigkeitsprüfung", so wird sie schließlich fest im **langfristigen Speicher** verankert. Ein Schüler, der immer mit dem Schulbus fährt, wird sich sicherlich die Abfahrtzeiten des Busses merken, da sie für ihn täglich von Bedeutung sind. ↑3

Dem Gedächtnis „auf die Sprünge helfen" Was kann man tun, um all das, was man lernen möchte, auch tatsächlich im Langzeitgedächtnis zu speichern und wieder abzurufen?
Zunächst ist wichtig, auf welche Weise man den Lernstoff aufnimmt. ↑4 Allerdings kommt es darauf an, welcher Lerntyp du bist. Jeder lernt auf unterschiedliche Weise. Anna kann sich Erzähltes besonders gut merken, während Lena am liebsten alles selbst ausprobieren muss. Alex lernt am besten, wenn er sich eine Kartei anlegt. ↑5

Merk dir! Lernen bedeutet, dass Informationen aus dem Gedächtnis wieder abgerufen werden können. Nicht alle Informationen, die wir über die Sinnesorgane aufnehmen, merken wir uns dauerhaft. Nur für uns bedeutsame Informationen werden im langfristigen Speicher verankert. Das Vergessen dient dazu, das Gedächtnis zu entlasten.

> **Kurzzeitgedächtnis**
> **langfristiger Speicher**
> **Langzeitgedächtnis**
> **Lernen**

Du behältst …
10% von dem, was du liest
20% von dem, was du siehst
30% von dem, was du hörst
50% von dem, was du hörst und liest
70% von dem, was du selbst sagst
80% von dem, was du selbst tust

4

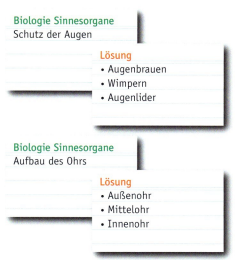

5 Karten aus Alex' Lernkartei

Arbeitsaufträge

1 Lies dir noch einmal in Abbildung 4 durch, auf welche Weise du dir Wissen am besten aneignen kannst.
Formuliert in Partnerarbeit mindestens 5 „Lerntipps", wie man sich beispielsweise auf eine Mathematikarbeit vorbereiten kann. Bringt dabei auch eigene Lernerfahrungen ein.

2 Mithilfe einer Mindmap könnt ihr euch das Lernen erleichtern.
   a Erstellt in Gruppenarbeit zum Thema „Sinnesorgane" eine Mindmap. Stellt dafür alle euch wichtig erscheinenden Informationen auf einem DIN-A3-Blatt übersichtlich dar.
   b Jede Gruppe stellt nun die Informationen zu einem Sinnesorgan in der Klasse vor.

3 Suche im Internet nach Mindmap-Programmen. Versuche damit eine Mindmap zu einem Thema zu erstellen, das dich sehr interessiert.

→ Unsere Umwelt steckt voller Reize. Mit den Sinnesorganen nehmen wir Reize aus der Umwelt wahr und verarbeiten sie. ↑S.82

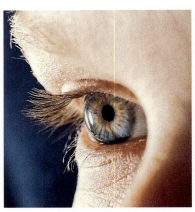

→ Beim Sehen fällt Licht in das Auge. Die Linse erzeugt dabei ein verkleinertes Abbild auf der Netzhaut. Über den Sehnerv werden die Informationen der Netzhaut an das Gehirn gemeldet, wo sie verarbeitet werden. ↑S.86–89

Sinne erschließen die Welt – auf einen Blick

→ Unser Gehör kann Lautstärke, Richtung und Tonhöhe wahrnehmen. Beim Hören werden Schallwellen von den Ohrmuscheln aufgefangen und zum Trommelfell geleitet. Die Gehörknöchelchen übertragen die Schwingungen auf die Schnecke. Dadurch werden die Hörsinneszellen angeregt und leiten über den Gehörnerv Signale an das Gehirn weiter. ↑S.96–99

→ Tiere beeindrucken mit erstaunlichen Sinnesleistungen. Viele verfügen sogar über Sinnesorgane, die wir Menschen nicht haben. ↑S.100

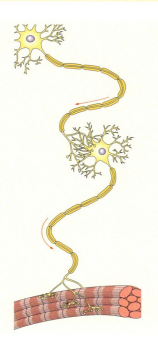

→ Das Nervensystem besteht aus vielen hintereinander-geschalteten Nervenzellen, den sogenannten Nervenbahnen. Es dient der Weiterleitung von Informationen in Form elektrischer Signale zwischen allen Teilen des Körpers und dem Gehirn. ↑S. 104

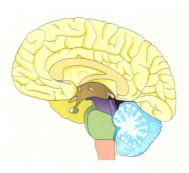

→ Das Gehirn wertet Informationen der Sinnesorgane aus und sendet entsprechende Befehle an die Muskeln, damit diese schnell reagieren können. Es speichert Wissen in verschiedenen Gedächtnisstufen. ↑S. 106–109

Arbeitsaufträge

1 In jeder Reihe ist ein Begriff falsch. Welcher? Begründe.
   a Ohrmuschel, Gehörgang, Glaskörper, Trommelfell
   b Pupille, Schnecke, Hornhaut, Iris
   c Gehörknöchelchen, Schall, Licht, Flüssigkeit
   d Licht, Sehnerv, Gehirn, Schall

2 Bringe die Sätze in die richtige Reihenfolge.
   a Durch die Hornhaut gelangt das Licht in unser Auge.
   b Erst jetzt sehen wir.
   c Die Sehsinneszellen auf der Netzhaut wandeln das Bild in Signale um.

   d Der Sehnerv leitet die Signale an das Gehirn weiter.
   e Die Linse bündelt das Licht so, dass ein scharfes Bild auf der Netzhaut entsteht.
   f Das Gehirn verarbeitet die Signale.
   g Licht wird von einem Gegenstand zurückgeworfen und fällt in unser Auge.

3 Beende die Sätze sinnvoll.
   a Das Gehirn spielt bei der Wahrnehmung der Umwelt eine wichtige Rolle, da …
   b Wir hören, weil Schallwellen von unserer Ohrmuschel aufgefangen werden und dann …

1 Was gehört zu welchem Sinnesorgan? Sortiere die Begriffe in eine Tabelle.
Linse, Ohrmuschel, Iris, Netzhaut, Gehörgang, Gehörknöchelchen, Pupille, Gehörnerv, Glaskörper, Schnecke, Sehnerv, Trommelfell, Hörsinneszellen

2 Übertrage die Zahlen von Abbildung 1 in dein Heft und beschrifte sie mit den entsprechenden Fachbegriffen.

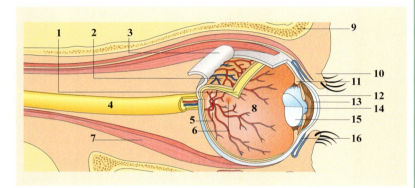

1

3 Können die beiden Männer wirklich so gemütlich sitzen, wie es auf den ersten Blick aussieht? ↑2 Wie kommen optische Täuschungen zustande?

2

4 Was ist schädlich für unsere Augen und wie kann man sich schützen?

5 Bringe die folgenden Aussagen in die richtige Reihenfolge.

a Über den Gehörnerv werden die Signale an das Gehirn weitergeleitet.

b Im Gehirn werden die Signale verarbeitet.

c Die Gehörknöchelchen nehmen die Schwingungen auf und übertragen sie auf die Schnecke.

d Erst jetzt hören wir.

e Dort werden sie zum Trommelfell weitergeleitet, das in Schwingung versetzt wird.

f Die Flüssigkeit in der Schnecke nimmt die Schwingungen auf.

g Dadurch werden die Hörzellen angeregt, die die Schwingungen in Signale umwandeln.

h Schallwellen werden von der Ohrmuschel in den Gehörgang gelenkt.

6 Mit dem Ohr können wir hören. Aber was genau kann unser Gehör von den Geräuschen wahrnehmen?

7 Welche Rolle spielt das Gehirn bei der Wahrnehmung unserer Umwelt? Erkläre.

8 Alex interessiert sich im Gegensatz zu Aylin sehr für die Fußballergebnisse. Er kann sich problemlos merken, welche Mannschaft wann, wo und mit wie vielen Toren gewonnen hat. Aylin kann dabei gar nicht mitreden.
Erkläre anhand von Abbildung 3, was in Bezug auf Fußballergebnisse in Alex' bzw. Aylins Kopf vorgeht.

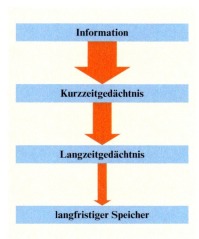

3

Ordne deiner Lösung im Heft ein Smiley zu:
☺ Ich habe die Aufgabe richtig lösen können.
☺ Ich habe die Aufgabe nicht komplett lösen können.
☹ Ich habe die Aufgabe nicht lösen können.

Aufgabe	Fähigkeit	Hilfe findest du auf Seite …
1	Ich kann den Aufbau von Auge und Ohr erklären.	86, 96
2	Ich kann den Aufbau des Auges erklären.	86
3	Ich kann erklären, wie optische Täuschungen zustande kommen.	89
4	Ich kann mögliche Gefahrenquellen für das Auge aufzählen und geeignete Schutzmaßnahmen für das Auge benennen.	92
5	Ich kann den Hörvorgang erklären.	96
6	Ich kann die Hörleistungen des Ohrs benennen.	98
7	Ich kann erklären, welche Rolle das Gehirn bei der Wahrnehmung spielt.	88, 96, 106
8	Ich kann erklären, in welchen Stufen das Gedächtnis funktioniert.	108

Gefährdung unserer Lebensgrundlagen

D Bäche, Flüsse, Seen, Teiche, Meere und Wälder bilden große Lebensräume. In ihnen hat sich eine große Artenvielfalt unterschiedlicher Pflanzen und Tiere entwickelt. Viele sind so an ihren Lebensraum angepasst, dass sie nur hier überleben können. Eingriffe durch den Menschen wie die Verschmutzung der Gewässer oder Abholzung der Tropenwälder verändern diese einzigartigen Lebensräume. Hier erfährst du, was du tun selbst kannst, um gefährdete Lebensräume zu schützen.

1 Wasser und Wald bilden wichtige Lebensräume. Warum sind sie für den Menschen von so großer Bedeutung? ↑ S. 116, 138

2 Lassen sich die Lebewesen eines Sees bestimmten Lebensbereichen zuordnen? ↑ S. 118

3 Wie lässt sich die Vielfalt der Lebewesen ordnen? ↑ S. 120

4 Das Meer – wir nutzen es vielfältig, nutzen wir es aus? ↑ S. 130

5 Seen kippen um – was können wir tun? ↑ S. 132

6 Was bedeutet Naturschutz eigentlich? ↑ S. 134

7 Wozu brauchen wir Menschen eigentlich Wälder? ↑ S. 140

8 Die Erwärmung hat auf der gesamten Erde verheerende Folgen. Laufen etwa die Weltmeere über? ↑ S. 144

Wasser – die Grundlage für das Leben

1 Ist Leben ohne Wasser möglich?

Unsere Erde ist zu drei Vierteln mit Wasser bedeckt. Wasser spielt in vielen Lebensbereichen eine wichtige Rolle und ist für die meisten von uns eine Selbstverständlichkeit. Was aber geschieht, wenn es kein Wasser gibt? Ist Leben ohne Wasser überhaupt möglich?

Ein wichtiges Gut Wasser ist farb-, geruchlos und geschmacksneutral. Es ist unser wichtigstes Nahrungsmittel. Das tatsächlich verfügbare Süßwasser auf der Erde macht nur etwa 2,5% des Gesamtwassers aus, nur 0,3% davon sind Trinkwasser. ↑2 Wasser besitzt die physikalische Eigenschaft, andere Stoffe lösen zu können. Auf diese Weise transportiert das Wasser lebensnotwendige Stoffe und Stoffwechselprodukte durch Lebewesen, Organe, Zellen und die Natur. Wasser ist für alle Lebensformen unentbehrlich.

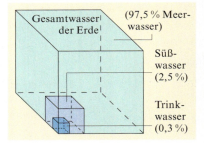

2 Wasserhaushalt der Erde

Der Wasserhaushalt der Lebewesen Alle Tiere und Pflanzen sind vom Wasser abhängig. Der Wasseranteil schwankt zwischen 2 und 98%. Der menschliche Körper besteht altersabhängig zu 50 bis 80% aus Wasser. Wir geben ständig Wasser über den Urin oder den Schweiß ab. Diesen **Wasserverlust** müssen wir ausgleichen, indem wir 2 bis 3 Liter Wasser täglich trinken bzw. zusätzliche Flüssigkeit über Nahrungsmittel aufnehmen. Andere Lebewesen haben einen noch höheren Wasseranteil. So besteht eine Qualle zu 98% aus Wasser, ein grünes Blatt zu 80 bis 90%. Ein großer Laubbaum zieht täglich etwa 100 Liter Wasser aus der Erde. Durch die Verdunstung über die Blätter gibt er große Wassermengen wieder ab.
Auch in Wüstenregionen, in denen nur wenig Wasser zur Verfügung steht, gedeihen Lebewesen. Sie speichern Wasser und besitzen einen **Verdunstungsschutz**. ↑3

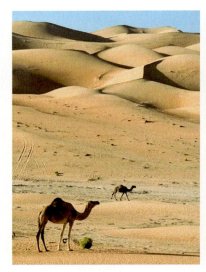

3 Leben in der Wüste

Lebensraum Wasser In und an Gewässern finden viele Pflanzen und Tiere einen Lebensraum. Die Lebewesen sind an das fließende oder stehende Süßwasser oder das Salzwasser sehr gut angepasst. Plankton und Algen sind frei schwebend, viele Tiere besitzen Fortbewegungsorgane, mit denen sie sich schwimmend fortbewegen. Andere Tiere wie Wasserläufer nutzen die Oberflächenspannung und laufen sogar auf dem Wasser. Flache, dünne Tiere wie Köcherfliegenlarven finden auf dem Untergrund Halt und sind hier gut getarnt. Auch die Pflanzen sind entsprechend angepasst. Ihre Wurzeln sind teilweise zurückgebildet, Festigungsgewebe fehlt häufig.

Von der Quelle bis zum Meer Eine Quelle entspringt oft in den Bergen. Ein Bach entsteht, der je nach Gefälle schnell fließt und sauber und sauerstoffreich ist. In diesem **Oberlauf** leben beispielsweise Forellen. Pflanzen, die im Bach wachsen, müssen gut entwickelte Wurzeln haben. Im ruhigeren Wasser des Oberlaufs leben Äschen. Der **Mittellauf** ist durch träge fließendes Wasser geprägt. Hier lagern sich mitgeschwemmte Äste und Pflanzen ab, sodass neue Lebensräume für Tiere und Pflanzen wie Weiden, Äschen und Barben entstehen. An den breiten Ufern bilden sich Schilf- und Röhrichtgürtel aus, Brut- und Rückzugsgebiete für viele Vogelarten. Im **Unterlauf** wird der Fluss schlammig und warm. Hier leben Brachsen bis zum **Mündungsbereich**. Im Brackwasser, dem Wassergemisch aus Süß- und Salzwasser, leben Flunder und Kaulbarsch. ↑4

Merk dir! **Wasser ist die Grundlage des Lebens auf der Erde. Alle Lebewesen sind vom Wasser als Nahrungs- oder Transportmittel abhängig. Im Lebensraum Wasser sind die Lebewesen den unterschiedlichen Bedingungen optimal angepasst.**

Mittellauf
Mündungsbereich
Oberlauf
Unterlauf
Verdunstungsschutz
Wasserverlust

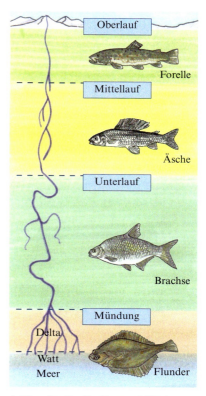

4 Von der Quelle bis zur Mündung

Arbeitsaufträge

1 Wasser sichert das Überleben. Nimm Stellung zu dieser Aussage.
2 Recherchiere mithilfe des Internets oder weiterer Literatur, wie Tiere und Pflanzen der Wüste an „ihren Lebensraum" angepasst sind. Erinnere dich auch an dein Wissen aus der 5. und 6. Klasse.

3 Erstelle eine Tabelle „Von der Quelle bis zur Mündung". Finde für jeden Flussabschnitt weitere Lebewesen und informiere dich über deren Lebensbedingungen.

Flussabschnitt	Lebensbedingungen	Lebewesen
Quelle	sauberes, klares Wasser	Flohkrebs, Strudelwürmer, Molch, Algen, Moose
Oberlauf	…	…

Der See als Wohn- und Brutstätte

1 Lebensraum See

Sicherlich bist du schon einmal auf einem Steg ein Stück in einen See hineingelaufen. Hast du dabei bemerkt, dass sich die Pflanzen – aber auch die Tierwelt – mit zunehmender Wassertiefe verändern?

Zonen im See Wenn du den Uferbereich eines Sees genau betrachtest, erkennst du vom Ufer bis zum **Freiwasserbereich** parallel zur Uferlinie verschiedene Bereiche, die **Pflanzengürtel**. ↑1 Den äußersten Gürtel bilden Erlen, Pappeln und Weiden. Am Ufer wächst das Röhricht mit bis zu 2 m hohem Schilf und Rohrkolben. Die Pflanzen sind durch starkes Wurzelgeflecht gut an wechselnde Wasserstände und Wellengang angepasst, die biegsamen Halme halten Wellen und starken Stürmen stand. Der **Schwimmblattgürtel** mit See- und Teichrosen zeichnet sich durch auf dem Wasser liegende Blätter aus. Die Pflanze ist über biegsame, Luft führende Stängel fest im Seegrund verankert. Im **Tauchblattgürtel** wächst zum Beispiel die Wasserpest. Diese Pflanzen treiben im Wasser unter der Wasseroberfläche. Sie entnehmen Kohlenstoffdioxid direkt aus dem Wasser. Im Freiwasser leben frei schwimmende Algen.

Idealer Lebensraum Der Uferbereich bietet Vögeln Verstecke und Brutstätten. Die Nester sind in dem dicht wachsenden Röhricht gut getarnt, die Jungvögel vor Fressfeinden wie Fuchs oder Marder sicher. ↑2 Insekten, beispielsweise Libellen, legen ihre Eipakete im Wasser ab. Hier entwickeln sich die Larven, die sich an den Halmen verpuppen und schließlich schlüpfen. ↑3

Vorteile für alle Die Schwimm- und Tauchblattzonen bieten Jägern gute Möglichkeiten, aus ihrem Versteck heraus Beutetiere schnell zu greifen. Aber auch die Gejagten können sich zwischen die Pflanzen flüchten, um ihren Feinden zu entkommen.

2 Das Nest einer Rohrweihe im dichten Schilf

3 Schlüpfen einer Libelle

Grenzenlose Angepasstheit Es gibt die verschiedensten Strategien, um in diesem besonderen Lebensraum existieren zu können. Wasserläufer können über das Wasser laufen, ohne einzusinken. Der Rückenschwimmer klebt an der Wasseroberfläche, Gelbrandkäfer und Wasserspinne können gut tauchen. Enten gründeln am Grund des Sees nach Nahrung, der Reiher fischt ruhig abwartend vorüberschwimmende Fische aus dem Wasser. Auch um den lebenswichtigen Sauerstoff zu bekommen, gibt es verschiedene Techniken. Viele Insektenlarven sind **Schnorchler**, wie die Larven der Stechmücken. Sie holen sich den Sauerstoff über ein Atemrohr. ↑4 Spinne und Gelbrandkäfer nehmen beim Tauchen die Luft mit, Fische atmen über Kiemen, Kleinstlebewesen und Amphibien über die Haut.

Nahrungsnetz See Die grünen Pflanzen des Sees und das pflanzliche Plankton liefern einer Vielzahl von Tieren Nahrung, die wiederum von größeren Tieren gefressen werden. Der Wasserfloh frisst Algen, die Kaulquappe oder Libellenlarve frisst den Wasserfloh, die Rotfeder frisst die Larve, der Hecht die Rotfeder. Auch im See verbinden sich viele Nahrungsketten zu einem Nahrungsnetz. ↑5

Naturschutz Seen sind wichtige Lebensräume für Pflanzen und Tiere. Seltene Vogelarten nisten im Röhricht, oft dient ein See auch als Durchzugsgebiet und Rastplatz für Zugvögel. Amphibien nutzen den Schilfgürtel als Versteck und den See als Laichplatz. Insekten brauchen den See für die Entwicklung ihrer Larven. Um die Artenvielfalt zu erhalten, dürfen Seen häufig nur eingeschränkt als Erholungsgebiet genutzt werden.

Merk dir! **Ein See mit seinen unterschiedlichen Pflanzengürteln bietet einer Vielzahl von Tieren Wohn- und Kinderstube. Er ist Jagdrevier und auch Schutzraum, dem die Tiere optimal angepasst sind.**

> **Freiwasserbereich**
> **Pflanzengürtel**
> **Schnorchler**
> **Schwimmblattgürtel**
> **Tauchblattgürtel**

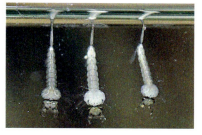

4 Stechmückenlarven mit Atemrohr

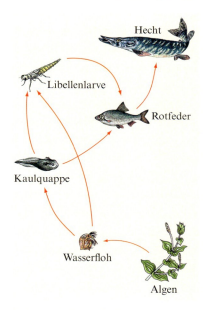

5 Beispiel für ein Nahrungsnetz im See

Arbeitsaufträge

1 Besorge dir einen Spross der Wasserpest. Untersuche die Pflanze mit der Lupe, ein Blatt mit dem Mikroskop. Erkläre, wieso die Wasserpest unter Wasser leben kann.

2 Frösche sitzen zum Beutefang auf Seerosenblättern. Teste die Tragfähigkeit eines Seerosenblatts, indem du es nach und nach mit Legosteinen beschwerst (abwiegen). Überprüfe, wo die Tragfähigkeit am größten ist (Rand, Mitte, über dem Stängel). Fertige dazu eine Grafik an.

Wir bestimmen Tiere am und im See

Am Ufer eines Sees und im Wasser schwimmend, treibend oder schwebend finden wir eine Vielzahl großer und kleiner Tiere, deren Namen wir häufig nicht kennen. ↑2 Oft wissen wir nicht einmal, zu welcher Gruppe die Tiere gehören. Bestimmungsübungen helfen dir, Tiere richtig einzuordnen und zu benennen.

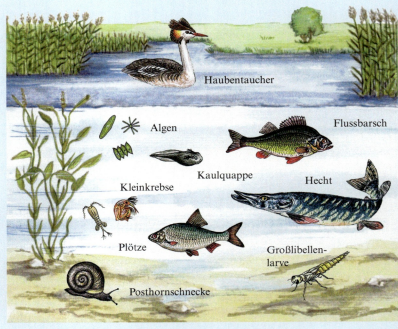

1 Schüler bei der Bestandsaufnahme   2 Ein See ist Lebensraum für viele Tiere und Pflanzen.

In wenigen Schritten Tiere einordnen und bestimmen

Schritt 1 Verschaffe dir zunächst einen Überblick über die am See lebenden sichtbaren und unsichtbaren Tiere und deren Spuren. ↑1 Achte darauf, eindeutig bekannte Tiere direkt in eine Gruppe einzuordnen.

Schritt 2 Lege dir eine Tabelle an, in der du dir bekannte Säugetiere, Vögel, Amphibien, Schnecken direkt zuordnest. ↑3 Die Tiere, die an Land leben oder an der Wasseroberfläche meistens sichtbar sind, hast du somit schon richtig eingruppiert.

Schritt 3 Um Insekten, Gliedertiere und Kleinlebewesen einordnen zu können, musst

du mit dem Bestimmungsbuch arbeiten. Ordne nach dem Schlüssel deines Buches ein, ob dein Tier zu den Insekten, Wanzen, Krebsen, Asseln oder Springschwänzen gehört.

Schritt 4 Viele Insekten nutzen das Wasser als „Kinderstube" für ihren Nachwuchs. Die Larven der Insekten leben meistens als Räuber im See. Arbeite mit dem Bestimmungsbuch, um Insektenlarven zu bestimmen.

Schritt 5 Zum Abschluss deiner Bestimmung, kannst du in einer selbst angelegten Skizze des Sees die Bewohner ihrem Lebensraum zuordnen.

Säugetiere	Vögel	Amphibien	Fische	Kleinlebewesen
• Spuren von Rehen • …	• Haubentaucher • …	• Kaulquappe • …	• Hecht, Plötze • …	• Großlibellenlarve • …

3 Erstes Ordnen der Tiere

4 Häufige Kleinlebewesen im See oder Teich

Arbeitsaufträge

1 Bestimme die Tiere in Abbildung 2 und ordne sie ähnlich Abbildung 3 richtig zu.

2 Wähle eines der Kleinlebewesen aus Abbildung 4 aus, suche weitere Informationen (z. B. Internet) und beschreibe es für deine Mitschüler in einem Steckbrief.

3 Untersuche das mikroskopisch kleine Leben in einem Wassertropfen eures Schulteichs. Arbeite mit einem Bestimmungsbuch und benenne mindestens 5 Lebewesen.

4 Finde von 4 eindeutig bestimmten Tieren heraus, wie sie sich ernähren oder welchem anderen Tier sie als Nahrung dienen.

Projekt

Jeder natürliche Teich oder See weist typische Zonen auf, eine Erlen-, eine Schilfrohr-, Schwimmblatt- und Tauchblattzone und das Freiwasser. In jeder Zone leben verschiedene Pflanzen- und Tierarten, die ihrer Zone speziell angepasst sind. ↑ 1, 3

Wir untersuchen einen Teich

1 Ein gut angelegter Teich bietet vielen Pflanzen und Tieren einen Lebensraum.

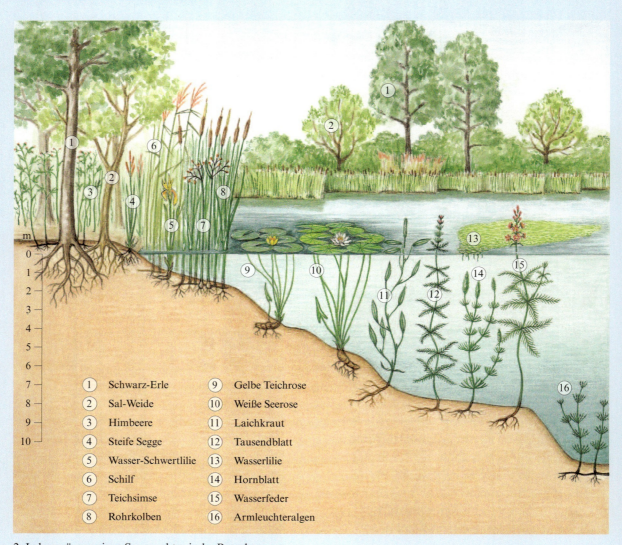

①	Schwarz-Erle	⑨	Gelbe Teichrose
②	Sal-Weide	⑩	Weiße Seerose
③	Himbeere	⑪	Laichkraut
④	Steife Segge	⑫	Tausendblatt
⑤	Wasser-Schwertlilie	⑬	Wasserlilie
⑥	Schilf	⑭	Hornblatt
⑦	Teichsimse	⑮	Wasserfeder
⑧	Rohrkolben	⑯	Armleuchteralgen

2 Lebensräume eines Sees und typische Bewohner

Schritte und Tipps für das Teichprojekt

Vorbereitung Besprecht, wie ihr den Teich und sein Ufer sinnvoll einteilen könnt, um arbeitsteilig vorzugehen. Eine Mindmap hilft euch dabei. Ergänzt eure Ideen.

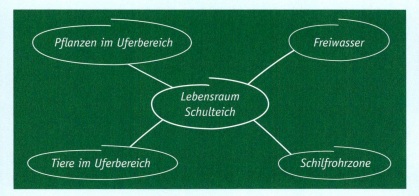

3 Schilf, das größte einheimische Gras

Planung Überlegt, welche Informationen und welches Material ihr braucht:
- Übersichtsskizze des Teichs ↑2
- Bücher/Internetinformationen über das Leben am und im Teich
- Material für biologische, physikalische und chemische Untersuchungen
- Bestimmungsbücher
- Binokular und/oder Mikroskop

4 Weiße Seerose in der Schwimmblattzone

Durchführung Bildet Arbeitsgruppen und verteilt die Aufgaben (möglichst nur 4 Schüler in einer Gruppe).
- Ordnet jeder Gruppe eine zu bearbeitende Aufgabe zu.
- Verteilt Aufgaben an jeden einzelnen der Gruppe.
- Kartiert die Zonen arbeitsteilig.

5 Die Wasserpest gedeiht in der Tauchblattzone.

Abschluss und Präsentation

Überprüft eure Ergebnisse und führt sie mit den Ergebnissen der anderen Gruppen zusammen, sodass die Einzelergebnisse ein Gesamtbild zum Lebensraum Teich ergeben.
- Präsentiert euren Teich mithilfe eines Plakats oder einer Fotoausstellung, auch mit Herbarpflanzen.
- Physikalische und chemische Untersuchungen können in Schaubildern oder Grafiken dargestellt werden.
- Erstellt Nahrungsketten und Nahrungsnetze für euren Teich.
- Diskutiert die Arbeitsschritte, die Probleme bereiteten, und besprecht, was besonders gelungen ist.

6 Im Freiwasser lebt der Hecht.

Ungebetene Gäste und Überlebenskünstler

Graureiher – Diebe am Gartenteich

Der Graureiher, auch Fischreiher genannt, lebt an flachen, kleinen Teichen, die durch Buschwerk geschützt sind. Er wird etwa 90 cm hoch. Das Gefieder ist am Rücken aschgrau von zwei weißen Bändern durchzogen, am Kopf und Hals grauweiß. ↑1 Eigentlich ist er ein Zugvogel, der im Winter in wärmere Regionen zieht. Bei uns ist er wegen der milden Winter aber zum Standvogel geworden. Immer häufiger dringt der Graureiher in unsere Wohnbereiche vor, wo er von Gartenteichen angelockt wird. Die Jagd am Gartenteich ist einfach und die Jagdmethode perfekt: Der Fischreiher landet einige Meter vom Wasser entfernt, schreitet dann langsam in das seichte Wasser und sticht schließlich blitzschnell mit seinem langen Schnabel ins Wasser. Er erbeutet Fische, Frösche oder Molche. Der Graureiher frisst aber auch Schlangen und Wasserinsekten. Im Winter, wenn die Seen gefroren sind, begnügt er sich mit Wasserratten oder Mäusen.

1 Graureiher

Die Bisamratte – gejagt für einen Wintermantel

Diese Nagetierart, die ursprünglich aus Nordamerika stammt, hat sich über Böhmen und Frankreich mittlerweile über ganz Europa ausgebreitet und lebt hier als neue Art. Die Bisamratte, auch Bisam genannt, ist keine Ratte, sie gehört zu den Wühlmäusen. ↑2

Der Lebensraum des Bisams ist das Wasser, er kann ausgezeichnet schwimmen und bis zu 10 m tief tauchen. Er gräbt Baue in die Uferbereiche eines Flusses oder Sees. Der Eingang des Baus liegt bei den scheuen Tieren immer unter Wasser. Wenn der Wasserstand sinkt, wird der Ein-

gang tiefergelegt. Mit dem Angraben des Uferbereichs durch Unterhöhlen von Deichen und Dämmen richten Bisamratten große Schäden an.

Das dichte, glänzende Fell des Bisams, das von Schwarz über Dunkelbraun bis cremefarben unterschiedliche Färbungen aufweist, ist für die Pelzindustrie sehr wichtig. Eine Bisamratte wird ohne Schwanz etwa 35 cm lang. Wie viele Tiere muss man töten, um einen Wintermantel anfertigen zu können? Sollen Tiere für einen warmen Wintermantel getötet werden?

2 Bisam an einem Ufer

Der Biber – ein Burgherr

Der Biber ist ein sehr großes Nagetier. Er wird bis zu 1,40 m lang, 35 kg schwer und kann bis zu 20 Jahre alt werden. Er besitzt ein dichtes, wasserabweisendes Fell. ↑3 Aufgrund seiner Haardichte (12 000 Haare pro cm^2 am Bauch und bis zu 23 000 Haare pro cm^2 am Rücken) wurde er bei uns durch die Pelzindustrie fast ausgerottet.

Der Biber sucht sich als Lebensraum stehende oder fließende Gewässer sowie deren Uferbereiche. In seinem Revier legt er mehrere Wohnbauten an, die sogenannte Biberburg, die zum Schutz vor Fressfeinden vollständig von Wasser umgeben ist. Der Eingang der Burg liegt immer unter Wasser. Über dem Eingang folgt der große Wohnkessel. ↑4 Wenn der Wasserstand fällt, baut der Biber Dämme, um Wasser aufzustauen. Biber sind Pflanzenfresser. Im Winter ernähren sie sich von Baumrinde. Um an die Rinde zu gelangen, werden die Bäume gefällt, was zu erheblichen Schäden in der Forstwirtschaft führt.

3 Biber

4 Das Leben in der Biberburg

Ein flinker Jäger – der Fischotter

Der Fischotter ist ein Marder, der an das Leben im und am Wasser perfekt angepasst ist. ↑5 Er ist ein ausgezeichneter, schneller Schwimmer und Taucher. Der Fischotter jagt in erster Linie, was er am leichtesten erbeuten kann: die Fische im Wasser. Daneben frisst er aber auch Frösche und Krebse, Blesshühner, Enten, Bisams und Wasserratten. Kleine Beutetiere frisst er direkt im Wasser, größere an Land.

Fischottern leben in einem Bau am Uferbereich, der Eingang der Wohnhöhle liegt etwa 50 cm unter dem Wasserstand. Die Wohnhöhle selbst befindet sich immer über der Hochwassergrenze.

Natürliche Feinde des Otters sind Wolf, Luchs und Seeadler, aber auch frei laufende Hunde.

5 Fischotter

Gewässervielfalt und ihre Nutzung

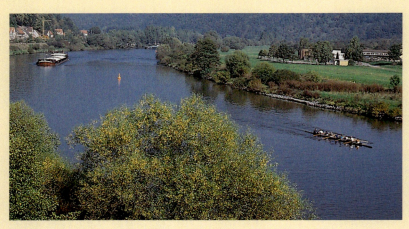

1 Flüsse sind wichtige Schifffahrtswege.

Unter dem Begriff Gewässer fasst man verschiedene Wasservorkommen wie Fluss, Kanal, Bach, See, Weiher, Tümpel und Teich zusammen. Wie werden sie unterschieden, wie werden sie genutzt?

Natürlich oder künstlich Bäche und Flüsse sind Fließgewässer, die über viele Kilometer unsere Landschaften durchziehen. Sie sind **natürliche Gewässer**. Menschen legen aber auch Gewässer künstlich an. Zum Beispiel wird ein Kanal von Menschen gebaut, um die Schifffahrt zu ermöglichen, ein Teich wird von Menschen angelegt, um Fische zu züchten. Kanal und Teich sind **künstliche Gewässer**.

Fließende Gewässer Viele Flüsse wurden begradigt und kanalisiert, um ihrer heutigen Funktion als **Transportweg** oder **Abwasserkanal** besser zu entsprechen. Sie haben daher heute nicht mehr ihren natürlichen Verlauf, manche ehemals begradigten Flüsse werden aber auch wieder in ihren Ursprungszustand zurückversetzt, man sagt renaturiert. Wegen der Verunreinigungen durch das Abwasser können manche Fische in Flüssen gar nicht mehr überleben. Sie leiden unter Sauerstoffmangel. Nur noch wenige Gebirgsbäche können ungeklärt zu unserer Trinkwasserversorgung beitragen.

Stehende Gewässer Seen sind tief und werden meist von Regen- und Schmelzwasser gespeist. Du kennst beispielsweise die Gletscherseen in den Alpen oder die in den Eiszeiten entstande-

2 begradigtes Flussgewässer

3 renaturiertes Flussgewässer

nen Seen des norddeutschen Tieflands. Stauseen sind künstlich angelegte Seen. Sie dienen uns als **Trinkwasserspeicher** oder der Energieerzeugung. Heute werden Seen stark beansprucht. Wir baden, surfen, angeln, fahren Motorboot, segeln und beeinträchtigen dadurch den Ufer- und Schilfgürtel. Einen Weiher kann man als Überbleibsel eines verlandenden Sees betrachten. Selten ist er tiefer als zwei Meter. Flache Gewässer, die künstlich angelegt werden und einen regulierbaren Abfluss haben, werden als Teich bezeichnet. Hier werden zum Beispiel Forellen gezüchtet. Ein Tümpel ist noch flacher als ein Weiher. Wie eine Pfütze kann er nach kräftigen Regenfällen entstehen. Bei längerer Trockenheit trocknet er dann einfach aus Tümpel. Es ist wichtig, die vorhandenen Gewässer zu schützen, denn sie bieten vielen Tieren und Pflanzen einen **Lebensraum**.

Abwasserkanal
künstliche Gewässer
Lebensraum
natürliche Gewässer
Transportweg
Trinkwasserspeicher

4 Seen dienen als Erholungsgebiet.

Merk dir! Die verschiedenen Gewässertypen werden vom Mensch in vielfältiger Weise genutzt. Sauberes Wasser ist für Menschen, Tiere und Pflanzen lebensnotwendig.

Arbeitsaufträge

1 Übertrage die Tabelle ins Heft und fülle sie weiter aus.

Gewässertypen	fließend	stehend
natürlich	Fluss	
künstlich		Teich

2 Schau dir die Bilder 5, 6 und 7 an. Wie werden die Gewässer genutzt? Welche Nutzungsmöglichkeiten kennst du noch?

3 Liste die vielfältigen Nutzungen eines Gewässers auf und überprüfe durch schrittweise Gegenüberstellung, ob sich alle diese Nutzungen „miteinander vertragen".

4 Erkundige dich nach Wasserschutzgebieten in deiner Umgebung und kläre ihre Bedeutung.

5 Wassersport

6 Trinkwasser-Schutzgebiet

7 Fischzucht

Die Kläranlage reinigt unser Wasser

1 Kläranlage

Jedes Mal, wenn wir die Spülmaschine, die Waschmaschine benutzen, duschen oder auf die Toilette gehen, verschmutzen wir Wasser. Auch durch die Verwendung von Dünger in der Landwirtschaft wird Wasser belastet. Wie wird dieses verschmutzte Wasser wieder sauber?

Wasser wird gereinigt Je dichter die Besiedlung und je mehr das Wasser durch **Abwässer** von Haushalten, Landwirtschaft, Gewerbe und Industrie belastet ist, umso schneller ist die **Selbstreinigungskraft** der natürlichen Gewässer überfordert. Klärwerke bringen Abhilfe. Ohne sie wären unsere Flüsse und Seen längst die reinsten Abwasserkanäle. Moderne Klärwerke arbeiten in drei Stufen. ↑2

Mechanische Reinigungsstufe Mit Rechen, Sieben und Sandfang werden Papier, Zweige, Steine und Sand beseitigt. Das Rechengut wird maschinell gewaschen und anschließend verbrannt, kompostiert oder auf einer Deponie gelagert. Das Sandfanggut wird beispielsweise im Straßenbau verwendet. ↑3

3 Gröberer Schmutz wird mechanisch entfernt.

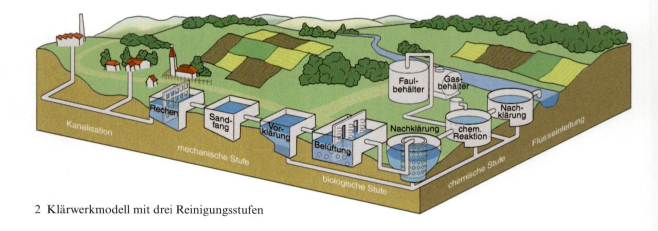

2 Klärwerkmodell mit drei Reinigungsstufen

4 Belebtschlammbecken

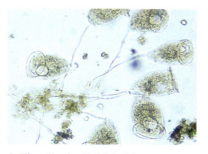

5 Einzeller im Belebtschlamm

Abwässer
Bakterien
Einzeller
Faulturm
Mineralstoffe
Pilze
Selbstreinigungskraft

Biologische Reinigungsstufe Mit ihr wird der Vorgang der Gewässerselbstreinigung nachgeahmt, indem die organischen Stoffe des Abwassers durch **Bakterien**, **Pilze** und **Einzeller** zu mineralischen Stoffen abgebaut werden. Für die Abbauvorgänge benötigen Lebewesen Sauerstoff. In das Belebtschlammbecken wird daher oft Sauerstoff gepumpt, der für eine gute Durchlüftung sorgt. ↑4, 5

Chemische Reinigungsstufe Zuletzt werden dem Wasser die gelösten **Mineralstoffe** wieder entzogen. Dadurch verringert man die bekannte Düngewirkung der Abwässer auf Flüsse und Seen. Sollen beispielsweise die angefallenen Phosphate wieder entfernt werden, setzt man dem Abwasser Eisen zu. Unlösliches Eisenphosphat entsteht, das man entfernen kann. Danach kann das gereinigte Wasser wieder in einen nahen Bach oder Fluss eingeleitet werden. Der bei der Klärung anfallende Schlamm wird in einem **Faulturm** von Bakterien weiter zersetzt. Dabei entstehen Wärme und das brennbare Gas Methan. Enthält der Klärschlamm Giftstoffe, muss man ihn auf Mülldeponien ablagern. ↑6

6 In Faultürmen wird der Schlamm weiter zersetzt.

Merk dir! Klärwerke ahmen mit erheblichem Aufwand den Vorgang der biologischen Selbstreinigung nach und verstärken ihn zusätzlich.

Arbeitsaufträge

1 Erkläre den Begriff Belebtschlamm.
2 Warum funktionieren die Klärwerke nicht mehr, wenn Giftstoffe in die Kanalisation gelangt sind?
3 Erkundige dich bei der Verwaltung deiner Stadt oder Gemeinde nach den Kosten der Abwasserentsorgung.
4 Recherchiere, was geschieht, wenn die Wassermengen durch starke Regengüsse ansteigen.

Das Meer als Quelle für die Wirtschaft

Wusstest du, dass die Nordsee jedes Jahr von mehr als 420 000 Schiffen befahren wird? Und jeder zwanzigste Fisch, der auf der Erde gefangen wird, stammt aus der Nordsee. Meere haben eine wichtige wirtschaftliche Bedeutung. Wir nutzen die Meere sehr vielfältig. Hat die wirtschaftliche Nutzung auch Nachteile für die Weltmeere und ihre Bewohner?

1 Das Meer – eine wichtige Nahrungsquelle

Delikatessen aus dem Meer Fisch ist ein gesundes Lebensmittel. Er ist fettarm, enthält viel Eiweiß und wichtige Mineralstoffe. Aufgrund der großen Nachfrage laufen nicht mehr nur einzelne Fischkutter aus, sondern ganze Fangflotten. Es werden viel mehr Fische gefangen, als durch natürliche Fortpflanzung wieder hinzukommen. Diese **Überfischung** führt dazu, dass sich die Fischbestände weltweit immer weiter verringern. Auch gehen bei diesen Fangmethoden häufig ungewollt Meeresschildkröten und Meeressäuger wie Delfine ins Netz. ↑2 Dieser **Beifang** stinkt und wird oft einfach zurück ins Meer geworfen. Überfischung und Beifang führen dazu, dass sich die Fischbestände nicht mehr erholen können. Es kommt zur **Ausrottung**.

2 Delfin als Opfer des Fischfangs

Straßen auf dem Meer Die Ozeane stellen wichtige Transportwege für Containerschiffe, Tanker und Kreuzfahrtschiffe dar. Damit Schiffe gut im Wasser liegen, tanken sie Ballastwasser, das sie beim Aufnehmen von Ladung in anderen Häfen wieder ablassen. Auf diese Weise werden Meerestiere in fremde Lebensräume eingeschleppt und verändern dort die heimische Tier- und Pflanzenwelt. Diese Tiere, zu denen beispielsweise die Wollhandkrabbe gehört, werden als **Neozoen** bezeichnet (griechisch neos = neu; zoe = Leben). ↑3 Pflanzen, die in neue Lebensräume eingeschleppt und dort heimisch werden, nennt man **Neophyten** (griechisch phytos = Pflanze).

3 Wollhandkrabbe

Energie aus dem Meer Besonders in den Industrieländern steigt der Bedarf an Heizmitteln. Fossile Energieträger werden über Öl- und Gasplattformen aus den Tiefen der Weltmeere gepumpt. Dabei gelangt täglich Öl ins Meer. Aber nicht nur das austretende Öl beeinträchtigt das Ökosystem Meer. Auch die Lärmbelästigung sowie Wasser- und Luftverschmutzung um die Plattform wirken sich nachteilig aus. **Offshore-Windparks** stellen eine alternative Energiequelle dar. ↑4 Der Wind, der am Meer immer weht, soll als Windenergie für die Stromerzeugung genutzt werden. Auch an deutschen Küsten und in der Nordsee sind riesige Windparks geplant. Die Vor- und Nachteile des Baus so großer Parks müssen gut gegeneinander abgewogen werden.

Müllkippe Ozean Immer wieder gelangen durch fehlerhafte Kläranlagen Schadstoffe über die Flüsse in die Ozeane. Fährschiffe entsorgen ihre Fäkalien ins Meer und Abfälle unserer Industriegesellschaft sind immer wieder qualvolle Todesfallen für Meerestiere. ↑5 Wenn zum Beispiel eine Meeresschildkröte eine treibende Plastiktüte mit einer Qualle verwechselt und diese frisst, verstopft ihr Verdauungssystem und sie verhungert. Fischereileinen und -netze oder Plastikringe führen zu Amputationen oder töten eine große Anzahl von Lebewesen. Die gefangenen Tiere ziehen außerdem Raubfische an, die sich ebenfalls in den Netzen verwickeln und getötet werden.

Merk dir! Die Weltmeere sind wertvoller Vorrat für Nahrung und Energie. Wir müssen besonders darauf achten, dass wir sie nutzen, ohne sie jedoch auszubeuten.

Ausrottung
Beifang
Neophyten
Neozoen
Offshore-Windpark
Überfischung

4 Offshore-Windpark

5 Qualvoller Tod

Arbeitsaufträge

1 Erkläre und bewerte die Probleme, die mit den neuen Fischfangmethoden entstehen.
2 Erkläre, wie es zur Einführung von Neozoen/Neophyten kommt und warum dies das Ökosystem gefährdet.
3 Interpretiere die Fakten zur Energieproblematik, die du aus Presse, Funk und Fernsehen kennst. Bilde dir eine Meinung zu Öl- und Gasplattformen sowie zu Offshore-Parks und begründe sie.

4 Erstelle mögliche Handlungsanweisungen, wie der sensible Lebensraum der Ozeane nachhaltig geschützt werden könnte. Diskutiert eure Vorschläge in der Klasse.
5 Informiere dich mithilfe des Internets über die Ernährung der Weltbevölkerung. Suche aussagekräftige Daten und beurteile, ob „Fischfabriken" sinnvoll sind oder nicht.

1 Wasser wird in vielfältiger Weise genutzt.

Wir Menschen benötigen sauberes Wasser nicht nur als Trinkwasser, sondern auch zum Kochen, Waschen, Spülen, Duschen, Baden und Gießen. ↑3, 4 Es dient als Kühlwasser für Industrie und Kernkraftwerke und zur Herstellung der verschiedensten Güter. Außerdem bewässern wir damit die Felder. Neben der reinen Wassergewinnung nutzen wir die Gewässer für Sport und Erholung, für die Schifffahrt und zur Einleitung von Abwasser. Wo ein und dasselbe Gewässer verschiedenen Zwecken dient, bringt das Probleme mit sich. ↑1

Wir nützen und schützen unsere Lebensgrundlagen!

Wasserverschmutzung Unsere Haushaltsabwässer sind reich an Phosphaten aus Waschmitteln. Regen schwemmt Nitrate, die aus Dünger stammen, von den Äckern. Die Folge ist, dass viele Gewässer „überdüngt" sind. Man spricht von Eutrophierung. In überdüngten Gewässern wird das Pflanzenwachstum beschleunigt. Plankton und Kleinkrebse, die sich von Algen ernähren, nehmen zu. Mit dem Wachstum von Pflanzen und Tieren entsteht immer mehr organisches Material, das die Zersetzer abbauen müssen. Dafür verbrauchen die Bakterien den im Wasser gelösten Sauerstoff. Fische und andere Tiere ersticken, die Pflanzen sterben ab. Auf dem Grund bildet sich übel riechender Faulschlamm. Das Gewässer verwandelt sich in eine stinkende Brühe. Man sagt, es „kippt um". ↑2

2 Ein überdüngtes Gewässer kippt um.

Wasserschutz Die Verunreinigungen aus Haushaltsabwässern werden durch Kläranlagen weitgehend beseitigt.

Industrieabwässer enthalten jedoch oft giftige Quecksilber-, Schwermetall- und Kohlenwasserstoffverbindungen. Ihr Abbau bereitet große Schwierigkeiten. Wenn diese Schadstoffe in die Gewässer gelangen, reichern sie sich über die Nahrungskette immer mehr an. So können sie letztlich auch dem Menschen schaden. Zum Schutz des Grundwassers wurden bislang mehrere Tausend Wasserschutzgebiete ausgewiesen. Dort darf nicht gebaut werden. Landwirtschaft ist nur unter Einschränkungen erlaubt. Nach Meinung der Fachleute wären jedoch doppelt so viele Schutzgebiete nötig.

3 Wertvolles Wasser?

Liter

Sonstiges

Essen
Trinken

Putzen
Garten
Autopflege **8**

8 Geschirr
spülen

46 **34** **15** Wäsche
waschen

Baden
Duschen
Körperpflege

Toilettenspülung

4 Wo es heiß ist, braucht man auch mehr Wasser.

Der Inhalt dieser 1000 Liter-Flaschen entspricht 1 m³. ↑3
$1 m^3 = 1000 l$
Trinkwasser kostet in Deutschland zurzeit durchschnittlich rund 1,60 Euro.
1 Flasche mit 1 l Cola kostet zur Zeit etwa 0,80 Euro.

Privater Wasserverbrauch je Kopf und Tag: 127 Liter ↑4
Häuslicher Wasserverbrauch je Person und Tag:
– in Deutschland 127 l
– Landbewohner in Spanien 150 l
– Stadtbewohner in Spanien 240 l
– Hotelgast in Spanien 500 l

5 Die paar Tropfen …

1 Tropfen Wasser sind etwa 0,1 ml. ↑5
60 Tropfen ergeben in der Minute 6 ml,
in 1 Stunde sind dies 360 ml,
an 1 Tag …?
im Jahr …?

Arbeitsaufträge

1 Denke über den Wasserverbrauch in deiner Familie nach und überlege dir Möglichkeiten, wo Wasser gespart werden kann. ↑3,4,5

2 Erkundige dich bei deiner Gemeinde, wo dein Schmutzwasser gereinigt wird.

3 Beschreibe die Abbildungen 6 und 7. Welche Bedeutung hat das Wasser für die abgebildeten Menschen?

4 Wähle Dinge aus deinem Alltag und überlege, was sie mit Wasserverschmutzung zu tun haben könnten.

6

7

Naturschutz bei uns

1 In einem Naturschutzgebiet

Die Klasse 7d macht einen Ausflug ins Naturschutzgebiet. Bei der Planung war die Begeisterung nicht sehr groß, die Schüler wären lieber in einen Erlebnispark gefahren. Sie staunen, wie schön die Umgebung ist. Brauchen wir Naturschutzgebiete, um die Natur zu bewahren? Wieso muss Natur überhaupt geschützt werden?

Eine Raubkatze in Gefahr Zu den bedrohten Tierarten bei uns gehört der Luchs. ↑2 Der Luchs ist die größte frei lebende Raubkatze in Europa. Er lebt im Wald und kommt kaum in die Nähe von Wohngebieten. Für den Menschen ist der Luchs nicht gefährlich, denn er ernährt sich von Vögeln, Hasen und Rehen. Nur in der Not erbeutet er auch einmal ein Schaf oder eine Ziege. Aus diesem Grund wurde der Luchs aber von Bauern und Jägern gejagt und erschossen. Dadurch ist er auch heute bedroht.

2 Durch Jagd ist der Luchs bedroht.

Ein Nadelbaum in Gefahr Die Weißtanne ist ein Nadelbaum, der bis zu 65 Meter hoch und bis zu 600 Jahre alt werden kann. ↑3 Doch Schadstoffe in der Luft von Fabrik- und Autoabgasen haben diesen Bäumen sehr geschadet. Das frische Grün der jungen Weißtannen wird gerne von Rehen gefressen. Ein weiterer Grund für den starken Rückgang dieser Bäume ist das trockene Wetter. Die Weißtanne gehört zu den am meisten gefährdeten Baumarten in Deutschland.

3 Weißtanne

Achtung: Rote Liste! Wenn Tier- und Pflanzenarten wie der Luchs und die Weißtanne vom Aussterben bedroht sind, werden sie in die **Rote Liste** eingetragen. ↑4 Das ist eine Warnliste, die zeigt, welche Tier- und Pflanzenarten besonders dringend Schutz bedürfen. In dieser Liste stehen in Deutschland über 5000 Tier- und fast 4000 Pflanzenarten.

Warum sollen wir Tiere und Pflanzen schützen? Kümmert man sich besonders um den Schutz einer bestimmten Tier- oder Pflanzenart, spricht man auch von **Artenschutz**. Wenn eine Art ausstirbt, ist dies kaum mehr rückgängig zu machen und hat schwere Folgen. Denn wie bei einem Puzzle übernimmt jedes kleine Teil eine wichtige Rolle für das Ganze.

Durch den Bau von Straßen und Häusern und das Anlegen von immer größeren Feldern wurden die Lebensräume von Tieren und Pflanzen zerstört. Die Natur ist nicht unbegrenzt belastbar. Daher müssen wir uns bemühen, bedrohten Tieren und Pflanzen zu helfen.

4 In der Roten Liste sind die bedrohten Tier- und Pflanzenarten verzeichnet.

Schutz von Lebensräumen Um Arten zu erhalten, muss man die Ursache für eine Bedrohung kennen und dann ihren Lebensraum schützen. Die Erhaltung von Lebensräumen für bedrohte Tier- und Pflanzenarten ist Aufgabe des **Naturschutzes**. Er stellt ganze Gebiete wie bestimmte Wälder, Seen und Flusstäler unter Schutz. Diese Flächen werden dann als Naturschutzgebiete bezeichnet. ↑5 Störende Eingriffe des Menschen sind hier verboten.

Der Naturschutzbund (NABU) und der Bund für Umwelt und Naturschutz (BUND) sind zwei große Organisationen in Deutschland, die für den Schutz der Natur arbeiten.

5 Diese Schilder kennzeichnen Naturschutzgebiete.

Merk dir! Durch den Eingriff des Menschen sind manche Tier- und Pflanzenarten vom Aussterben bedroht. Um ihnen zu helfen, muss man die Ursachen ihrer Bedrohung beseitigen und auch ihren Lebensraum schützen.

Arbeitsaufträge

1 Was ist unter einem „Auswilderungsprojekt" zu verstehen? Informiert euch im Internet und stellt ein solches Projekt vor. www.doncato.de

2 Warum ist die Weißtanne gefährdet? Erstelle eine Tabelle mit den Ursachen.

3 Besucht ein Naturschutzgebiet in eurer Nähe. Wie sieht es dort aus? Wie soll sich der Mensch verhalten? Was dürft ihr tun, was ist nicht erlaubt? Notiert eure Ergebnisse.

Pflanzen, besonders Bäume, produzieren Sauerstoff, binden Staub und Schadstoffe und sorgen für eine angenehme Luftfeuchtigkeit. Außerdem bieten Pflanzen Lebensraum und Nahrung für zahlreiche Tiere. Und letztendlich bringen Pflanzen Grün in graue Städte. Dennoch werden viele Bereiche in Städten immer mehr zubetoniert und verbaut. Es entstehen neue, breitere Straßen, auf denen noch mehr Autos fahren können. ↑1 Fußwege werden mit Teer überzogen und an Orten, wo Pflanzen und Tiere leben, entstehen riesige Einkaufszentren.

1 Graue Großstadt

Wir tun etwas für die grünen Oasen

In vielen Städten gibt es Behörden oder auch einzelne Vereine, die sich um eine umweltfreundlichere und grünere Gestaltung der Stadt oder einzelner Stadtbereiche bemühen. Trage deinen Teil zu einer Verbesserung und Verschönerung der Städte durch Pflanzen bei und plane deine eigene grüne Stadtoase. Wie können Städte so verändert werden, dass sie grüner sind und mehr Pflanzen und Tieren Lebensraum bieten? ↑2

2 Grün in der Stadt

Schritte und Tipps für das Projekt „Grüne Oasen"

Vorbereitung Besprecht, wie eure Vorschläge zum Thema „Grüne Oasen" präsentiert werden können. Es bietet sich an, dass ihr Modelle erstellt, die zeigen, wie Städte grüner werden können. ↑3

Planung Überlegt, welche Informationen und Materialien ihr braucht:
• Fachinformationen: Wie wird ein Teich angelegt? ↑5 Wo können welche Pflanzen wachsen? Welche Tiere leben auf und von welchen Pflanzen? Beispiele für Informationsquellen: Bücher, Broschüren von Umweltschutzorganisationen (BUND), Internet, regionale Umweltzentren.
• Informationen aus dem Internet über ähnliche Projekte
• Materialien für die Modelle (Pappe, Kleber, Farbe …)

3 Modell eines grünen Schulhofs

Durchführung Bildet Arbeitsgruppen und verteilt innerhalb der Gruppen die einzelnen Aufgaben:
• Wie viele Schüler sind in einer Gruppe?
• Wer übernimmt welche Aufgaben?
Erledigt die Aufgaben und fertigt ein Modell eurer „Grünen Oase" an.

Abschluss und Präsentation Überprüft eure Ergebnisse. Bereitet eine Präsentation vor: Erstellt beispielsweise eine Broschüre oder ein Plakat. Wertet die Gesamtergebnisse in der Klasse aus.

4 Sammeln von Informationen

• Welche Probleme gab es?
• Was ist gelungen?
• Bewertet eure Modelle: Kann man sie tatsächlich realisieren und graue Städte umweltfreundlicher und grüner machen?
• Überlegt, wie ihr die Ergebnisse anderen Klassen, euren Eltern oder der Öffentlichkeit präsentieren könnt. Beispiele: Fest, Ausstellung, Zeitungsartikel in eurer Heimatzeitung oder eigene Zeitung.

5 Ein fachgerecht angelegter Teich

Die Bedeutung des Waldes

Bedeutungswandel – der Wald früher und heute

Der Wald ist nicht nur Lebensraum für Pflanzen und Tiere, er ist auch wichtig für die Menschen. In allen Zeiten haben die Menschen den Wald als Holzlieferant und Weideort für das Vieh genutzt. Früher wurde das Holz hauptsächlich als Brennholz und für den Häuserbau benötigt, heute dient es der Holzindustrie für viele weitere Zwecke. Neben dem Häuserbau spielt es eine wichtige Rolle bei der Herstellung von Papier und Möbeln. Holz dient auch immer mehr in Form von Pellets und Holzbriketts als Brennstoff für Heizanlagen. ↑1 Die meisten Wälder in Europa sind heute keine natürlichen Wälder mehr. Sie werden bewirtschaftet und gepflegt, um möglichst hohe Erträge beim Verkauf des Holzes zu erbringen. Forstwirte beachten dabei die Mischung des Waldes mit verschiedenen Baumarten und die Bekämpfung von Schädlingen.

1 Für die Holzindustrie hat der Wald eine große Bedeutung.

Belastung durch Luftverschmutzung

In den 1980er Jahren ging ein Aufschrei durch Deutschland: Der Wald stirbt! Zum ersten Mal war von neuartigen Waldschäden die Rede, die durch sauren Regen verursacht werden.

Abgase aus Industrie, Verkehr und privaten Haushalten lösen sich im Wasser der Wolken und bilden dort Säuren. ↑2 Diese regnen auch über den Wäldern ab und schädigen die Bäume. Heute, ein Vierteljahrhundert später, hat sich der Zustand des Waldes nicht gebessert. Immer noch werden die Wälder aus der Luft mit stickstoffhaltigen Säuren überfrachtet. Die Folge: Die Wälder werden mit Stickstoff überversorgt, sodass Nitrat ins Grundwasser gelangt. Gleichzeitig waschen die sauren Niederschläge wichtige Mineralstoffe aus dem Boden aus, was zu Mangelerscheinungen bei den Bäumen führt.

2 Vom Menschen verursachte Luftverschmutzung führt zu saurem Regen.

Die Pflege des Waldes

Forstwirte haben die Aufgabe, sich um die Wälder zu kümmern. Sie beachten dabei die Mischung des Waldes mit verschiedenen Baumarten und sie bekämpfen Schädlinge. Forstwirte kümmern sich auch um die Pflege von Jungbäumen, helfen beim Jagdbetrieb und beim Bau von Erholungseinrichtungen im Wald. In diesem Ausbildungsberuf ist neben Körperkraft auch Verständnis für das Ökosystem Wald gefragt. ↑3

3 Forstwirte pflegen den Wald.

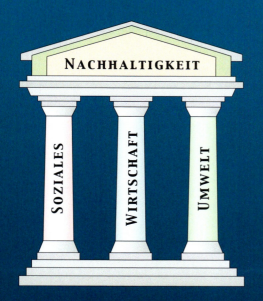

NACHHALTIGKEIT

SOZIALES   WIRTSCHAFT   UMWELT

4 Die Säulen der Nachhaltigkeit:
Alle Säulen sind in gleichem Maße wichtig.

Heute für die Zukunft sorgen

Der Mensch nutzt Rohstoffe vor allem für die Energiegewinnung und die Herstellung verschiedener Produkte. Doch viele Rohstoffe auf der Erde werden knapp. Indem wir unsere Rohstoffe nachhaltig fördern und einsetzen, sorgen wir für nachfolgende Generationen, also unsere Kinder. Nachhaltigkeit heißt, dass wir langfristig so schonend mit der Natur umgehen, dass Landschaften und ihre Artenvielfalt erhalten bleiben. Der Begriff bedeutet aber auch, dass wir mit Produkten nicht verschwenderisch umgehen, sondern so, dass auch spätere Generationen diese noch nutzen können. Ein wichtiges Ziel ist es, allen Menschen auf der Erde gleiche Chancen zu geben, menschenwürdig zu leben – heute und in Zukunft. Nachhaltigkeit kann somit ökologisch, wirtschaftlich und sozial betrachtet werden. ↑4

Holz – ein nachwachsender Rohstoff

Wie kann man Nachhaltigkeit mit Holz umsetzen? Nachhaltige Forstwirtschaft bedeutet, dass nur so viele Bäume aus dem Wald geschlagen werden dürfen, wie auch wieder nachwachsen können. Wirtschaftlich gesehen kann der Wald dann auch in vielen Jahrzehnten noch genutzt werden. Aus ökologischer Sicht bedeutet nachhaltige Forstwirtschaft, dass die Artenvielfalt und wichtige ökologische Aufgaben des Waldes erhalten bleiben. Um das Ziel zu erreichen, werden viele Forste, die nur aus einer Baumart bestehen, in Mischwälder umgewandelt. ↑5
Die Abholzung tropischer Regenwälder zeigt, dass das Prinzip der Nachhaltigkeit noch nicht überall verwirklicht wird. Um Holz in reiche Länder zu verkaufen, werden durch Abholzen großer Waldgebiete hier immer noch wichtige Ökosysteme zerstört.

5 Anlegen eines Mischwalds

Was würde ein Förster antworten, wenn du ihn fragst:
Wie wertvoll ist der Wald? Was würde ein Tourist antworten,
der eine Radtour mit dem Mountainbike durch einen Wald
macht? Und welchen Wert hat der Wald für dich?
Vielleicht sind alle drei Meinungen unterschiedlich.
Was macht einen Wald nun aber wertvoll?

Wie wertvoll ist ein Wald?

1 Waldbesitzer verkaufen das Holz
an die Industrie.

2 Der Wald – ein Schutzraum für Pflanzen und Tiere

3 Radtour durch den Wald

Mit Holz kann man Geld machen Viele Wälder sind Forste. Sie dienen vor allem dem Wachstum
von Bäumen, die wertvolle Holzlieferanten sind. Je höher der Preis des Holzes auf dem Holz-
markt ist, desto wertvoller ist ein Wald für den Waldbesitzer. Ein Förster wird den Wert des
Waldes vor allem nach dem Gewinn beurteilen, den er beim Holzverkauf erzielen kann. ↑1

Freizeitgestaltung im Wald „Im Wald kann ich mich erholen. Die Luft ist besser als in der Stadt und ich kann mich frei bewegen." Dies könnte die Aussage einer Spaziergängerin sein, die mit ihrer Familie im Wald wandert. Viele Menschen machen Urlaub in der Nähe von Waldgebieten. Am Wochenende sind die Stadtwälder ein beliebtes Ausflugsziel. Der Wald hat für die Menschen einen Erholungswert. ↑3

Wald und Klima Laubwälder mit einem schattigen Kronendach besitzen niedrigere Lufttemperaturen und eine höhere Luftfeuchtigkeit als unbewaldete Gebiete. Sie bilden ihr eigenes Klima und sind Lebensraum für Pflanzen und Tiere. ↑2 Wälder haben auch Auswirkungen auf das Klima der Erde. In den Pflanzen der tropischen Regenwälder werden über die Fotosynthese unvorstellbar hohe Mengen an Kohlenstoffdioxid gebunden.

Mit der Brandrodung der Wälder wird das Kohlenstoffdioxid wieder frei, das fördert den Treibhauseffekt. ↑4 Wenn Wälder über Rodung verschwinden, weil Felder und Weiden entstehen sollen, verlieren die Gebiete auch ihre Fähigkeit als Wasserspeicher.

4 Brandrodung im Regenwald

Orang-Utan, Papagei & Liane Insbesondere die tropischen Regenwälder besitzen eine sehr hohe Artenvielfalt. Die Abholzung dieser Wälder zerstört Lebensräume für Pflanzen und Tiere. ↑5 Viele natürliche Urwälder werden abgeholzt, um Ackerflächen für Nutzpflanzen zu schaffen. Wo vorher mehr als 1000 Tier-

und Pflanzenarten auf einem Hektar Fläche lebten, findet sich dann nur noch eine Art.

5 Abholzung von Regenwald

„Wald mit Zukunft?"
Wie sieht die Zukunft des etwa 6000 Hektar großen Waldgebiets „Hoher Wold" aus? Teile seiner artenreichen Buchenwälder sollen nach Entscheidung der Behörden bald unter Naturschutz gestellt werden. Mehrere Eigentümer der Waldstücke, die das Holz wirtschaftlich nutzen und Sorgen vor wirtschaftlichen Einbußen haben, möchten sich dagegen wehren. Da der „Hohe Wold" zudem ein gut besuchtes Naherholungsgebiet für Bewohner der 30 Kilometer entfernten Großstadt ist, hat sich auch der Tourismusverband eingeschaltet.

6 Nutzungskonflikte im Wald

Arbeitsaufträge

1 „Der Wald ist wertvoll, weil …"
  a Ergänze den Satz mit allem, was dir einfällt. Beim „Brainstorming" darf jeder sagen, was er wichtig findet. Haltet alle gesagten Punkte schriftlich fest.
  b Einigt euch in einer Abstimmung auf die wichtigsten Aussagen. Jeder Schüler darf drei Punkte vergeben. Du kannst deine gesamten Punkte einer Aussage zuordnen oder sie verteilen.

  c Bildet zwei Gruppen, die miteinander über den Wert des Waldes diskutieren. Welche Argumente fallen den „Naturschützern" ein, welche den „Vertretern der Forstwirtschaft"?

2 Lies den Text zum Projekt „Wald mit Zukunft?". ↑6 Überlege, welche Möglichkeiten es gibt, Naturschutz, Fortwirtschaft und Tourismus zu verbinden. Notiert eure Ideen. Tragt eure Einfälle in der Klasse zusammen.

Warum es der Erde zu warm wird

1 Die Temperaturunterschiede zwischen dem Weltraum und der Erde sind gewaltig.

Im Weltraum herrscht eine Temperatur von −273 °C. Wie kommt es, dass wir auf der Erde nicht so kalte Temperaturen haben? Und wie kann es passieren, dass es auf der Erde zu warm wird?

Der natürliche Treibhauseffekt Auf der Erde ist Leben möglich, weil wir Wasser haben. Zudem ist die Erde gut gegen die Kälte im Weltraum gewappnet. Das liegt an der Zusammensetzung der **Atmosphäre**. Die Atmosphäre ist die Gashülle, die die Erde umgibt. Sogenannte Treibhausgase in dieser Gashülle lassen die Wärmestrahlung der Sonne durch, halten aber die von der Erde reflektierte Wärmestrahlung zurück. ↑2 Ohne diesen **natürlichen Treibhauseffekt** wäre auf der Erde kein Leben möglich.

Der anthropogene Treibhauseffekt Neben dem Wasserdampf gibt es noch andere **Treibhausgase**. Diese Gase, wie das Kohlenstoffdioxid (CO_2), kommen normalerweise nicht dauerhaft in so großen Mengen in der Atmosphäre vor, da Pflanzen und Meere das CO_2 aufnehmen. Durch industrielle Produktion und vor allem durch die Verbrennung von Kohle, Erdöl und Erdgas werden vom Menschen jedoch riesige Mengen von CO_2 und anderen Treibhausgasen produziert. Diese zusätzlichen Treibhausgase halten mehr Wärmestrahlung auf der Erde zurück. Der natürliche Treibhauseffekt wird verstärkt. Da dieser verstärkte Treibhauseffekt vom Menschen gemacht ist, bezeichnet man ihn als „anthropogen" (griech. anthropos = der Mensch). Der **anthropogene Treibhauseffekt** führt zu einer weltweiten Erwärmung und stellt eine Gefahr für die ganze Erde dar.

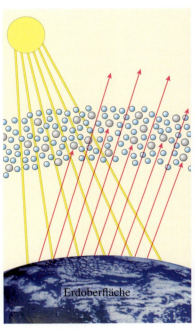

Erdoberfläche

2 Schematische Darstellung des Treibhauseffekts

Der Kohlenstoffkreislauf Pflanzen nehmen für die Fotosynthese **Kohlenstoffdioxid** (CO_2) auf und geben Sauerstoff (O_2) ab. Tiere und Menschen und in der Nacht auch die Pflanzen geben bei der Atmung wieder CO_2 ab. ↑3 Die Meere wiederum nehmen einen großen Teil des CO_2 wieder auf, weil dieses sich im Wasser löst. Außerdem betreiben auch winzige Einzeller im Meer Fotosynthese und nehmen dafür ebenfalls CO_2 auf. Dieser Kreislauf ist inzwischen jedoch im Ungleichgewicht, da zu viel zusätzliches Kohlenstoffdioxid bei der Verbrennung von Kohle, Erdöl und Erdgas frei wird und in die Atmosphäre gelangt. Die Pflanzen und die Meere können diese zusätzlichen CO_2-Mengen nicht vollständig aufnehmen.

anthropogener Treibhauseffekt
Atmosphäre
Klimawandel
Kohlenstoffdioxid (CO_2)
natürlicher Treibhauseffekt
Ozonloch
Treibhausgase

Was verursacht den Klimawandel? Der **Klimawandel** wird durch den zunehmenden Ausstoß von Treibhausgasen verursacht. Das **Ozonloch** hingegen ist auf die vermehrte Freisetzung von Fluor-Chlor-Kohlenwasserstoffen (FCKW) zurückzuführen. Dieses schädigt die Ozonschicht. Das Klima erwärmt sich also, weil aufgrund der anthropogen verursachten Treibhausgase weniger Wärme in den Weltraum zurückstrahlen kann, und nicht, weil durch das Ozonloch mehr Sonnenstrahlen auf die Erde treffen.

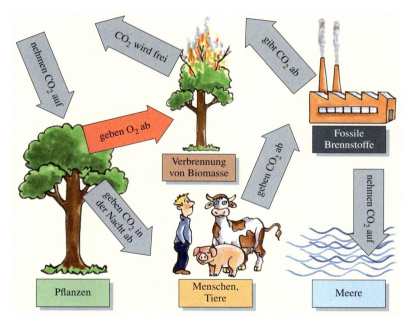

3 Kohlenstoffkreislauf

Merk dir! Bestimmte Gase auf der Erde bewirken, dass auf ihr ein Leben möglich ist. Durch den zusätzlichen Ausstoß von Treibhausgasen verursacht der Mensch den anthropogenen Treibhauseffekt und sorgt für eine weltweite Erwärmung. Das Ozonloch entsteht durch zu viel FCKW in der Atmosphäre.

Arbeitsaufträge

1 Alex sagt: „Der Treibhauseffekt ist doch etwas ganz Natürliches. Er ist nicht schlimm und sollte darum auch nicht weiter beachtet werden." Was würdest du ihm entgegnen?

2 Sammelt Informationen über die Entstehung und die Folgen des Ozonlochs. Erstellt ein Plakat, auf dem die Unterschiede zwischen dem Klimawandel und dem Ozonloch deutlich werden.

Weltweite Auswirkungen des Klimawandels

Ob bei dir zu Hause 2 °C mehr oder weniger herrschen, merkst du wahrscheinlich nicht einmal. Aber kannst du dir vorstellen, was eine Erwärmung um 2 °C für die Erde mit all ihren Bewohnern, Meeren, Flüssen und Lebensgefügen bedeutet?

1 Schon jetzt haben viele Menschen kein sauberes Wasser zum Trinken.

Auswirkungen auf die Gesundheit des Menschen

Der Klimawandel kann direkte und indirekte Auswirkungen auf die menschliche Gesundheit haben.
Besonders in ärmeren Ländern, in denen es keine ausreichende medizinische Versorgung gibt, sorgen Überschwemmungen und verunreinigtes Trinkwasser dann für eine schnelle Ausbreitung von Infektionskrankheiten. ↑1 Aber es wird auch angenommen, dass sich Krankheiten in Gegenden ausbreiten, wo sie bisher nicht auftraten. So ist es möglich, dass auch im südlichen Mitteleuropa die durch die Stechmücke übertragene Malaria wieder auftreten wird, die momentan nur in tropischen und subtropischen Regionen vorkommt. ↑2

2 Die Anophelesmücke ist Überträgerin der Malaria.

3 Überschwemmungen an der Küste

Auswirkungen auf die Weltmeere

Durch die weltweite Erwärmung steigt der Meeresspiegel an, da die Eispanzer von der Antarktis sowie die Gletscher in den Gebirgen langsam abschmelzen und dadurch mehr Wasser ins Meer fließt.
Ein weiterer Grund für den Meeresspiegelanstieg ist, dass sich Wasser bei Erwärmung auch mehr ausdehnt und dadurch mehr Volumen einnimmt.
Durch den Anstieg des Meeresspiegels sind verschiedene Gefahren im Bereich des Küstenraums zu erwarten: zunehmende Wellenhöhen, Deichbrüche oder Überschwemmungen an Küsten. ↑3

Auswirkungen auf die Trinkwasserversorgung

Du weißt selber, wie viel mehr Durst du hast, je wärmer es ist. Mit höheren Temperaturen steigt der Wasserbedarf der Lebewesen, der jedoch nicht mehr überall gedeckt werden kann. Zwar kann die wärmere Luft mehr Feuchtigkeit speichern und so wird es in einigen Regionen zu häufigeren und heftigeren Niederschlägen kommen. In subtropischen Regionen hingegen kommt es durch die stärkere Verdunstung zu häufigeren Trockenperioden und Dürren.

Verrutschte Jahreszeiten

Untersuchungen zeigen, dass der Frühling in Europa inzwischen verfrüht anfängt und auch der heißeste Tag des Jahres sich weiter nach vorn verlagert. Auch die Winter werden milder. Das kann im Ökosystem weitreichende Folgen haben. Denn Pflanzen und Tiere reagieren ganz unterschiedlich auf die Veränderungen. Früher schlüpfende Insekten etwa finden keine Nahrung, wenn nicht die Pflanze in genau ihrer Nahrungskette auch schon früher austreibt.
Von ihrer Brutstätte machen sich Zugvögel im Herbst für gewöhnlich auf die weite Reise in ihre Winterquartiere. Doch immer öfter verschieben die Tiere ihren Vogelzug und bleiben im Herbst länger in Deutschland. Manche Arten überwintern mittlerweile sogar in unseren Breitengraden. ↑5

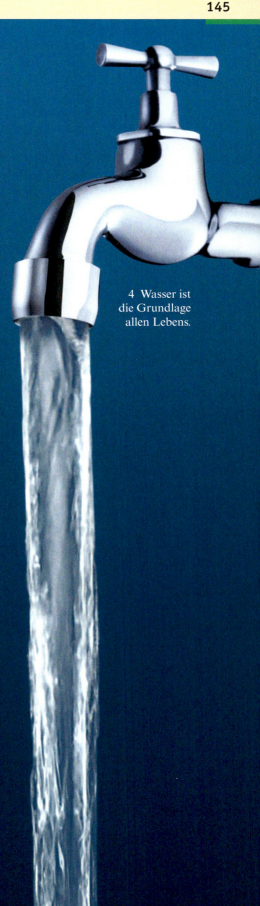

4 Wasser ist die Grundlage allen Lebens.

5 Der Zilpzalp überwintert sogar immer öfter hierzulande.

→ Wasser sichert das Überleben aller Lebewesen auf der Erde. Es transportiert als Lösemittel lebensnotwendige Stoffe sowie Stoffwechselprodukte durch Zellen und Organe. Wasser ist ein unentbehrlicher Lebensraum für viele Lebewesen, die nur dem Leben im Wasser angepasst sind. ↑S. 116

→ Ein See mit seinen verschiedenen Pflanzengürteln bietet vielen Tieren und Pflanzen spezielle Lebensräume. Pflanzen und Tiere dieser Lebensgemeinschaft sind aufeinander angewiesen und über Nahrungsketten und -netze miteinander verbunden. Wasser lockt aber auch ungebetene Gäste an. ↑S. 118

Gefährdung unserer Lebensgrundlagen – auf einen Blick

→ Die Weltmeere sind für uns Menschen ein wichtiges Wirtschaftsgut. ↑S. 130

→ Um Arten zu erhalten, muss man die Ursache für eine Bedrohung kennen und dann ihren Lebensraum schützen. ↑S. 134

→ **Der Wald ist für den Menschen von großer Bedeutung. Durch Eingriffe wird dieser Lebensraum gefährdet.** ↑S. 140

→ **Es gibt einen natürlichen und einen anthropogenen Treibhauseffekt auf der Erde. Der anthropogene entsteht, weil der Mensch mehr Treibhausgase in die Atmosphäre freisetzt, als von den Pflanzen und den Ozeanen aufgenommen werden kann. Es kommt zu einer Erwärmung der Erde.** ↑S. 142

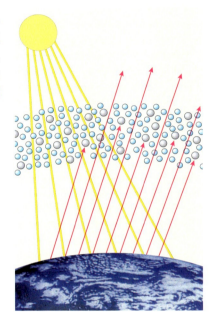

→ **Der Klimawandel hat Auswirkungen auf der ganzen Welt:**
  – **Anstieg der Meeresspiegel und damit die Überflutung von Küstengebieten**
  – **Gefährdung der Gesundheit des Menschen**
  – **mangelnde Trinkwasserversorgung**
  ↑S. 144

Arbeitsaufträge

1 Am See leben Enten, Gänse, Schwäne, Rallen, Haubentaucher auf engem Raum zusammen. Informiere dich, wieso diese Schwimmvögel nicht in Konkurrenz um Nahrung und Nistplätze stehen (Literatur, Internet, Naturschutzzentrum).

2 Beschreibe und beurteile die Auswirkungen der menschlichen Eingriffe durch Fischerei, Transportwege, Energieausbeute, Abfallentsorgung und Tourismus auf den Lebensraum Meer.

3 Richtig oder falsch – begründe deine Entscheidung:
  a Der Treibhauseffekt ist etwas Schlechtes.
  b Einige Tierarten haben einen Vorteil durch die globale Erwärmung.
  c Wenn die Eisberge schmelzen, steigt der Meeresspiegel.

1 Erkläre, warum Wasser für Pflanzen, Tiere und Menschen lebensnotwendig ist.

2

1

3

2 Liste die verschiedenen Zonen eines Sees auf und nenne je 2 typische Vertreter der Pflanzen- und Tierwelt. ↑2, 3

3 Informiere dich im Internet genauer über die Vorgänge in einer Kläranlage. Bereite ein Referat dazu vor.

4 Tropenhölzer sind sehr lange haltbar. Aus diesem Grund werden Urwaldbäume unter anderem für die Fertigung von Gartenmöbeln abgeholzt.
a Notiere Gründe gegen die Abholzung der Urwaldbäume in dein Heft.
b Wer könnte Gründe für die Abholzung haben?
c Nenne Alternativen für die Nutzung von Tropenhölzern.

5 Zeichne die Skizze zum Kohlenstoffkreislauf ab und
ergänze die fehlenden Begriffe und Pfeile. ↑4

4

6 Nenne mindestens zwei weltweite Auswirkungen des Klima-
wandels und begründe, wie es zu diesen Folgen kommt.

Ordne deiner Lösung im Heft ein Smiley zu:
☺ Ich habe die Aufgabe richtig lösen können.
☺ Ich habe die Aufgabe nicht komplett lösen können.
☹ Ich habe die Aufgabe nicht lösen können.

Aufgabe	Fähigkeit	Hilfe findest du auf Seite …
1	Ich kenne die Bedeutung von Wasser.	116
2	Ich kenne die Pflanzengürtel eines Sees und seine Bewohner.	118, 120
3	Ich kenne die Vorgänge in einer Kläranlage und kann diese in eigenen Worten erklären.	128
4	Ich kann menschliche Eingriffe in einen Lebensraum erkennen und beurteilen.	130
5	Ich kann den Kohlenstoffkreislauf darstellen und sein Ungleichgewicht als Folge menschlichen Handelns erklären.	143
6	Ich kenne weltweite Auswirkungen des Klimawandels und kann ihre Ursachen nennen.	144

Gesund sein –
Krankheiten abwehren

Erkältungen gehören zum Winter wie Eis und Schnee. Mancher fühlt sich bei einer Erkältung richtig krank und bleibt im Bett, andere fühlen sich bloß ein bisschen unwohl. Aber nach einigen Tagen ist die Krankheit in der Regel vorüber.

In diesem Kapitel erfährst du, was einen Menschen krank machen kann. Außerdem erhältst du Informationen über Krankheitserreger und wie diese unseren Körper schädigen. Dabei ist unser Körper aber nicht schutzlos und weiß sich fast immer zu helfen. Das Wichtigste aber ist, dass wir gesund sind und gesund bleiben.

1 Wie hat sie sich wohl angesteckt? Wann wird sie wieder fit sein? ↑ S. 152

2 Was sind Infektionskrankheiten und wodurch werden sie hervorgerufen? ↑ S. 154–157

3 Wie setzt sich der Körper gegen Krankheitserreger zur Wehr? ↑ S. 160

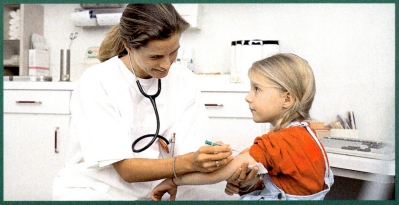

4 Impfen – der Schmerz ist gleich vorbei, doch die Wirkung hält lange an. Was passiert bei einer Impfung genau und warum sind Impfungen so wichtig? ↑ S. 162

5 Das habe ich schon oft gesehen. Doch was ist Aids eigentlich? ↑ S. 166

6 Wie reagiert der Körper auf Stress? Wie läßt er sich bewältigen? ↑ S. 168

Wenn es einen „erwischt" hat!

Grippevirus

Jakob fühlt sich ganz schwach und hat Fieber. Es ist kaum zu glauben, dass die winzigen Grippeviren ihn innerhalb weniger Tage so schwer krank gemacht haben. Wie geht es mit seiner Krankheit weiter? Wird er andere Familienmitglieder anstecken?

1 Mit Grippe fühlt man sich elend.

Die Vorgeschichte Am Freitag hat Jakob seinen grippekranken Freund Max besucht, dem es schon wieder besser ging. Aber immer wieder muss Max niesen und sich schnäuzen. Bis Sonntagabend fühlt sich Jakob pudelwohl. In der Nacht aber wacht er mehrfach auf, weil es ihm im Bett kalt ist. Am Morgen fühlt er sich so matt, dass er gar nicht aufstehen kann. Er bekommt Schüttelfrost. Die Mutter bringt das Fieberthermometer: 39,5 °C. Jakob fühlt sich immer elender, hat Kopf- und Gliederschmerzen und will nur noch schlafen. Jakob hat sich bei Max angesteckt.

Die Fieberkurve An den ersten 2 bis 3 Tagen nach der Ansteckung ist die Körpertemperatur gleichbleibend normal bei knapp 37 °C. Dann aber steigt sie sprunghaft an auf fast 40 °C. ↑2 Die nächsten 4 bis 7 Tage fühlt man sich richtig krank. Nach einigen Tagen sinkt das Fieber, steigt zwischendurch aber wieder an. Nochmals einige Tage später ist die Körpertemperatur wieder normal, die Krankheitsanzeichen gehen zurück.

Der Verlauf der Grippeerkrankung Die Erreger der **Grippe** gelangen über Speicheltröpfchen beim Niesen oder Husten von einem Menschen auf den anderen. ↑3 Nachdem sie in den Körper eingedrungen sind, veranlassen sie die Zellen des Menschen, immer mehr Erreger zu bilden. Einige Tage nach der Ansteckung beginnt die Grippe mit Müdigkeit und Erschöpfung, Fieber und Schüttelfrost sowie Halsschmerzen und Husten.

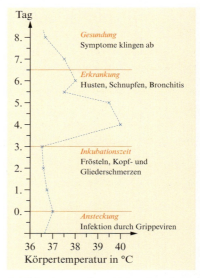

Tag

8. — *Gesundung* Symptome klingen ab

7. —

6. — *Erkrankung* Husten, Schnupfen, Bronchitis

5. —

4. —

3. — *Inkubationszeit* Frösteln, Kopf- und Gliederschmerzen

2. —

1. —

0. — *Ansteckung* Infektion durch Grippeviren

36 37 38 39 40
Körpertemperatur in °C

2 Fieberkurve eines Grippekranken

3 Beim Niesen werden Speicheltröpfchen ausgeschieden.

Nach mehr als einer Woche schafft es der Körper, die Vermehrung der Krankheitserreger zu stoppen und diese schließlich zu vernichten. Jetzt beginnt die Gesundung, die Krankheitsanzeichen klingen langsam ab.

Gefährlich ist die Grippe wegen der häufigen Folgeerkrankungen: Lungen-, Mittelohr- und Nasennebenhöhlenentzündung. Besonders gefährdet sind Menschen mit Herz- und Kreislaufschäden, Asthma sowie Personen, die über 60 Jahre alt sind.

Eine Infektionskrankheit Jakobs Mutter hat gleich nach Ausbruch der Krankheit den Arzt gerufen, der Jakob eingehend untersucht. Der Arzt erklärt, was geschehen ist. Dabei benutzt er aber viele Fremdwörter: Ursache der Grippe sind **Viren**. ↑1 Viren sind etwa 1000-mal kleiner als Bakterien und damit die kleinsten Krankheitserreger überhaupt. Die Krankheit nennt der Arzt **Influenza**. An dieser Krankheit sterben jedes Jahr viele Tausend Menschen in Deutschland. ↑4 Statt von Ansteckung spricht der Arzt von einer **Infektion**. Die Zeit zwischen Ansteckung und Ausbruch der Krankheit heißt bei ihm **Inkubationszeit**. Die typischen körperlichen Anzeichen einer Infektionskrankheit sind die **Symptome**.

Bevor der Arzt wieder geht, wünscht er Jakob baldige Genesung. „Hoffentlich ist es beim nächsten Mal nur ein grippaler Infekt. Das ist meist eine harmlose Erkältung, die wir im Winter immer wieder einmal bekommen." Die Viren, die diese harmlose Form der Erkältung hervorrufen, kann unser Körper leichter bekämpfen.

Merk dir! Grippe ist eine ansteckende Krankheit. Sie verläuft in folgenden Abschnitten: Ansteckung, Inkubationszeit, Erkrankung mit typischen Kennzeichen und schließlich meist Gesundung.

**Grippe
Infektion
Influenza
Inkubationszeit
Symptome
Viren**

2006/07 mussten 2,7 Millionen Menschen wegen einer Grippeerkrankung zum Arzt. 14000 mussten zur Behandlung in eine Klinik eingewiesen werden. Durchschnittlich sterben in jeder Grippesaison 7000 bis 8000 Menschen an den Folgeerkrankungen. Bei heftigen Grippewellen kann diese Zahl aber weitaus höher liegen. 90 % der grippebedingten Sterbefälle liegen in der älteren Bevölkerung.

4 Zahlen zur Grippe in Deutschland

5 In Tokio tragen einige Menschen Mundschutz.

Arbeitsaufträge

1 Begründe, warum man sich beim Niesen und Husten immer eine Hand vor den Mund halten soll?
  a Warum ist bei großen Menschenansammlungen die Gefahr einer Infektion besonders groß?
  b Kannst du dir denken, warum die Menschen auf Abbildung 5 in der japanischen Hauptstadt Tokio einen Mundschutz tragen?

2 Beurteile, ob ein Mensch, der sich gesund fühlt, dennoch einen anderen Menschen anstecken kann.

3 Erstelle einen Steckbrief über die Grippe. Mache Vorschläge, wie du dich vor einer Grippeinfektion schützen kannst.

4 Warum hilft bei der Grippe kein Antibiotikum? Befrage dazu einen Arzt oder Apotheker.

Was Infektionskrankheiten hervorruft

Was sind Infektionskrank-
heiten? Wodurch werden
sie hervorgerufen?
Und wie entwickeln sie
sich in unserem Körper?

1 Wie gelangen Krankheitserreger in unseren Körper?

Infektionskrankheiten Mikroskopisch kleine Erreger können mit der Atemluft, der Nahrung, durch direkte Körperkontakte oder durch Insektenstiche in unseren Körper eindringen. Wenn sie sich im Körper ansiedeln und vermehren, spricht man von einer **Infektionskrankheit**. Da solche Krankheiten von Mensch zu Mensch übertragen werden können, heißen sie auch ansteckende oder übertragbare Krankheiten.

Viren Im Lichtmikroskop sind Viren unsichtbar. Sie dringen in lebende Zellen ein und veranlassen diese, neue Viren zu bilden. Grippe, Masern, Röteln, Windpocken und Kinderlähmung sind Viruserkrankungen.

Bakterien Im Lichtmikroskop kann man **Bakterien** gerade noch erkennen. Es sind einzellige Lebewesen ohne Zellkern. Man kann runde (Kokken) und längliche Formen (Bazillen) unterscheiden. ↑2

Pilze Nicht nur im Wald gibt es **Pilze**. Pilze können die Haut des Menschen befallen und dort Erkrankungen hervorrufen. Bei Befall durch Fußpilz sind die weichen Stellen zwischen den Zehen gerötet, jucken und schuppen sich.

Parasiten Schmarotzer oder **Parasiten** sind Lebewesen, die vorübergehend oder auch dauernd vom Menschen leben. Sie entnehmen ihm ihre Nahrung und können gefährliche Krankheiten

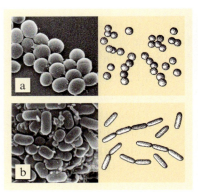

2 Bakterien: a Kokken, b Bazillen

übertragen. Beispiele dafür sind Flöhe, Läuse, Wanzen, Stechmücken und Zecken. Beim Saugen überträgt die Zecke gefährliche Erreger. ↑4 Diese können Lähmungen sowie Erkrankungen der Gelenke (Borreliose), der Haut und des Herzens und Hirnhautentzündung verursachen.

Bakterien
Infektionskrankheiten
Parasiten
Pilze

Beispiele für Infektionskrankheiten *Tuberkulose:* Die Bakterien befallen das Lungengewebe. Nach der Ansteckung treten Fieber, Schwäche und Husten mit blutigem Auswurf auf. Es kann zur Zerstörung des Lungengewebes kommen. Ohne Behandlung führt die Erkrankung meist zum Tod.

Masern: Masern werden oft als harmlose Kinderkrankheit angesehen. Es gibt aber auch Fälle, wo es durch Masern zu schweren Folgeerkrankungen wie Hirnhaut- oder Mittelohrentzündung kommt. Typisches Krankheitsanzeichen ist der Hautausschlag am ganzen Körper.

Fußpilz: Bläschenbildung zwischen den Zehen, Jucken und Rötung zeigen an, dass ein Hautpilz eingedrungen ist. Er verursacht auch Erkrankungen der Haut, Haare sowie der Finger- und Fußnägel.

3 Zecke

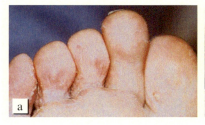

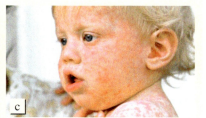

4 Infektionskrankheiten

Merk dir! Viele Infektionskrankheiten sind ansteckend. Sie werden durch mikroskopisch kleine Erreger verursacht. Dabei handelt es sich in den meisten Fällen um Bakterien oder Viren.

Arbeitsaufträge

1 Betrachte Abbildung 1 und zeichne ein Bild, auf dem erkennbar ist, über welche Wege Krankheitserreger in den Körper eindringen können.

2 Auf dieser Seite werden drei Infektionskrankheiten vorgestellt.

   a Ordne einer Infektionskrankheit jeweils die richtige Abbildung (a, b oder c) zu.

   b Benenne jeweils den Erreger.

   c Versuche herauszufinden, wie man diese Infektionskrankheiten behandelt.

3 Was machst du, wenn du eine Zecke auf deinem Körper findest? Wie wird ein Zeckenbiss behandelt? Wie schützt du dich vor einem Zeckenbiss?

Bakterien als Krankheitserreger

Eine Wunde kann man sich leicht zuziehen, zum Beispiel durch ein Foul beim Fußballspiel. Die in die Wunde eingedrungenen Bakterien werden vom Blut meist schnell unschädlich gemacht. Aber nicht immer ist das ganz sicher.

Eiterbakterien

1 Die abgebildeten Bakterien bringen die Wunde zum Eitern.

Einige Bakterien können den Körper schädigen Bakterien kommen überall vor, in der Luft, im Boden, im Wasser, auf Lebewesen und Gegenständen. Einige **Bakterien** sind Krankheitserreger. Bei Verletzungen der Haut, aber auch mit verunreinigter Nahrung oder über die Atemluft können sie in unseren Körper eindringen. Dann schädigen sie den Körper in zweifacher Weise: Sie zerstören Gewebe und scheiden giftige Stoffe aus. Meist gelingt es unserem Körper, gegen eingedrungene Bakterien Abwehrstoffe zu entwickeln, mit denen er die Ausbreitung der Bakterien verhindert.

Blutvergiftung Wenn sich einige Stunden nach einer Hautverletzung die Umgebung der Wunde rötet und die Wunde zu schmerzen beginnt, dann sind Bakterien eingedrungen. Die Gifte der Bakterien gelangen in das Blut. Eine Wundinfektion kann so für den ganzen Körper gefährlich werden. Höchste Alarmzeichen sind blaurote Streifen auf der Haut und pochende Schmerzen in der Nähe der Verletzung. ↑2 Das ist ein Zeichen für eine **Blutvergiftung**, die eine sofortige ärztliche Behandlung notwendig macht.

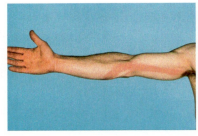

2 Ein blauroter Streifen zeigt eine Blutvergiftung an.

Tetanus Die Bakterien, die Wundstarrkrampf, auch **Tetanus** genannt, auslösen, können mit Straßenstaub oder Erde in offene Wunden gelangen. ↑3 Dort geben sie ein Gift ab, das sich über die Nerven ausbreitet. Die Folge sind schmerzhafte Krämpfe in den Muskeln. Ohne Behandlung kommt es zum qualvollen Tod durch Ersticken. Vor Tetanus schützt eine vorbeugende Impfung.

Bakterien
Blutvergiftung
Salmonellen
Tetanus

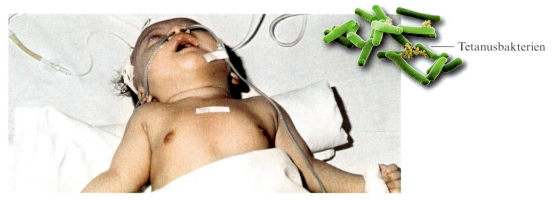

——— Tetanusbakterien

3 Kind an Tetanus erkrankt.

Salmonellenerkrankung Jedes Jahr erkranken viele Menschen, weil sie eine mit Bakterien verunreinigte Mahlzeit zu sich genommen haben. Bei diesen Bakterien handelt es sich um **Salmonellen**. Eine Salmonelleninfektion ist die häufigste Form der Lebensmittelvergiftung. Nach dem Verzehr verseuchter Lebensmittel verursachen die Bakterien Erbrechen und schlimme Durchfälle. ↑4 Weitere für die Krankheit typische Anzeichen sind Schwäche, Mattigkeit und Fieber. Erst nach einigen Tagen lassen die Beschwerden nach.

Merk dir! Krankheiten erregende Bakterien schädigen den Körper durch Zerstörung des Gewebes und durch ihre Gifte. Bei einer durch Bakterien verursachten Krankheit soll man möglichst rasch einen Arzt aufsuchen.

4 In diesem Eis können Salmonellen stecken.

Arbeitsaufträge

1 Befrage einen Arzt oder Apotheker, wie du kleine Wunden am besten versorgen kannst. Stellt Erste-Hilfe-Tipps zusammen und hängt Sie im Klassenzimmer aus.
2 Erstelle einen Steckbrief zu Tetanus. Beachte dabei die Punkte Krankheitserreger, Symptome, Krankheitsverlauf, Behandlung und Vorbeugung.

3 Im Zusammenhang mit bakteriellen Krankheiten wird oft das Wort „Antibiotikum" benutzt.
   a Finde mithilfe dieses Buchs heraus, was ein Antibiotikum ist.
   b Wofür wird ein Antibiotikum genutzt?

Bakterien auf der Spur

Bakterien sind nicht nur Krankheitserreger. Viele von ihnen sind auch nützlich. Milchsäurebakterien sind an der Erzeugung von Joghurt und Sauerkraut beteiligt. Im Darm des Menschen sorgen zahllose Bakterien für eine gut funktionierende Verdauung. Besonders wichtig sind sie für den Stoffkreislauf in der Natur, da sie abgestorbenes Material vollständig abbauen.

Im Lichtmikroskop kann man Bakterien gerade noch erkennen. Auf Nährböden kann man Bakterienkolonien züchten und damit sichtbar machen.

1

Kann man Bakterien sichtbar machen? – Beispiel Fingerabdrücke

Du brauchst: eine bakterienfreie Einweg-Petrischale mit Fertignährboden (Nährgelatine), Filzstift, Seife.

Sind auf meiner Hand Bakterien?

a Drücke die Fingerspitzen einer ungewaschenen Hand vorsichtig auf die Nährgelatine. ↑1 Schließe gleich danach die Petrischale

1 Fingerabdruck

ringsum mit einem Klebeband. ↑2 Beschrifte den Deckel.

Die Nährgelatine der zweiten Petrischale berührst du mit gewaschenen Fingern. Beide Petrischalen kommen in einen 30 °C warmen Brutschrank.

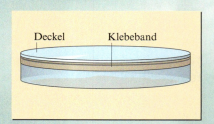

2 Für immer verschlossen!

Sicherheitshinweise

Beim Arbeiten mit Bakterien musst du folgende Hinweise unbedingt beachten:

• Während der Arbeit auf keinen Fall essen oder trinken!
• Anschließend die Hände gründlich mit Seife (besser: mit Handdesinfektionsmittel) waschen!
• Geräte, die mit Bakterien in Berührung kamen, vor dem Aufräumen durch Erhitzen sterilisieren!
• Die Tischplatte nach dem Experimentieren mit einem Desinfektionsmittel reinigen!

b Nimm die Petrischalen nach 24 Stunden wieder heraus. Nicht öffnen! Notiere die Ergebnisse. Nach der Auswertung werden die Einweg-Petrischalen vom Lehrer fachgerecht vernichtet. Bei Öffnen der Schalen besteht Infektionsgefahr !

c Warum dürfen die Petrischalen auf keinen Fall mehr geöffnet werden?

d Überlege, wie du Münzen oder andere alltägliche Gegenstände auf Bakterien hin untersuchen kannst.

2

Die Wirkung von Deostiften

Du brauchst: Petrischale mit Fertignährboden, Deostift.

Was bewirkt ein Deostift?

a Drücke deine Finger an zwei Stellen vorsichtig auf den Nährboden.
Lege auf eine Stelle ein Stückchen von einem Deostift.
Verschließe und verklebe die Petrischale.
Lege sie in den Brutschrank.

b Was stellst du nach einiger Zeit fest?
Notiere die Ergebnisse.

3 Welche Wirkung hat ein Deostift?

3

Sterilisieren von Lebensmitteln

Du brauchst: 3 Glasgefäße, Fleischbrühe, Watte.

Kann man die Vermehrung von Bakterien durch Erhitzen hemmen?

a Rühre mit Fleischbrühe eine Nährlösung an. Verteile die Nährlösung zu gleichen Teilen in 3 Glasgefäße. Verschließe eines der Gefäße mit einem Wattebausch. Die Nährlösungen in den beiden anderen Gefäßen werden kurze Zeit aufgekocht (sterilisiert). Danach bleibt eines der Gefäße geöffnet, das andere wird ebenfalls mit einem Wattebausch verschlossen.

b Werte den Versuch nach einer Woche aus. Rieche dazu vorsichtig an den 3 Glasgefäßen. Nenne Bedingungen, unter denen Lebensmittel von Bakterien befallen werden können.

c Informiere dich über Möglichkeiten, durch die man das Verderben von Lebensmitteln verhindern kann (Konservierungsverfahren).

4

Bakterien bei der Arbeit

Du brauchst: Trinkmilch, Buttermilch, Glasgefäße.

Was bewirken Bakterien in Milch?

a Gib zu einem halben Liter Trinkmilch einen Esslöffel frische Buttermilch. Stelle die Trinkmilch einen Tag an einen warmen Ort.

b Wie schmeckt die Milch jetzt? Warum soll die Milch an einem warmen Ort stehen?

c Informiere dich, wie man Joghurt selbst herstellen kann. Wenn du Frischmilch verwendest, musst du diese zuvor erhitzen. Kannst du herausfinden warum?

4 Sauermilchprodukte

Unser Körper kann sich wehren

1 Kind mit angeborener Immunschwäche

Dieses Kind hat eine sehr seltene Krankheit, nämlich eine angeborene Immunschwäche. Sein Körper kann sich nicht gegen Krankheitserreger wehren.
Woran liegt es, dass wir nicht unter einem Schutzanzug leben müssen?

Der äußere Abwehr Haut, Schleimhäute und Körperflüssigkeiten bilden einen äußeren Schutz. Flimmerhärchen transportieren Eindringlinge aus den Atemwegen heraus. Die Magensäure macht Bakterien unschädlich, die mit der Nahrung in den Körper gelangen. Aber auch der Speichel, die Tränenflüssigkeit im Auge sowie der Säure- und Fettmantel der Haut wirken desinfizierend, sie töten Erreger.

Die innere Abwehr – weiße Blutkörperchen Sind doch Erreger in den Körper gelangt, wird die innere Abwehr aktiv. Dabei arbeiten verschiedene **weiße Blutkörperchen** zusammen. ↑3 **Fresszellen** umschließen eingedrungene Erreger und lösen sie auf. ↑2 Sind sehr viele Erreger im Körper, bricht die Krankheit aus.

Die Fresszellen holen sich zusätzliche Hilfe Sind die Erreger in großer Anzahl vorhanden, aktivieren die Fresszellen die **Helferzellen**. Die Helferzellen lösen zwei Vorgänge aus. Zum einen werden über **Plasmazellen** Antikörper gebildet, zum anderen werden Killerzellen aktiviert. ↑4
Die gebildeten **Antikörper** bekämpfen die Erreger, indem sie sich an die Erreger binden. Die **Killerzellen** zerstören befallene Körperzellen. Die Fresszellen beseitigen dann die Antikörper samt Erreger und die zerstörten Körperzellen. ↑4

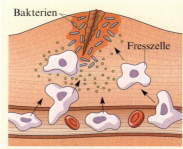

Fresszellen treffen auf die eingedrungenen Erreger.

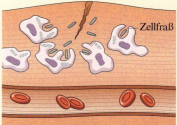

Die Erreger werden durch Zellfraß vernichtet.

2 Fresszellen

Gedächtniszellen verhindern einen erneuten Krankheitsausbruch Plasmazellen können auch **Gedächtniszellen** bilden. Dringen die gleichen Erreger noch einmal in den Körper, bilden die Gedächtniszellen sofort Antikörper. Dann bricht die Krankheit erst gar nicht aus. Der Körper ist gegen diese Erreger dann immun. Äußere und innere Abwehr arbeiten als **Immunsystem** zusammen.

Antikörper
Fresszellen
Gedächtniszellen
Helferzellen
Immunsystem
Killerzellen
Plasmazellen
weiße Blutkörperchen

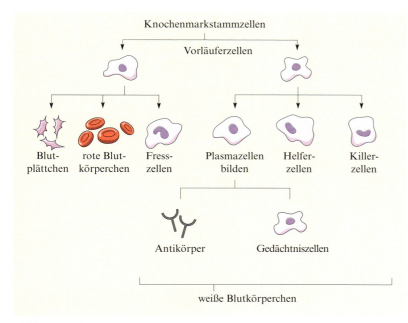

3 Übersicht Blutzellen

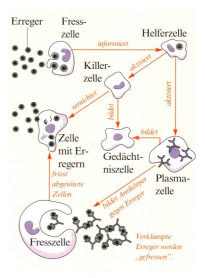

4 Die weißen Blutkörperchen bei der Abwehr.

Merk dir! **Das Immunsystem des Menschen schützt vor Fremdkörpern und Krankheitserreger. Zum Immunsystem gehören alle an der körpereigenen Abwehr beteiligten Organe und Zellen.**

Arbeitsaufträge

1 Bei einer Verletzung auf dem Fußballplatz sind Bakterien in den Körper eingedrungen. Erkläre mithilfe der Abbildung 2, wie sich der Körper gegen Bakterien wehren kann.

2 Abbildung 4 zeigt, wie unsere Körperabwehr im Kampf gegen die eingedrungenen Krankheitserreger arbeitet. Schreibe einen Text zu folgenden Fragen in dein Heft:

   a Wer macht eingedrungene Erreger unschädlich?

   b Welche Aufgaben haben die verschiedenen weißen Blutkörperchen?

   c Welche Rolle spielen die Antikörper?

Hilfe für die Körperabwehr

1 Kevin und Patrick

Kevin hat Windpocken. In die Schule darf er nicht, damit er seine Mitschüler nicht ansteckt. Sein Bruder Patrick aber besucht ihn in seinem Zimmer. Er hat keine Angst davor, sich anzustecken. Er hatte die Windpocken im letzten Jahr.
Ist es sicher, dass sich Patrick nicht doch bei seinem Bruder ansteckt?

Kinderkrankheiten im Vergleich An **Windpocken** erkranken drei Viertel aller Kinder unter 15 Jahren. Zwei Wochen nach einer Ansteckung treten die typischen Krankheitsanzeichen auf. Neben Kopfschmerzen und leichtem Fieber sind das vor allem juckende und nässende Pusteln auf der Haut. Schon zehn Tage später klingen die Symptome wieder ab. Wer einmal Windpocken überstanden hat, ist meist lebenslänglich vor ihnen geschützt.

Bei der **Diphtherie** verläuft die Erkrankung nicht so einfach. Die Diphtherie ist eine ansteckende, von Bakterien ausgelöste Infektionskrankheit. Die Bakterien produzieren ein Gift, das die oberen Schleimhautschichten der Nase und des Rachens zerstört und verfestigt. ↑2 Das Bakteriengift kann auch andere Organe schädigen. Vor hundert Jahren verbreitete die Krankheit Angst und Schrecken, weil fast die Hälfte der Erkrankten starb, darunter meist Kinder.

2 Krankheitsbild Diphtherie

 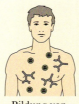 

| Impfung mit abgeschwächten Erregern | Bildung von Antikörpern | Aktive Immunität (lang andauernd) | Bei Infektion: Abwehrreaktion |

3 Aktive Immunisierung

Zweierlei Impfungen Dass Diphtherie fast ganz verschwunden ist, verdanken wir der vorbeugenden **Impfung**. Eine solche Impfung muss erfolgen, bevor man sich angesteckt hat. Bei einer vorbeugenden Impfung werden abgeschwächte oder abgetötete Erreger gespritzt. Das Immunsystem bildet daraufhin selbst Antikörper und legt Gedächtniszellen an. ↑3 Deshalb heißt die Schutzimpfung auch **aktive Immunisierung**. Diese Impfung bietet über Jahre hinweg Schutz gegen eindringende Erreger. Im Laufe der Jahre sinkt die Zahl der Antikörper im Blut. Eine Auffrischungsimpfung führt zu erneuter Antikörperbildung. Eine vorbeugende Schutzimpfung wird vor allem gegen gefährliche Krankheiten empfohlen.

Ist eine Krankheit, zum Beispiel eine Hirnhautentzündung, schon ausgebrochen, kann eine andere Art von Impfung helfen. Dem Erkrankten werden dabei Antikörper gespritzt. ↑4 Die Antikörper hat man zuvor aus dem Blut von Tieren gewonnen. Das eigene Immunsystem ist nicht an der Abwehr beteiligt, es bleibt also „passiv". Diese Impfung heißt daher auch **passive Immunisierung**. Der Impfschutz hält dabei nur kurze Zeit an.

Die Gefahren kehren zurück Viele Seuchen früherer Zeiten wie beispielsweise die Pest sind bei uns ausgerottet. ↑5 Auch Tetanus, Typhus, Kinderlähmung oder Tollwut kennen die meisten Menschen nicht mehr. Dass diese Krankheiten so gut wie verschwunden sind, verdanken wir vor allem dem Impfen. In letzter Zeit besitzen aber immer weniger Jugendliche einen ausreichenden Impfschutz. Deshalb tauchen plötzlich längst verschwundene Krankheiten wieder auf.

Merk dir! Die Impfung mit abgetöteten oder abgeschwächten Krankheitserregern wird aktive Immunisierung genannt. Das Impfen mit Antikörpern heißt passive Immunisierung.

---

aktive Immunisierung
Diphtherie
Impfung
passive Immunisierung
Windpocken

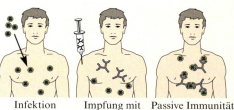

Infektion   Impfung mit   Passive Immunität
             Antikörpern   (zeitlich befristet)

4 Passive Immunisierung

5 Pestarzt in Schutzkleidung

Arbeitsaufträge

1 Gegen Windpocken impft man in der Regel nicht.
  a Kannst du dafür eine Erklärung finden?
  b Begründe, warum Patrick nicht ein zweites Mal an Windpocken erkranken wird?

2 Betrachte die Abbildungen 3 und 4 über die verschiedenen Impfverfahren.
  a Erkläre den Unterschied zwischen aktiver und passiver Immunisierung. Notiere dir dazu Stichworte in dein Heft.

b Warum bietet die passive Immunisierung keinen dauerhaften Schutz?

3 Schau in deinem Impfausweis nach.
  a Gegen welche Krankheiten wurdest du geimpft?
  b Besorge dir Informationen über die Krankheiten, gegen die du geimpft worden bist.

Gute Besserung durch Heilmittel

1 Alexander Fleming

Penicillin – ein Antibiotikum

Der schottische Wissenschaftler Alexander Fleming machte im Jahr 1928 eine wichtige Entdeckung. ↑1 Er stellte fest, dass der Schimmelpilz Penicillium einen Stoff abgibt, der das Wachstum von Bakterien hemmt. ↑2 Diesen Stoff nennt man Penicillin. Man gewinnt ihn heute industriell in großem Umfang als Heilmittel. In den Jahrzehnten nach seiner Entdeckung trug Penicillin zur Rettung unzähliger Menschenleben bei.

Inzwischen hat man weitere ähnlich wirkende Stoffe gefunden. Sie alle bezeichnet man als Antibiotika, weil sie gegen lebende Bakterien wirksam sind (*anti:* gegen; *bios:* Leben). Antibiotika töten Bakterien oder hemmen ihre Vermehrung, ohne dabei den Körper des Menschen nachhaltig zu schädigen.

Ob man ein Antibiotikum nehmen muss, sollte in jedem Fall der Arzt entscheiden. Die Einnahme muss dann genau nach Anweisung erfolgen und darf nicht vorzeitig abgebrochen werden.

Gegen Viren helfen Antibiotika nicht. Noch gibt es so gut wie keine Heilmittel gegen Viren. Der Körper muss sich selbst helfen. Gegen gefährliche Virenerkrankungen hilft nur die aktive Immunisierung.

2 Bakterienkultur mit Penicillium und „Penicillinhof"

Arzneien

Arzneimittel können dazu beitragen, schwere Krankheiten zu heilen oder zu lindern. Da sie aber Giftstoffe enthalten, kann ein Zuviel von ihnen dem Körper auch Schaden zufügen. Um das Risiko durch Nebenwirkungen zu vermindern, ist es wichtig, Arzneimittel immer nach den Anweisungen des Arztes einzunehmen. ↑3

3 Arzneimittel werden in Apotheken verkauft.

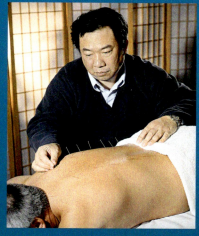

4 Akupunkturbehandlung

Alternative Heilmethoden

Naturheilverfahren haben eine sehr alte Tradition. Sie verfolgen das Ziel, die Selbstheilungskräfte des Körpers zu stärken. Dabei werden nicht einzelne Krankheitsanzeichen behandelt, sondern der ganze Mensch steht im Mittelpunkt des Heilverfahrens.

Akupunktur ist eine uralte Behandlungsmethode der chinesischen Medizin. Dabei werden an bestimmten Akupunkturpunkten Nadeln eingestochen. ↑4 Die Akupunktur soll den Energiefluss im Körper wieder herstellen. Vielen Menschen konnte mit dieser Behandlung schon geholfen werden.

Alte Hausmittel

Schon bevor Arzneimittel jederzeit in der Apotheke zu bekommen waren, kannten viele Menschen Rezepte, mit denen man Erkrankungen heilen konnte. Heute verwenden immer mehr Menschen wieder solche Hausmittel aus „Omas Apotheke". So kann man zum Beispiel Wadenwickel zur Linderung bei starkem Fieber einsetzen. ↑5

Pflanzen helfen heilen

Auch bestimmte Wildpflanzen können arzneiähnliche Wirkstoffe enthalten. Anis- und Fencheltee lösen Schleim in den Atemwegen, Kamille hemmt Entzündungen und Zwiebelsaft lindert den Juckreiz bei Insektenstichen. Sanddorn enthält viel Vitamin C und wird daher bei Erkältungskrankheiten eingenommen. ↑6 Aber auch hier ist Vorsicht geboten: Beispielsweise enthalten die Pflanzenteile des Fingerhutes einen Wirkstoff, der als Herzmittel hilft, der aber bei einer zu hohen Menge tödlich ist.

Naturheilmittel – selbst gemacht

Wer selbst Heilpflanzen sammeln will, sollte Folgendes beachten: Sammle nur die Heilpflanzen, die du genau kennst! Nimm keine Pflanzen vom Straßenrand! Sammle keine geschützten Pflanzen! Verwende die gesammelten Pflanzen möglichst bald.

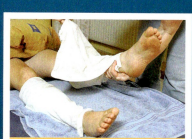

Stofftuch in handwarmes Wasser tauchen, auswringen und um die Waden wickeln. Um jedes Bein ein weiteres, jetzt aber trockenes Handtuch wickeln. Die feuchten Wickel dann alle 10 bis 15 Minuten erneuern. Um einen Wärmestau zu vermeiden, sollten die Unterschenkel nicht zugedeckt werden.

5 Wadenwickel

6 Sanddorn

Viele Jugendliche behaupten, Safer Sex zu machen – und wenn sie auf einer Party oder in der Disko erst mal was getrunken haben, sind alle guten Vorsätze vergessen. Aids nicht ernst zu nehmen ist gefährlich, denn es geht uns alle an. Jedes Jahr steigt die Zahl der Ansteckungen. Ende 2007 lebten in Deutschland etwa 59 000 HIV-positive Menschen. Davon sind rund 9 500 Menschen an Aids erkrankt.

Eine HIV-Infektion ist nicht sichtbar.

Ich kann das Thema Aids nicht mehr hören!

Über HIV, Aids, Safer Sex und Verantwortung zu sprechen ist schwer und mit vielen Tabus behaftet.

1 Wegsehen, Verschweigen und Weghören kann dein Leben kosten.

Aids – das geht dich an!

Was ist Aids? Aids ist eine Infektionskrankheit, die das Immunsystem schwächt. Der Name Aids kommt aus dem Englischen von *acquired immune deficiency syndrome*, was übersetzt erworbenes Immunschwächesyndrom heißt. Der Erreger ist das HI-Virus,

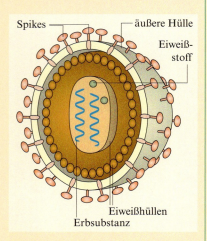

Spikes   äußere Hülle

Eiweißstoff

Eiweißhüllen
Erbsubstanz

2 HI-Virus

engl. *human immunodeficiency virus*. ↑2

Was ist der Unterschied zwischen HIV-positiv und Aids? Menschen, bei denen das Virus nachgewiesen werden kann, sind HIV-positiv. Unmittelbar oder wenige Wochen nach der Infektion können grippeähnliche Beschwerden auftreten. Nach ihrem Abklingen fühlen sich die Betroffenen gesund. Die beschwerdefreie Zeit kann sich über Jahre hinziehen. Menschen, die HIV-positiv sind, können andere Menschen anstecken. Von Aids spricht man aber erst, wenn die Krankheit mit all ihren Beschwerden voll ausbricht. Im Laufe der Zeit bricht dabei

das Immunsystem zusammen. Der Körper kann sich gegen Erreger nicht mehr zur Wehr setzen. Der Aidskranke stirbt an Infektionen, zum Beispiel an Lungenentzündung oder an Krebs, der sich ungestört in seinem Körper ausbreiten kann.

Was passiert nach einer HIV-Infektion im Körper? Wer sich mit dem Virus angesteckt hat, hat es nach einiger Zeit in vielen Körperflüssigkeiten, wo es sich weiter vermehrt. Das gefährliche an dem HI-Virus ist, dass es die Helferzellen befällt. ↑3 Damit wird eine wichtige Stelle in der Abwehrreaktion ausgeschaltet. Das HI-Virus kann sich ungestört vermehren.

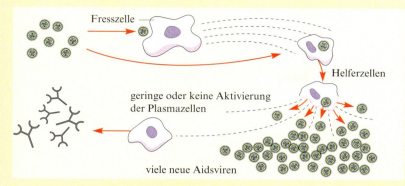

Fresszelle

Helferzellen

geringe oder keine Aktivierung
der Plasmazellen

viele neue Aidsviren

3 Das HI-Virus befällt Helferzellen.

Ist Aids heilbar? Die heutigen Medikamente können verhindern, dass sich das HI-Virus vermehrt und im menschlichen Körper weiter ausbreitet. Sie können damit die Erkrankung in einem gewissen Maß zum Stillstand bringen. Bis heute ist es jedoch nicht möglich das Virus vollständig zu zerstören und endgültig aus dem Körper zu entfernen. Aids ist nicht heilbar. Die Betroffenen müssen lebenslang behandelt werden. Auch wurde noch kein wirksamer Impfstoff gefunden.

Wo stecken die Viren im Körper eines HIV-Positiven? Bei Männern findet man große Mengen Viren im Blut und im Sperma. Bei Frauen im Blut, in der Scheidenflüssigkeit und in der Muttermilch.

Poppt sicher!

GIB AIDS KEINE CHANCE

mach's mit

4 Plakat zur Aufklärung über Aids

Wie kommt es zu einer Ansteckung? Zu einer Ansteckung kommt es, wenn diese Körperflüssigkeiten mit den Schleimhäuten oder der Blutbahn einer anderen Person in Kontakt kommen. Dies ist immer der Fall, wenn ein Geschlechtsverkehr ohne Kondom ausgeübt wird. Der Analverkehr ist besonders

gefährlich, weil die Darmschleimhaut leicht verletzt werden kann. Auch beim Oralverkehr kann eine Ansteckung erfolgen. Drogensüchtige, die gemeinsam eine Spritze benutzen, können sich anstecken. Auch bei einem Kontakt mit dem Blut eines Infizierten könnte das Virus übertragen werden. Schutzhandschuhe sind deswegen bei der Versorgung von blutenden Verletzten wichtig.

Wann ist keine Ansteckung zu befürchten? Durch das gemeinsame Benutzen von Geschirr ist keine Ansteckung möglich. Auch in Schwimmbädern und auf Toiletten besteht keine Gefahr, sich mit dem HI-Virus anzustecken. Umarmungen, Händeschütteln und Küsse bleiben ebenfalls ohne gesundheitliche Folgen.

5 Keine Ansteckungsgefahr

Arbeitsaufträge

1 Wie kannst du dich mit dem HI-Virus anstecken? Schreibe alle Möglichkeiten auf, die es gibt.
2 Menschen, die sich angesteckt haben, ahnen manchmal gar nichts davon. Welche Gefahr geht dann von ihnen aus?
3 Stelle Regeln auf, die du vor einem Geschlechtsverkehr beachten solltest. Informiere dich im Internet unter www.machsmit.de
4 Am 1. Dezember ist Welt-Aids-Tag. Welche Bedeutung hat er und wann wurde er zum ersten Mal ausgerufen?

Belastungen bewältigen

1 Auch Schüler fühlen sich oft gestresst.

Im Alltag sind wir ständig Belastungen ausgesetzt. Mancher von uns kann unter Druck richtig gut arbeiten, manchen fällt dann gar nichts mehr ein. ↑1 Unser Herz reagiert auf die Belastungen. Können wir unseren Körper unterstützen?

Stress – schadet er oder nützt er? Alle kennen ihn, fast alle haben ihn: Stress! Wer in unseren Zeiten keinen Stress hat, mit dem stimmt doch etwas nicht, oder? Nur wer Stress hat, der gehört dazu. Dabei ist mit Stress nicht zu spaßen. Stress ist zwar einer der wirksamsten Antriebe für unser Handeln und befähigt uns dazu, Leistungen zu vollbringen. Zu viel und zu lang anhaltender Stress kann jedoch auch krank machen. Es gibt also positiven und negativen Stress. Negativer **Stress** ist neben Rauchen, hohem Blutdruck, falscher Ernährung und Bewegungsmangel die wichtigste Ursache von **Herz-Kreislauferkrankungen.**

2 Wer Stress hat schläft oft schlecht.

Reaktion des Körpers Während in Ruhe das Herz bis zu 80-mal in der Minute schlägt, steigert sich bei Arbeit oder Stress die **Herztätigkeit**. Die Zahl der Herzschläge pro Minute nimmt zu. Der Herzmuskel wird durch diese Mehrarbeit belastet. Bis zu einem gewissen Maß passt sich der Körper an die Belastungen an. Ist die Belastung zu groß, wird der Körper krank. Ein Herzinfarkt kann die Folge sein. Übermäßige Belastung kann sich auch in Schlafstörungen, Interessenlosigkeit, Aggressivität, Appetitlosigkeit oder Heißhunger äußern. ↑2

3 Sport macht fit.

Vorbeugung hilft Mit Sport und Bewegung kann man Herz-Kreiskauf-Erkrankungen vorbeugen. Besonders geeignet sind Sportarten, die Ausdauer verlangen, wie zum Beispiel Radfahren oder Joggen. ↑3 Jeder sollte einmal pro Tag wenigstens 10 Minuten trainieren. Bei körperlicher Anstrengung schlägt das Herz schneller und kräftiger. Auf diese Weise wird der **Herzmuskel** gestärkt.

Entspannungstechniken
Herz-Kreislauferkrankungen
Herzmuskel
Herztätigkeit
Stress

Bewältigung von Stress Jeder Mensch ist anders. Ein Ereignis, das den einen fürchterlich aufregt und in große Wut versetzt, bringt vielleicht den anderen gar nicht aus der Ruhe. Für die Bewältigung von Stresssituationen gibt es mehrere Tipps: Alex versucht seinen Stress zu verringern, indem er zum Beispiel den Wecker früher stellt. So braucht er keine Angst haben, wieder zu spät zu kommen. Lena schaltet das ständig klingelnde Handy aus. Jeder kann Methoden erlernen, die eigene Stressreaktion selber zu beeinflussen. Manchmal hilft, sich abzulenken, bewusst an etwas Angenehmes zu denken oder einfach erst mal tief durchzuatmen. Langfristig kann man versuchen, durch eine gute Planung der Aktivitäten Stress zu vermeiden. Auch **Entspannungstechniken** wie Yoga können helfen oder regelmäßig für einen angenehmen Ausgleich sorgen, indem man zum Beispiel Sport macht oder mit Freunden zusammen ist. ↑4

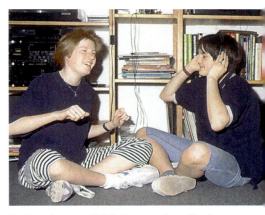

4 Gemeinsame Erlebnisse machen Spaß.

Merk dir! Stress gehört zum Leben. Unser Herz-Kreislaufsystem wird dadurch belastet. Bei zu viel oder zu lang anhaltendem Stress besteht die Gefahr der Überforderung. Stressbewältigung lässt sich trainieren.

Arbeitsaufträge

1 Zähle die Atemzüge und Pulsschläge in Ruhe und direkt nach einem 200-Meter-Lauf. Vergleiche die Werte und erkläre. ↑5
2 Bei gut trainierten Personen beschleunigen der Puls und sie Atmung nicht so rasch. Erkläre dieses Phänomen.
3 Bei Stressereignissen fällt das Denken schwer, das Herz schlägt schneller, der Blutdruck steigt und man hat plötzlich keinen Appetit mehr. Nenne weitere Symptome, die du von dir kennst.
4 Informiere dich über verschiedene Arten von Entspannungsübungen.

5 Ein schneller Lauf ist körperlich anstrengend.

→ Grippe ist eine ansteckende Krankheit. Eine solche Infektionskrankheit verläuft immer in ähnlichen Schritten: Ansteckung, Inkubationszeit, Ausbruch der Krankheit und Gesundung. ↑S. 152

Gesund sein – Krankheiten abwehren – auf einen Blick

→ Viele Infektionskrankheiten sind ansteckend. Dabei werden Krankheitserreger wie Viren, Bakterien oder Pilze von Mensch zu Mensch übertragen. ↑S. 154

→ Einige Bakterien verursachen Krankheiten. Dabei schädigen sie unseren Körper doppelt: Sie zerstören das gesunde Gewebe und bilden zudem giftige Stoffe. ↑S. 156

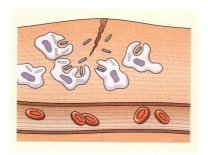

→ Das Immunsystem schützt den Körper vor Krankheitserregern. ↑S. 160

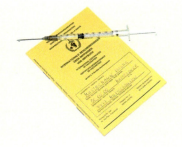

→ **Impfstoffe und Heilmittel unterstützen die Körperabwehr.** ↑S. 162, 164

→ **Aids ist eine Immunschwächekrankheit.
Der Erreger ist das HI-Virus. Mit Kondomen
kann man sich vor Ansteckung
schützen.** ↑S. 166

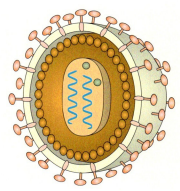

→ **Stress gehört zum Leben.
Ihn zu bewältigen, kann man
erlernen.** ↑S. 168

Arbeitsaufträge

1 Richtig oder falsch? Begründe.
   a Alle Bakterien sind Krankheitserreger.
   b Krankheiten werden immer von Krankheitserregern verursacht.
   c Inkubationszeit ist die Zeit zwischen Ansteckung und Ausbruch der Krankheit.
   d Infektionskrankheiten sind ansteckende Krankheiten.
   e Antibiotika helfen nur gegen Bakterien.
   f Bei der passiven Immunisierung werden abgeschwächte Krankheitserreger geimpft.

1 Erkläre die Infektionskrankheit Grippe.

  a Nenne die typischen Symptome einer Grippe.

  b Beschreibe mithilfe von Abbildung 1 den Verlauf der Fieberkurve einer Grippe. Verwende daher die Begriffe Ansteckung, Inkubationszeit, Erkrankung und Gesundung.

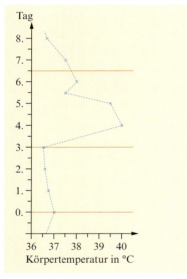

1

2 Unterschiedliche Krankheitserreger können Infektionskrankheiten hervorrufen.

  a Beschreibe die Gemeinsamkeiten von Infektionskrankheiten.

  b Nenne einige Erreger von Infektionskrankheiten.

  c Ordne einigen Krankheitserregern entsprechende Infektionskrankheiten zu.

  d Welche möglichen Übertragungswege von Krankheitserregern gibt es?

3 Auf welche Weise schädigen die Krankheitserreger unter den Bakterien den Menschen? ↑3

2

4 Unser Körper kann sich gegen Krankheitserreger wehren.

  a Welche Teile gehören zum Immunsystem des Körpers?

  b Weiße Blutkörperchen haben bei der Abwehr von Krankheitserregern unterschiedliche Aufgaben. Nenne die verschiedenen Aufgaben.

  c Masern und Windpocken sind typische Kinderkrankheiten. Woran liegt es, dass Erwachsene später diese Krankheit meist nicht mehr bekommen?

5 Das Impfen ist eine wichtige Maßnahme zur Gesunderhaltung.

  a Erkläre, gegen welche Krankheitserreger man sich am besten vorbeugend impfen lässt.

  b Bei der passiven Immunisierung werden dem Erkrankten Antikörper gegen die Krankheitserreger gespritzt. Was sollen die Antikörper bewirken?

  c Bei einer aktiven Immunisierung geht man anders vor. Was enthält der Impfstoff in diesem Fall?

  d Warum dürfen bei einer schon bestehenden Erkrankung keine abgeschwächten oder abgetöteten Erreger gespritzt werden?

6 Aids ist eine Immunschwächekrankheit.

   a Erkläre anhand von Abbildung 3, welche Zellen des Immunsystems bei Aids ausfallen.

   b Welche Folgen hat das für den Betroffenen?

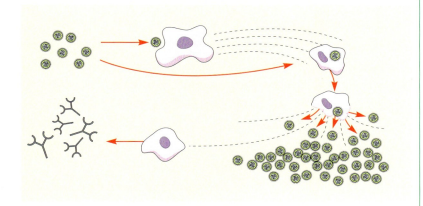

3

7 Vorbeugen ist besser als heilen. Wie kann man Krankheiten vorbeugen?

Ordne deiner Lösung im Heft ein Smiley zu:
☺ Ich habe die Aufgabe richtig lösen können.
☺ Ich habe die Aufgabe nicht komplett lösen können.
☹ Ich habe die Aufgabe nicht lösen können.

Erwachsen werden

Das Wachsen ist nicht so schwer, das kommt meist von allein. Mit dem Erwachsenwerden sieht das schon anders aus. In der Pubertät spielen die Hormone verrückt. Aus Kindern werden Erwachsene, die selbst wieder Kinder bekommen können.

1 Verliebt sein? Liebe – was ist das? ↑S. 176

2 Sexualität beginnt im Kopf. Was soll das denn heißen? Und was sind eigentlich Hormone? ↑S. 178

3 Wie wirken die Hormone in meinem Körper? ↑S. 180

4 Liebe, Sex und Zärtlichkeit. Was passiert im Körper während des Geschlechts-verkehrs? ↑S. 182

5 Schwangerschaftsverhütung – eine Aufgabe beider Partner. Welche Mittel und Methoden gibt es? ↑S. 184

6 Was passiert im Körper einer Schwangeren? ↑S. 188

7 Schwanger – was nun? ↑S. 190

8 Elternwerden ist nicht schwer, Elternsein dagegen sehr. Was bedeutet es, Verantwortung für ein Kind zu haben? ↑S. 192

Wenn die Gefühle Achterbahn fahren

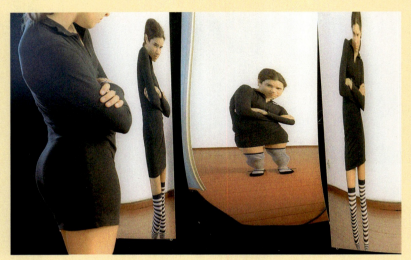

1 Was ist bloß los mit mir?

Mal schwebe ich über den Wolken, mal würde ich mich gerne in einem Sack verstecken. Mal fühle ich mich wunderschön, dann wieder wie das hässliche Entlein. Und dann die Blicke der Jungen. Noch dazu der Ärger mit meinen Eltern. Was ist bloß los mit mir?

Die Achterbahn der Gefühle In der **Pubertät**, zwischen dem 10. und 16. Lebensjahr, fahren nicht nur deine **Gefühle** Achterbahn. Dein Körper verändert sich. Jungen beginnen sich für Mädchen zu interessieren und umgekehrt.

„Mensch, hat der aber eine gute Figur …!“ – *„Die sieht aber wirklich süß aus!“* Miteinander flirten steht auf der Tagesordnung. ↑2

Und dann taucht genau der oder die auf, bei dem du in den siebten Himmel gerätst. Schmetterlinge im Bauch, Herzklopfen und die Sehnsucht, dem anderen nahe zu sein, sind jetzt nur noch wichtig. Verliebt zu sein ist eine Äußerung deiner **Sexualität**.

2 Flirten, Kontakt aufnehmen – aufregend!

Total verknallt Ein Blick und irgendwie ist alles klar. Die Luft ist aufgeheizt, wie vor einem Sommergewitter. Du bist total verliebt. ↑3 **Liebe** ist etwas sehr Persönliches. Jeder empfindet Liebe anders, allen gemeinsam ist das Gefühl der Harmonie, der Gemeinsamkeit und das Verlangen nach Zärtlichkeit.

Vielleicht habt ihr schon in der Clique oder mit Freunden darüber gesprochen, wie es ist, das erste Mal verliebt zu sein. Lena beschreibt das so: *„Ich war immer gut gelaunt, hatte Schmetterlinge im Bauch, war nicht mehr allein, freute mich immer, den anderen zu sehen, dachte immer an meinen Freund und fühlte mich ein bisschen wie eine Heldin.“*

3 Total verliebt

4 Liebe ist …?

Bisexualität
Gefühle
Homosexualität
Liebe
Pubertät
Sexualität

Ohne Liebe keinen Sex?
Intime Zärtlichkeiten auszutauschen, dem anderen ganz nah zu sein und eventuell eine sexuelle Partnerschaft einzugehen gewinnen bei Verliebten immer mehr an Bedeutung. Die Umfrage einer Jugendzeitschrift ergab Folgendes: Jungs sind beim Sex etwas unromantischer als Mädchen, so konnten sich 12% der Jungen und nur 6% der Mädchen auch Sex ohne Liebe vorstellen. Für die Mehrheit der Jugendlichen gehören aber Liebe und Sex zusammen.

Warum gerade der oder die …? Wenn du dich in jemanden verliebst, dann sind seine Ausstrahlung und Anziehungskraft wichtig. Aber nicht nur das Aussehen, sondern auch wie er mit dir umgeht und ob er dich ernst nimmt, spielen eine große Rolle.

Wie die Liebe so spielt Alex ist total verknallt in Lena und Tim. Tim steht auf Tarek. Wie bitte? Richtig, es gibt Menschen, die sich von Personen beiderlei Geschlechts angezogen fühlen – man spricht hier von **Bisexualität** – oder die sich von einer Person gleichen Geschlechts angezogen fühlen – von **Homosexualität**. ↑5 Bei Männern spricht man dann auch von „schwul sein", bei Frauen von „lesbisch sein".

Merk dir! Jeder empfindet Liebe anders. Zudem gibt es auch verschiedene Arten der Sexualität: gleichgeschlechtliche Liebe und die Liebe zum anderen Geschlecht.

5 Liebe hat viele Gesichter.

Arbeitsaufträge

1 Ergänze folgenden Satz: Meine Traumfrau/ Mein Traummann sollte … sein. Finde jeweils mindestens acht Eigenschaften.
2 Malt ein Herz mit zwei Hälften, schreibt links die schönen Seiten des Verliebtseins hinein, rechts, was nicht so schön ist.
3 Oft hört man bei Stars, sie hätten ihr „Coming-out" gehabt. Informiere dich und erkläre den Begriff.
4 Erkläre die Begriffe Homosexualität, Bisexualiät und Heterosexualität.
5 Würdest du deinen Freunden erzählen, wenn du homosexuell wärst? Begründe deine Entscheidung.

Hormone in Aktion

Anna erinnert sich, dass mit zwölf Jahren ihr Busen plötzlich anfing zu wachsen. „Ich wollte ihn verstecken, keiner sollte etwas merken. Es war mir nur peinlich." Welche körperlichen Veränderungen finden in der Pubertät statt und wodurch werden sie verursacht?

1 In der Pubertät verändert sich der Körper.

Sexualität beginnt im Kopf Das Gehirn und die Hormondrüsen regeln die Entwicklungsvorgänge bei Mädchen und Jungen. Das Zwischenhirn regt die **Hirnanhangsdrüse** (Hypophyse) an, Hormone in den Blutkreislauf zu geben. ↑2 Auf diese Weise gelangen diese Hormone bei den Mädchen zu den Eierstöcken, bei den Jungen zu den Hoden. ↑3 In den Eierstöcken veranlassen sie die Produktion der **Geschlechtshormone Östrogen** und **Progesteron**. Diese sind für den Aufbau der Gebärmutterschleimhaut während des Regelzyklus verantwortlich.

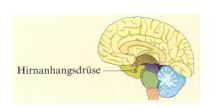

2 Hirnanhangsdrüse

3 Hormonelle Steuerung der Entwicklung

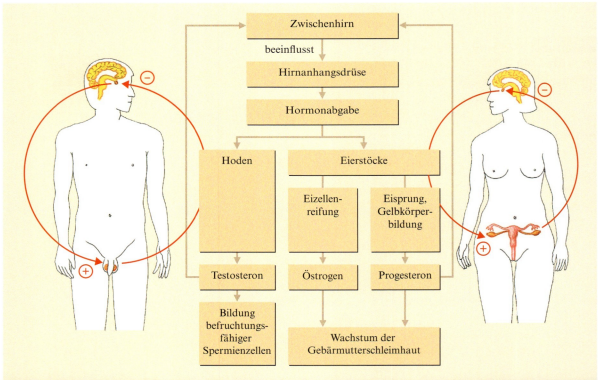

Bei den Jungen wird in den Hoden die Produktion von **Testosteron** veranlasst. Dieses männliche Geschlechtshormon bewirkt die Bildung von Spermienzellen.

	Vom Mädchen zur Frau	Vom Jungen zum Mann
Geschlechts-spezifische Veränderungen	• Die Brüste entwickeln sich. • Die Hüften werden runder und breiter. • Die Eierstöcke werden größer. • In ihnen reifen die Eizellen heran. • Die Regelblutung beginnt.	• Die Stimme wird tiefer. • Die Barthaare beginnen zu wachsen. • Schultern und Brustkorb werden breiter. • Penis und Hoden werden größer. • In den Hoden werden die Spermienzellen gebildet.
Gemeinsame Veränderungen	• Der Wachstumsschub beginnt. • Das Gesicht verändert sich. • Die Achselbehaarung entwickelt sich. • Die Schambehaarung entwickelt sich.	

Bei Mädchen und Jungen bewirken diese Geschlechtshormone zudem auch die körperlichen Veränderungen, wie Brustwachstum und Schambehaarung.

Ein komplizierter Regelkreis Damit nicht unendlich viele Geschlechtshormone gebildet werden, bekommt das Zwischenhirn eine Rückmeldung, wenn genügend Hormone vorhanden sind. Dies veranlasst dann die Hirnanhangsdrüse, die Hormonproduktion einzustellen. Diesen Vorgang nennt man **Regelkreis**. ↑4

Pubertätsverlauf Weil die Hormone bei jedem Menschen zu einer anderen Zeit aktiv werden, setzt die Entwicklung auch bei jedem im unterschiedlichen Alter ein. Auch die Dauer der Pubertät ist individuell. Mit ungefähr 17 Jahren ist die körperliche Entwicklung bei den meisten abgeschlossen.

Merk dir! Geschlechtshormone verändern das äußere Erscheinungsbild und regen Reifeprozesse im Körper an. Sie werden in Hormondrüsen gebildet.

**Geschlechtshormone
Hirnanhangsdrüse
Östrogen
Progesteron
Regelkreis
Testosteron**

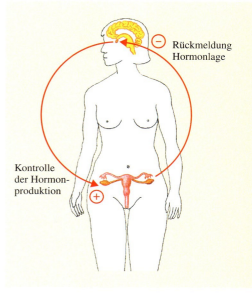

Rückmeldung Hormonlage

Kontrolle der Hormon-produktion

4 Der Regelkreis der Geschlechtshormone

Arbeitsaufträge

1 Erstelle eine Tabelle mit den Geschlechtshormonen bei Frau und Mann und notiere, was sie jeweils bewirken.

2 Fertige eine Mindmap zu den körperlichen Veränderungen in der Pubertät bei Mädchen und Jungen an.

3 Erkläre den Begriff Regelkreis am Beispiel der weiblichen und männlichen Geschlechtshormone.

Die Regelblutung

1 Sind wir nun Frauen?

Lena dachte schon, mit ihr stimmt etwas nicht. Alle ihre Freundinnen haben ihre Regel schon, nur sie nicht. Aber letzte Woche war es endlich so weit.
Was passiert während einer Regelblutung?

Die Regelblutung Das erste Mal seine Regelblutung zu bekommen ist ein wichtiges Erlebnis im Leben eines Mädchens. Alle Mädchen haben von Geburt an ca. 400 000 Eibläschen in ihren Eierstöcken, das sind unreife Eizellen. Bevor ein Mädchen ihre Regelblutung bekommt, bewirken die in der Hirnanhangsdrüse gebildeten Hormone, dass im **Eierstock** eine **Eizelle** heranreift. Beim **Eisprung** gelangt die reife Eizelle in den Eileiter. ↑2, 3 Einige Mädchen können den Eisprung durch ein Ziehen im Unterbauch spüren. Jetzt besteht für 24 Stunden die Möglichkeit, dass die Eizelle von einer Spermienzelle befruchtet wird. ↑3 Die Hülle der Eizelle beginnt das Geschlechtshormon **Östrogen** zu bilden. Das Östrogen wirkt auf die **Gebärmutterschleimhaut** und lässt diese viermal so dick werden. So kann sich die Eizelle, wenn sie befruchtet wurde, einnisten.

Nach dem Eisprung wandelt sich die aufgeplatzte Eihülle zum Gelbkörper um und bildet das Hormon **Progesteron**. Dieses lässt die Gebärmutterschleimhaut noch dicker werden. Wird die Eizelle nicht von einer Spermienzelle befruchtet, löst sich der Gelbkörper auf. Es wird kein Progesteron mehr gebildet. Die Gebärmutterschleimhaut beginnt sich nun abzulösen und wird durch die Scheide ausgeschwemmt. ↑4 Dabei ziehen sich die Muskeln

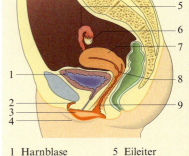

1 Harnblase	5 Eileiter
2 Kitzler	6 Eierstock
3 kleine	7 Gebärmutter
Schamlippen	8 Muttermund
4 große	9 Scheide
Schamlippen	

2 Weibliche Geschlechtsorgane

Zur Verhütung reicht es allerdings nicht aus in dieser Zeit auf Geschlechtsverkehr zu verzichten. Spermienzellen sind im Gebärmutterhals und in der Gebärmutter bis zu fünf Tage lebensfähig. Geschlechtsverkehr eine Woche vor dem Eisprung kann also trotzdem zu einer Schwangerschaft führen.

3

der Gebärmutter zusammen. Diese **Regelblutung** findet alle 3 bis 5 Wochen statt und wird auch **Menstruation** oder Periode genannt. Man spricht auch vom Regelzyklus. ↑4 Stress und Aufregung können den zeitlichen Ablauf der Regelblutung beeinflussen.

Tampons oder Binden? Tampons und Binden werden benutzt, um die Regelblutung aufzufangen. **Binden** gibt es in unterschiedlichen Formen und Stärken. Sie drücken sich aber unter sehr engen Hosen ab. Manchmal können sie auch verrutschen.
Tampons müssen in die Scheide eingeführt werden, das ist am Anfang etwas schwierig. Jedes Tamponpaket enthält einen Zettel mit der Gebrauchsanweisung. Auch Tampons gibt es in unterschiedlichen Größen. Sie lassen sich noch zusätzlich mit einer Slipeinlage kombinieren. Jedes Mädchen sollte sich für die Methode entscheiden, mit der sie sich wohlfühlt.

Regelschmerzen – was kann ich tun? Um dir einen Überblick über deinen Regelzyklus zu verschaffen, kannst du einen Regelkalender führen. ↑5 Je nach Stärke der Blutung haben gerade junge Mädchen oft Kopf-, Bauch- oder Rückenschmerzen. Entspannungsübungen, Kräutertees oder eine Wärmflasche können dann helfen. Wenn die Beschwerden zu stark sind, solltest du einen Frauenarzt um Rat fragen.
Manche Mädchen legen sich während der Regelblutung lieber öfter hin, andere bevorzugen sportliche Aktivitäten. Möglich ist alles, was du sonst auch machst.

Merk dir! **Die Regelblutung ist ein durch Geschlechtshormone gesteuerter Prozess. Dabei wird nicht benötigter Gebärmutterschleim abgestoßen. Sie wiederholt sich alle drei bis fünf Wochen.**

Binden
Eierstock
Eisprung
Eizelle
Gebärmutterschleimhaut
Menstruation
Östrogen
Progesteron
Regelblutung
Tampons

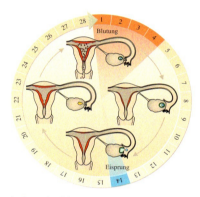

4 Regelzyklus

5 Regelkalender

Arbeitsaufträge

1 Beschreibe aus Sicht einer Eizelle den Ablauf der Regelblutung. Du kannst es wie eine Geschichte erzählen, aber auch ganz sachlich darstellen. Lies es anschließend deinen Mitschülern vor.
2 Kann man während der Regelblutung schwanger werden? Begründe deine Meinung.
3 In der Abbildung 4 ist ein Regelkalender zu sehen.

a Informiere dich, wie du einen solchen Kalender führst.
b Erkläre deiner Freundin oder deinem Freund, warum das Führen eines solchen Kalenders wichtig ist. Gib mehrere Gründe an.
4 Finde Gründe für und gegen die Benutzung von Tampons und Binden. Welche Methode würdest du deiner besten Freundin empfehlen?

Das erste Mal

Endlich allein. Sich berühren und spüren wollen. Schön, aufregend – aber auch viele Fragen im Kopf …?

1 Verliebte möchten sich nahe sein.

Der richtige Zeitpunkt Es gibt keine Regeln, wann Jungen und Mädchen sich das erste Mal verlieben werden und wann das erste Mal ansteht.

Viele Jungen und Mädchen schlafen zum ersten Mal mit jemandem, mit dem sie „fest" zusammen sind. Jeder hat so seine eigene Vorstellung vom ersten Mal: romantisch mit Kerzen oder am Strand oder …

Bei aller schönen Fantasie gibt es aber auch Bedenken: Kenne ich meinen Freund/meine Freundin lange genug? Werden wir entdeckt? Kann ich schwanger werden? Welches Verhütungsmittel ist das richtige? Mache ich es nur, weil es alle machen? Wichtig ist: Keiner sollte sich auf etwas einlassen, was er nicht wirklich will.

Der Geschlechtsverkehr Viele haben schon vorher Zärtlichkeiten ausgetauscht. Beim ersten Mal geht es dann einen Schritt weiter. Beim Streicheln und Küssen wird der Penis des Jungen dicker und richtet sich auf, bis er steif ist. Bei den Mädchen schwellen Kitzler und Schamlippen an, die Scheide wird feucht. Dann kann der Penis in die Scheide hineingleiten.

Manche Mädchen haben Angst vor dem Einreißen des **Jungfernhäutchens**, das die Scheide teilweise verschließt. Da das Häutchen aber sehr dünn ist, kann es auch schon vorher z. B. beim Sport reißen.

Zahlen zum ersten Mal
- Mit 16 haben erst 50 % der Mädchen und 42 % der Jungen ihr erstes Mal.
- Etwa 30 % aller Siebzehnjährigen hatten noch keinen Geschlechtsverkehr.

2

Andere Länder – andere Sitten: Beschneidungen
Im Islam und Judentum ist es ein alter Brauch, die Vorhaut des Jungen zu entfernen. Diese Beschneidung diente ursprünglich der Hygiene und der Vorbeugung gegen eine Vorhautverengung (Phimose). Im Judentum werden die Jungen an ihrem 8. Lebenstag in einer feierlichen Zeremonie beschnitten. Im Islam findet die Beschneidung meist im Alter von fünf bis sieben Jahren statt. Dies ist ein großer Festtag für die ganze Familie. Die Jungen tragen prächtig geschmückte Anzüge und bekommen Geschenke.

3

Nicht immer klappt alles beim ersten Mal perfekt. Aber auch das ist ganz normal.

Orgasmus – eine Explosion in unserem Körper Wenn du einen **Orgasmus** bekommst, ist der ganze Körper erregt. Das Herz schlägt schneller, die Atmung beschleunigt sich. Bei den Mädchen schwellen die Schamlippen an, der Kitzler vergrößert sich und die Scheiden- und Gebärmuttermuskulatur zieht sich zusammen. Beim Jungen wird der Höhepunkt durch das Reiben des Penis gegen die Scheidenwände ausgelöst. ↑3 Beim **Spermienerguss** ziehen sich die Muskeln krampfartig zusammen, wodurch die Spermienzellen aus den Nebenhoden durch die Spermienleiterleiter zur Harnröhre gepresst werden. ↑4, 5 Jetzt werden sie aus dem Penis herausgeschleudert und gelangen so in die Scheide.

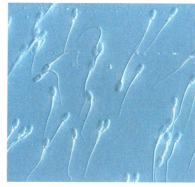

5 Mikroskopische Aufnahme von Spermienzellen

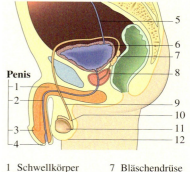

1 Schwellkörper	7 Bläschendrüse
2 Harnröhre	8 Vorsteherdrüse
3 Eichel	9 Spermienleiter
4 Vorhaut	10 Nebenhoden
5 Harnleiter	11 Hoden
6 Harnblase	12 Hodensack

4 Männliche Geschlechtsorgane

Merk dir! **Wann dein erstes Mal ist, entscheidest du selbst. Nimm dir Zeit dafür und tue es nur, wenn du davon überzeugt bist. Beim Geschlechtsverkehr gleitet der Penis in die Scheide. Beim Spermienerguss können die Spermienzellen über den Penis in die Scheide gelangen.**

Arbeitsaufträge

1 Spielt: „Ich bin die Liebe und wer bist du?". Stellt euch vor, ihr sollt jemandem erklären, was für euch zur Liebe gehört.

  a Bildet nun einen Stuhlkreis. Stellt in die Mitte drei Stühle. Ein Schüler setzt sich in die Mitte auf den Stuhl und sagt: „Ich bin die Liebe und wer bist du?" Zwei weitere Schüler setzen sich daraufhin neben ihn und antworten mit einem passenden Begriff, wie zum Beispiel: „Ich bin die Treue", „Ich bin das Vertrauen" … Der Mitspieler in der Mitte entscheidet sich für den passenden Partner. Dieser Partner darf sich nun auf den mittleren Stuhl setzen und fortfahren. Die anderen kehren in den Kreis zurück. Die Schüler, die im Kreis sitzen, notieren sich die genannten Begriffe.

  b Gestaltet am Ende des Spiels mithilfe der gesammelten Begriffe ein Plakat zum Thema „Ich bin die Liebe und wer bist du?".

2 Anna hat seit sieben Wochen einen neuen Freund, Tarek. Immer mehr beschäftigen sie die Fragen: Wann wird unser erstes Mal sein? Wird es wehtun? Was passiert dann in meinem Körper? Kann ich etwas falsch machen? Schreibe Anna einen Brief, in dem du ihre Fragen beantwortest.

Pille, Kondom, Spirale, Diaphragma, Coitus interruptus … – es gibt eine große Auswahl an Verhütungsmitteln. Selbst wenn dir dein erstes Mal noch weit entfernt erscheint, ist es wichtig, sich schon vorher zu informieren. Das kann, wenn es so weit ist, leicht untergehen, denn dann überwiegen die romantischen Gedanken. Am besten ist es, wenn du dich gemeinsam mit deinem Freund oder deiner Freundin informierst. Denn Verhütung ist Aufgabe beider Partner.

1 Kondome schützen auch vor Aids.

Verhüten – aber wie?

Das Kondom Für alle Fälle – immer ein Kondom in der Tasche! Es ist ein dünnes Gummi, das über den Penis gezogen wird und ein Eindringen der Spermienzellen in die Scheide verhindert. ↑1 Richtig abgerollt sitzt es recht fest, muss jedoch nach dem Spermienerguss beim Rausziehen des Penis aus der Scheide am Penisschaft festgehalten werden. Bei richtiger Anwendung ist das Kondom ein sicheres Verhütungsmittel, das gleichzeitig vor Geschlechtskrankheiten schützt. Gerade jetzt, wenn du deine Sexualität entdeckst, solltest du auch an Aids denken.

Die Pille Die Pille ist eine Hormontablette, die den Ei-sprung verhindert. ↑2 Deshalb kann es zu keiner Befruchtung kommen. Sie wird 21 oder 22 Tage lang täglich eingenommen, danach setzt die Regelblutung ein. Bei regelmäßiger Einnahme, ist die Pille ein sicheres Verhütungsmittel.

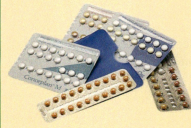

2 Antibabypille

Die Spirale Man unterscheidet zwei Arten von Spiralen: die Kupfer- und die Hormonspirale. ↑3 Die Kupferspirale verhindert durch Abgabe von Kupfer das Einnisten der Eizelle. Die Hormonspirale bewirkt, dass sich ein Schleimpfropf im Gebärmutterhals bildet. Dadurch wird das Eindringen von Spermienzellen verhindert. Die Verhütungssicherheit ist hoch. Für junge Mädchen ist die Spirale jedoch weniger geeignet, da häufig Unterleibsentzündungen auftreten und das Einsetzen schmerzhaft sein kann.

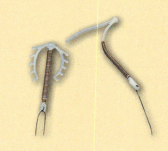

3 Spiralen

Der Scheidenring Der Ring wird von der Frau in die Scheide eingeführt. Dort verbleibt er für drei Wochen. Danach wird er entfernt und es erfolgt eine Abbruchblutung. Der Ring enthält Hormone, die über die Scheidenhaut aufgenommen werden. ↑4 Diese verhindern das Heranreifen von Eizellen. Die Sicherheit des Rings ist genauso hoch wie bei der Pille.

4 Scheidenring (5,4 cm Durchmesser)

Das Verhütungspflaster Das Pflaster enthält Hormone, die auf den weiblichen Körper übertragen werden. ↑5 Es wird auf Bauch, Rücken oder Gesäß geklebt. Es haftet gut, auch in der Sauna oder im Schwimmbad. Die Sicherheit ist sehr hoch.

5 Verhütungspflaster (4,5 cm x 4,5 cm)

Das Diaphragma Das Diaphragma muss von einem Arzt individuell angepasst werden. Kurz vor dem Geschlechtsverkehr führt die Frau das Diaphragma in die Scheide ein und setzt es vor den Muttermund, sodass keine Spermienzellen eindringen können. Bei richtiger Handhabung und der gleichzeitigen Anwendung von Gels, die Spermienzellen abtöten, ist das Diaphragma eine sichere Sache. ↑6

6 Diaphragma

Coitus interruptus Beim Coitus interruptus zieht der Mann vor dem Eintritt des Spermienergusses, also direkt vor dem Orgasmus, den Penis aus der Scheide. Diese Methode erscheint sehr reizvoll, da keinerlei Vorbereitung notwendig ist. Das macht sie so verführerisch. Dieses Verfahren bietet aber keinerlei Sicherheit, denn es kommt bereits vor dem Orgasmus zum Austritt von Spermienzellen. Es ist daher dringend vom Coitus interruptus abzuraten!

Ich pass schon auf!

Arbeitsaufträge

1 Welches Verhütungsmittel schützt vor einer ungewollten Schwangerschaft und vor Geschlechtskrankheiten? Begründe deine Entscheidung.

2 Entwerft ein Infoplakat für die Pille. Berücksichtigt dabei folgende Fragen: Woher bekomme ich die Pille? Was kostet sie? Wie wende ich sie an? Wie sicher ist die Pille?

3 Welche Verhütungsmittel sind sehr sicher, welche weniger? Begründe. Pille – Spirale – Coitus interruptus – Kondom

4 Siehe in den Beipackzettel einer Pillenpackung oder informiere dich im Internet. Nimm Stellung zu folgenden Aussagen:
   a Es ist schlecht für die Gesundheit, wenn man die Pille nimmt und raucht. Stimmt das? Wenn ja, warum?
   b Aylin nimmt seit einigen Wochen die Pille. Nun hat sie gestern vergessen, die Tablette zu nehmen. Wie soll sie sich verhalten?

Geschlechtskrankheiten

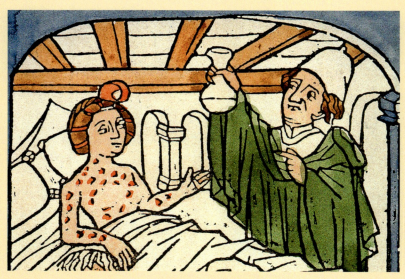

1 Behandlung von Syphiliskranken

Viele Jahrhunderte lang verbreitete die als „Lustseuche" bekannte Syphilis Angst und Schrecken. Diese Krankheit wurde vermutlich von Seeleuten nach Europa eingeschleppt. Schon damals wussten die Menschen, dass man sich die Syphilis hauptsächlich über den Geschlechtsverkehr zuziehen konnte. Welche Geschlechtskrankheiten gibt es? Welche sind heute von Bedeutung?

Übertragung Geschlechtskrankheiten werden vor allem durch Geschlechtsverkehr und zum Beispiel Petting, übertragen. Erreger dieser Krankheiten können Bakterien, Viren, Pilze oder Einzeller sein. In den letzten Jahren hat die Zahl der Erkrankungen weltweit wieder zugenommen. Neben den „klassischen" **Geschlechtskrankheiten** wie Syphilis oder Tripper sind heute vor allem Aids, Hepatitis-B oder Chlamydien-Infektionen von Bedeutung. Die Benutzung von Kondomen bietet einen gewissen Schutz vor Ansteckung.

Syphilis Die **Syphilis** wird von Bakterien verursacht. Eine Übertragung erfolgt beim Geschlechtsverkehr bzw. bei Kontakt mit erkrankter Haut oder Schleimhaut.
Die ersten Symptome, etwa drei Wochen nach der Infektion, sind ein Knoten oder ein Geschwür an Geschlechtsorganen, After oder Mund. Einige Wochen später kommt es zu grippeartigen Beschwerden. Außerdem treten großflächige Hautausschläge auf. ↑1 Die beiden ersten Stadien sind durch Anti-

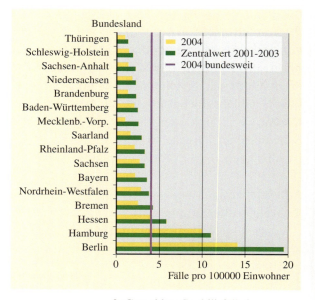

2 Gemeldete Syphilisfälle in Deutschland

biotika gut heilbar. Bleibt die Krankheit unbehandelt, können mehrere Jahre nach der Ansteckung auch die inneren Organe und das Nervensystem schwer geschädigt werden.

Gonorrhöe Auch die **Gonorrhöe**, auch Tripper genannt, ist eine bakterielle Infektion. Sie ist die weltweit häufigste Geschlechtskrankheit. Etwa 4 Tage nach der Ansteckung zeigen sich erste Krankheitssymptome: Brennen beim Wasserlassen, Juckreiz sowie eitriger Ausfluss. Wird die Krankheit nicht behandelt, können sowohl beim Mann als auch bei der Frau die inneren Geschlechtsorgane befallen werden, was häufig zu Unfruchtbarkeit führt. Wird der Infizierte rechtzeitig mit Antibiotika behandelt, kann er geheilt werden. Eine unbehandelte Gonorrhöe kann auch andere Organe befallen. Schwere Herz- und Gefäßschäden sind mögliche Folgen.

Chlamydien Chlamydien bilden eine Gattung der Bakterien. Die Zahl der Infektionen in Deutschland wird auf etwa 1 Million jährlich geschätzt. Da die Symptome oft unauffällig sind, bleibt die Erkrankung häufig unerkannt und ansteckend. Man geht davon aus, dass in Deutschland jährlich etwa 80 000 Frauen durch **Chlamydien** unfruchtbar werden.

Aids Auch **Aids**, eine durch das HI-Virus verursachte Schwächung des körpereigenen Abwehrsystems, wird häufig durch den Geschlechtsverkehr übertragen. Das HI-Virus befindet sich in allen Körperflüssigkeiten, besonders hoch konzentriert in Blut, Sperma und Scheidenflüssigkeit. Bis heute ist eine Heilung unmöglich.

Merk dir! Geschlechtskrankheiten sind ansteckend und müssen vom Arzt behandelt werden, um eine Ansteckung anderer zu vermeiden. Die Benutzung von Kondomen schützt relativ sicher vor einer Infektion.

Aids
Chlamydien
Geschlechtskrankheiten
Gonorrhöe
Syphilis

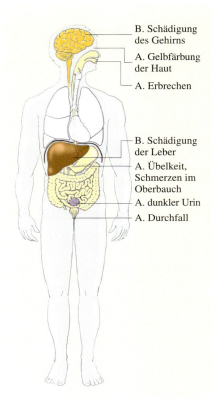

B. Schädigung des Gehirns
A. Gelbfärbung der Haut
A. Erbrechen
B. Schädigung der Leber
A. Übelkeit, Schmerzen im Oberbauch
A. dunkler Urin
A. Durchfall

3 Mögliche Symptome (A.) und Folgen (B.) einer Hepatitis-B-Erkrankung

Arbeitsaufträge

1 Erläutere die „doppelte" Schutzfunktion des Kondoms.
2 Beschreibe mögliche Symptome und Folgen einer Hepatitis-B-Erkrankung. ↑3
3 Vergleiche die Werte für die Jahre 2001 bis 2004. Was stellst du fest? ↑2
   a Wie verhalten sich die Zahlen in Berlin und Hamburg im Vergleich zu den anderen Bundesländern? Finde mögliche Erklärungen.
   b Leite Schlussfolgerungen für die Gestaltung deines Sexualverhaltens ab.
4 Informiere dich mithilfe des Internets oder anderer Nachschlagewerke über weitere Geschlechtskrankheiten, zum Beispiel Herpes genitalis oder Feigwarzen.

Ein Leben beginnt

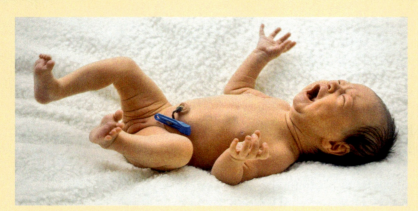

1 Neugeborenes

Durch Geschlechtsverkehr kann es zu einer Befruchtung und so zu einer Schwangerschaft kommen.
Wie entsteht ein Mensch? Wie entwickelt er sich im Mutterleib? Was passiert bei der Geburt?

Wie alles beginnt Beim Spermienerguss während des Geschlechtsverkehrs gelangen bis zu 300 Millionen Spermienzellen in die Scheide und wandern durch die Gebärmutter in den Eileiter. Treffen sie dort auf eine reife Eizelle, kann es zur **Befruchtung** kommen. Dabei dringt nur eine Spermienzelle in die Eizelle ein. Die Zellkerne verschmelzen. Die Schwangerschaft dauert von der Befruchtung bis zur Geburt durchschnittlich 38 Wochen.
Während der Wanderung durch den Eileiter teilt sich die befruchtete Eizelle mehrfach und gelangt in die Gebärmutter, in der sie sich nach etwa 6 Tagen in deren Schleimhaut einnistet. Dieser Zellhaufen heißt jetzt Blasenkeim und sieht aus wie eine Hohlkugel.
Die innere Zellschicht entwickelt sich zum **Embryo**, die äußere Zellschicht zum **Mutterkuchen**. Geschützt im **Fruchtwasser** der **Fruchtblase** kann sich der Embryo nun entwickeln. ↑2
Bereits in der 4. Woche schlägt das Herz. In der 6. Woche entwickelt sich langsam der Geruchs- und Geschmackssinn, das entstehende Gehirn verarbeitet erste Informationen. ↑3 In der 8. Woche kann der Embryo Arme und Beine bewegen, es bilden sich Finger und Zehenglieder. Alle Organe sind vorhanden, sie müssen nur noch wachsen. Zum Teil haben sie ihre Funktion bereits aufgenommen. ↑4

Der Embryo wird zum Fetus Ab der 9. Woche wird der Embryo **Fetus** genannt. In der 16. Woche hat sich das Skelett vollständig ausgebildet. Der Fetus nimmt alle Geräusche wahr. Es lässt sich

2 Das weiße Körperchen in der Fruchtblase ist ein zwei Wochen alter Embryo.

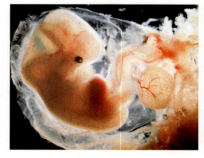

3 Sechs Wochen alter Embryo: Das Herz schlägt schon.

deutlich erkennen, ob es ein Mädchen oder Junge ist. ↑5 Ab der 24. Woche nimmt der Fetus deutlich an Gewicht zu. Schon viele Monate vor der Geburt lernt das Kind schlucken, saugen und greifen.

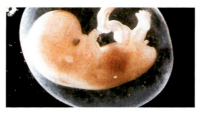

4 Acht Wochen alter Embryo

**Befruchtung
Embryo
Fetus
Fruchtblase
Fruchtwasser
Mutterkuchen
Nabelschnur
Presswehen**

Versorgung Der Mutterkuchen ist mit dem Fetus über die **Nabelschnur** verbunden. Er versorgt ihn mit Blut, Sauerstoff und Nährstoffen und nimmt seine Ausscheidungen auf.

Die Geburt Am Ende der Schwangerschaft bekommt die Frau Wehen. Dabei handelt es sich um krampfartige Schmerzen, die durch Hormone ausgelöst werden. Die Gebärmuttermuskulatur zieht sich in immer kürzer werdenden Abständen zusammen. In der ersten Phase öffnet sich der Gebärmuttermund auf etwa 10 Zentimeter. Der Kopf des Babys wird dabei immer tiefer in das Becken der Mutter gedrückt. Während dieser Phase platzt die Fruchtblase und das Fruchtwasser fließt aus der Scheide. Jetzt setzen die **Presswehen** ein, das Kind wird durch die Scheide nach außen gedrückt, zuerst der Kopf, dann der übrige Körper. Beim ersten Schrei des Babys werden die Lungen aktiv und es beginnt selbstständig zu atmen. Anschließend wird die Nabelschnur durchtrennt. In der letzten Phase der Geburt wird der Mutterkuchen mit der Fruchtblase ausgestoßen.

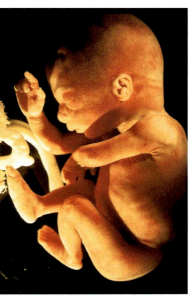

5 Zwanzig Wochen alter Fetus

Merk dir! Die Befruchtung ist der Zeitpunkt der Verschmelzung von Ei- und Spermienzelle. Die Schwangerschaft dauert von der Befruchtung bis zur Geburt durchschnittlich 38 Wochen. Durch die Nabelschnur wird das Kind versorgt. Durch die Wehen wird die Geburt am Ende einer Schwangerschaft ausgelöst.

Arbeitsaufträge

1 Erstelle eine Zeitleiste auf einem Plakat und trage die Entwicklungsfortschritte des Ungeborenen ein. Suche dazu auch Bilder im Internet, die du ausdrucken und aufkleben kannst.

2 Erkläre die Funktion der Nabelschnur und des Mutterkuchens. Gib Gründe an, warum Alkohol, Nikotin und Medikamentenein-

nahme für das ungeborene Kind schon gefährlich sein können.

3 Erstelle eine Tabelle mit den Geburtsphasen und den Vorgängen.
Erkundige dich in den Krankenhäusern deiner Stadt, welche Gebärmöglichkeiten dort angeboten werden.

Schwanger – was nun?

1 Der Schwangerschaftstest zeigt ein positives Ergebnis.

Anna wartet schon seit ein paar Tagen auf ihre Regelblutung. Sie ist verunsichert und hat viele Fragen.
Wie lässt sich eine Schwangerschaft feststellen? Was sind die nächsten Schritte?

Der Schwangerschaftstest Ist sich eine Frau unsicher, ob sie schwanger ist, kann sie in einer Apotheke oder in einem Drogeriemarkt einen **Schwangerschaftstest** kaufen. Dieser besteht aus einem Teststreifen, der mit Urin benetzt wird und so das Schwangerschaftshormon nachweist. Der Test gibt frühestens am Tag der zu erwartenden Regelblutung eine sichere Auskunft. Ist er positiv, sollte ein Frauenarzt aufgesucht werden, der das Ergebnis noch einmal überprüft. ↑2

2 Gespräch beim Frauenarzt

Besuch beim Frauenarzt Der Frauenarzt führt einen weiteren Urintest und eine **Ultraschalluntersuchung** durch. ↑3
Da eine Schwangerschaft mit einer großen Verantwortung verbunden ist, ist es wichtig, zu den **Vorsorgeuntersuchungen** zu gehen. Es finden Hormonuntersuchungen statt, die Aufschluss über etwaige Erkrankungen des Babys geben. Die Ergebnisse und der errechnete Geburtstermin werden im Mutterpass eingetragen. Die Gesundheit von Mutter und Kind werden dabei ständig überprüft.

Die Schwangerschaft – Ernährung, Verhalten und Risiken Für die Entwicklung des Babys ist eine ausgewogene Ernährung der Mutter wichtig. Obst, Gemüse, Milch- und Vollkornprodukte enthalten Vitamine und Mineralstoffe. Auch auf ausreichenden Schlaf sollte die werdende Mutter achten. Alkohol, Nikotin, Medikamente und Drogen werden an das Baby weitergegeben.

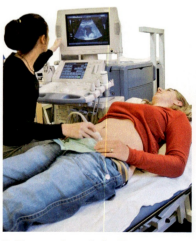

3 Untersuchung beim Frauenarzt

Beratung Ist ein junges Mädchen schwanger geworden, befindet es sich meistens in einer schwierigen Situation. Das Beste ist, sich sofort mit einer Vertrauensperson zu beraten. Wer das nicht mit seinen Eltern bereden möchte, sollte eine **Beratungsstelle** oder einen Frauenarzt aufsuchen. Ein schwangeres Mädchen darf sich zu nichts zwingen lassen, weder zu einer Abtreibung noch zum Austragen des Kindes, noch zu einer überstürzten Heirat oder zu einer Freigabe zur Adoption.

Für den Notfall: die „Pille danach" Auch wenn beide für die Verhütung gesorgt haben, kann es zu Pannen kommen. ↑4 Für diese Notfälle gibt es die **„Pille danach"**, um eine Schwangerschaft sicher zu verhindern. Diese Hormontablette muss spätestens 72 Stunden nach dem Geschlechtsverkehr eingenommen werden und löst dann häufig eine schmerzhafte Regelblutung aus. Die „Pille danach" ist als Notlösung und nicht als Verhütungsmittel gedacht. Weil sie starke Nebenwirkungen hat, muss sie von einem Frauenarzt verschrieben werden.

Der Schwangerschaftsabbruch Voraussetzung für den **Schwangerschaftsabbruch** ist eine Beratung durch eine Beratungsstelle. Alle unterliegen der Schweigepflicht. Zwischen dem Abbruch und der Beratung müssen mindestens drei Tage liegen. Es gibt verschiedene Methoden, eine Schwangerschaft abzubrechen. Häufig wird unter lokaler Betäubung mithilfe eines Schlauches der Embryo mit der Gebärmutterschleimhaut abgesaugt.

Merk dir! Es gibt gute Gründe, sich für oder gegen eine frühzeitige Schwangerschaft zu entscheiden. Die Entscheidung liegt alleine bei der Schwangeren. Bei der Entscheidungsfindung kann eine Beratungsstelle helfen.

**Beratungsstelle
„Pille danach"
Schwangerschaftsabbruch
Schwangerschaftstest
Ultraschalluntersuchung
Vorsorgeuntersuchungen**

Anna (15) und Alex (16) sind seit einem Jahr fest zusammen. Doch beim letzten Geschlechtsverkehr ist etwas schiefgegangen. Anna hat es sofort bemerkt. Das Kondom ist in der Scheide abgerutscht, nachdem sie mit Alex geschlafen hat.

4 Fallbeispiel Verhütungspanne

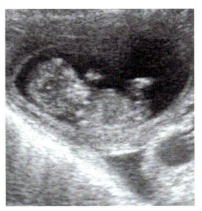

5 Ultraschallbild eines Fetus

Arbeitsaufträge

1 Informiere dich über die Ultraschalluntersuchung.
  a Ab welchem Zeitpunkt der Entwicklung des Menschen ist etwas zu erkennen?
  b Was lässt sich auf dem Ultraschallbild genau erkennen? ↑5
2 In Deutschland, Österreich und der Schweiz kommen jährlich 75 000 der 850 000 Neugeborenen zu früh auf die Welt. Erkundige dich bei einem Frauenarzt über mögliche Ursachen einer Frühgeburt.

3 Welche Probleme sind bei einer ungewollten Schwangerschaft für Anna und Alex zu erwarten? Welche Entscheidungsmöglichkeiten haben sie?
4 Stelle das Problem bei einem Schwangerschaftsabbruch für Anna und Alex dar. Welche Argumente sprechen für einen Schwangerschaftsabbruch, welche dagegen?

Eltern werden

Sandra wurde mit 15 Jahren schwanger. Ihre Mutter, selbst berufstätig mit zwei weiteren jüngeren Kindern, konnte Sandra nicht unterstützen. „Du bist doch selbst noch ein Kind!", sagte ihre Mutter zu ihr. Doch Sandra wünscht sich das Kind.
Was bedeutet es eigentlich, Eltern zu sein?

1 Kind und Schule – eine Herausforderung für Sandra

Entscheidung für das Kind Hilfe fand Sandra bei ihrem Beratungslehrer. Er vermittelte ein Gespräch mit einer Beratungsstelle. Dort wurden ihr finanzielle Hilfen aufgezeigt. Das Jugendamt hat ihr ein Mutter-Kind-Heim gesucht. In dem Mutter-Kind-Heim half man ihr bei der Suche nach einer geeigneten Entbindungsklinik, bei der Babyerstausstattung und nach der Geburt im Umgang mit dem Baby. Dort lebt Sandra nun schon seit 2 Jahren mit Benjamin, ihrem Sohn. Für sie war klar, dass sie die Schule zu Ende bringen wollte. Trotz allem ist es oft ganz schön anstrengend, das Leben zu zweit.
Als Schwangere wirst du nicht allein gelassen. Egal ob du allein bist oder ob ihr euch zu zweit für das Kind entscheidet. Du hast Anspruch auf medizinische Betreuung für dich und dein Kind, auf finanzielle Hilfen, rechtlichen Beistand und praktische Hilfen für den Alltag mit Kind.

2 Mutter beim Stillen

Nach der Geburt Jedes Kind ist einzigartig und in den ersten Lebenswochen müssen Eltern ihr Kind erst kennenlernen. Der Kontakt der Eltern zu ihrem Kind ist in den ersten Lebensjahren für dessen weitere Entwicklung wichtig. So kennt das Neugeborene bereits die Stimme der Mutter und spürt ihre Nähe beim Füttern oder Stillen. ↑2 Das Kind lernt, dass auf seine **Bedürfnisse** eingegangen wird, und bekommt dadurch ein Grundvertrauen in die Welt. Väter haben es etwas schwerer, sie müssen erst nach der Geburt ein Verhältnis zu ihrem Kind aufbauen. ↑3

3 Die Nähe zum Vater

Bedürfnisse des Kindes Im ersten Lebensjahr ist das Schlafbedürfnis von Kindern besonders hoch. Es nimmt in den folgenden Lebensjahren ab. Auch Kindergarten- und Schulkinder brauchen ausreichenden **Schlaf**, um sich konzentrieren und Neues hinzulernen zu können. Bei der **Ernährung** des Kindes ist es wichtig, dass das Kind alle notwendigen Nährstoffe erhält, da sie seine Entwicklung positiv beeinflussen. So ist besonders auf die ausreichende Versorgung mit Vitaminen und Mineralstoffen zu achten.

Gesundheitsvorsorge Die Vorsorgeuntersuchungen beginnen bei Neugeborenen und enden in der Jugend. Zurzeit gibt es 9 Untersuchungen, in denen der Kinderarzt die altersentsprechende Entwicklung überprüft. Bei Problemen erhalten die Eltern Rat, Informationen zu speziellen Förderungen und Überweisungen zu Spezialuntersuchungen. Bei diesen Untersuchungen werden auch Impfungen vorgenommen, die das Kind vor schweren Infektionskrankheiten schützt.

Kinder stark machen und erziehen Eltern können schon in der Kindheit einer späteren Suchtgefährdung ihrer Kinder vorbeugen, indem sie ihnen so viel Sicherheit und Geborgenheit geben, dass sie die Schritte in ein unabhängiges Leben wagen. Kinder lernen so zum richtigen Zeitpunkt „Nein!" zu sagen. Auch in Sachen **Erziehung** kannst du dir in Elternschulen und Familienbildungsstätten Hilfe holen und dich beraten lassen.

> **Bedürfnisse**
> **Ernährung**
> **Erziehung**
> **Schlaf**

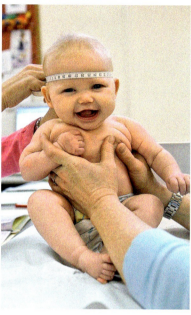

4 Vorsorgeuntersuchungen sind wichtig.

Merk dir! **Eltern werden heißt Verantwortung zu übernehmen. Für die gesunde Entwicklung des Kindes sind Geborgenheit, ausreichender Schlaf und eine ausgewogene Ernährung wichtig.**

Arbeitsaufträge

1 Sandra hat schon früh ein Baby bekommen. Versetze dich in ihre Lage und schreibe einen Tagesbericht aus ihrem Leben.

2 Erkundige dich über eine ausgewogene Ernährung eines Kleinkindes, eines Kindes und eines Jugendlichen. Mache Vorschläge und erstelle ein Plakat, das du in der Klasse vorstellst.

3 Befrage einen Kinderarzt, was in den einzelnen Früherkennungsuntersuchungen festgestellt wird.

a Welche Möglichkeiten hat ein Arzt, wenn die Entwicklung des Kindes nicht normal verläuft?

b Welche Impfungen werden bei Kindern in Deutschland empfohlen?

c Erstelle eine Tabelle mit den möglichen Erkrankungen und den entsprechenden Impfungen im Kindesalter.

4 Recherchiere im Internet, wie viel Schlaf Neugeborene, Kleinkinder, Schulkinder und Jugendliche brauchen.

→ Geschlechtshormone steuern Entwicklungsvorgänge in der Pubertät. ↑S. 178

→ Weibliche Geschlechtshormone steuern den Regelzyklus der Frau. Wird die Eizelle nicht befruchtet, stirbt sie ab. Es kommt zur Regelblutung. ↑S. 180

Erwachsen werden – auf einen Blick

→ Entscheide selbst, wann du mit jemandem schlafen möchtest. Es gibt verschiedene Verhütungsmittel, mit denen sich der Zeitpunkt einer Schwangerschaft planen lässt. Das Kondom schützt zudem vor sexuell übertragbaren Krankheiten. ↑S. 182–187

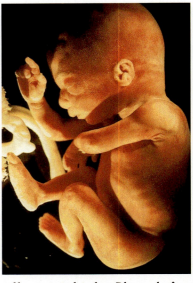

→ Aus einer befruchteten Eizelle entsteht der Blasenkeim, der sich in der Gebärmutterschleimhaut einnistet. Das sich entwickelnde Kind wird über Mutterkuchen und Nabelschnur versorgt. Nach etwa 38 Wochen kommt es zur Geburt. ↑S. 188

→ Die Entscheidung für oder gegen die Schwangerschaft liegt alleine bei der Schwangeren. Bei der Entscheidungsfindung kann eine Beratungsstelle helfen. ↑S. 190

→ Die Elternschaft ist eine verantwortungsvolle Aufgabe. Ein Kind benötigt Geborgenheit, Zuwendung, genügend Schlaf und eine gesunde Ernährung, damit es sich gut entwickeln kann. ↑S. 192

Arbeitsaufträge

1 Richtig oder falsch? Begründe deine Entscheidung.

a Die Geschlechtshormone werden erst in der Pubertät entwickelt.

b Die Geschlechtshormone werden im Gehirn gebildet.

c Den Zeitpunkt der Regelblutung entscheidet ein Mädchen selbst.

d Coitus interruptus ist die sicherste Verhütungsmethode.

e Die Pille muss regelmäßig eingenommen werden.

f Aids wird durch Geschlechtsverkehr übertragen.

g Ein Baby braucht zu seiner Entwicklung nur ausreichend Nahrung.

1 Beschreibe mithilfe der Abbildung 1, wie die Steuerung der Pubertät durch Hormone erfolgt.

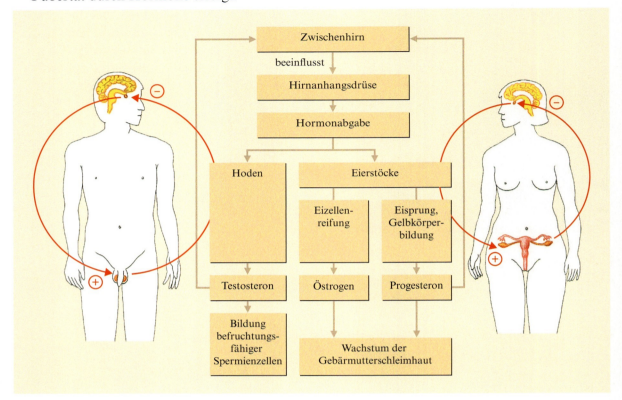

1

2 Benenne die weiblichen Geschlechtsorgane. Ordne den Nummern in der Abbildung 3 die richtigen Begriffe zu. Erläutere die Bedeutung der Gebärmutterschleimhaut.

3 Benenne die männlichen Geschlechtsorgane. Ordne den Nummern in der Abbildung 2 die richtigen Begriffe zu.

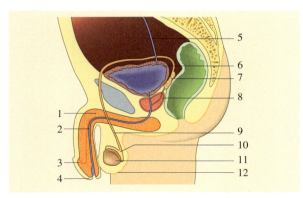

2

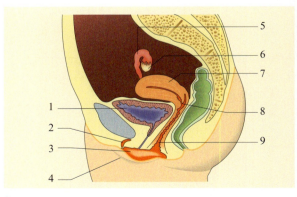

3

4 Nenne die Vor- und Nachteile der Pille und beschreibe ihre Wirkung. Welche anderen wirksamen Verhütungsmittel gibt es noch? Lege eine Tabelle an. Benenne Sicherheit und Anwendung.

5 Erkläre, wie ein Mensch entsteht.

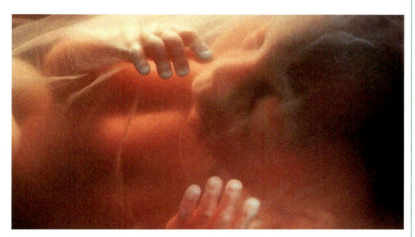

4

6 Welche Möglichkeiten hat eine junge Frau bei einer Schwangerschaft? Welche Hilfsangebote stehen ihr zur Verfügung?

7 Nenne die wichtigsten Voraussetzungen für die gesunde Entwicklung eines Kindes und begründe sie.

Ordne deiner Lösung im Heft ein Smiley zu:
☺ Ich habe die Aufgabe richtig lösen können.
😐 Ich habe die Aufgabe nicht komplett lösen können.
☹ Ich habe die Aufgabe nicht lösen können.

Aufgabe	Fähigkeit	Hilfe findest du auf Seite …
1	Ich kann die Geschlechtshormone und ihre Wirkung benennen.	178
2	Ich kann den Aufbau der weiblichen Geschlechtsorgane und die Aufgabe der Gebärmutterschleimhaut erklären.	180
3	Ich kann den Aufbau der männlichen Geschlechtsorgane erklären.	183
4	Ich kann die Vor- und Nachteile verschiedener Verhütungsmittel beschreiben und ihre Wirkung erklären.	184
5	Ich kann in eigenen Worten wiedergeben, wie ein Mensch entsteht.	188
6	Ich kann Hilfsangebote bei einer Schwangerschaft aufzählen.	190
7	Ich kann erklären, welche Voraussetzungen für eine gesunde Entwicklung des Kindes vorhanden sein müssen.	192

Vererbung und Genetik

Warum entstehen aus Menschen immer wieder Menschen, aus Zebras immer wieder Zebras und aus Sonnenblumen immer wieder Sonnenblumen? Warum kommt es nie vor, dass Pferde plötzlich Hundebabys zur Welt bringen? Wie entstehen die Gemeinsamkeiten zwischen Eltern und ihren Kindern? Warum sehen sich alle Menschen ähnlich und sind doch verschieden? Mit diesen Fragen beschäftigt sich die Genetik. Sie erforscht, wie Ähnlichkeiten und Unterschiede zwischen Menschen, Tieren und Pflanzen entstehen. Sie beschäftigt sich außerdem damit, Krankheiten zu erkennen und zu erklären. Innerhalb der grünen Gentechnik, einem modernen Gebiet der Genetik, werden Methoden entwickelt, um neue Nutzpflanzen zu züchten. Welche Rolle die Genetik im Leben der Menschen, Tiere und Pflanzen spielt und ob neue Technologien nur nützlich oder auch mit Risiken verbunden sind, erfährst du in diesem Kapitel.

1 Ganz die Mutter?! – Wie entstehen Ähnlichkeiten und Unterschiede zwischen Eltern und Kindern? ↑S. 200

2 Die Vielfalt der Menschen – wie entsteht sie? ↑S. 200, 206

3 Wo befinden sich unsere genetischen Informationen? ↑S. 202

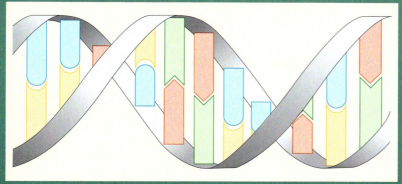

4 Wie können wir uns die Welt der Genetik vorstellen? ↑ S. 208

5 Wo liegen die Wurzeln der Genetik? ↑ S. 212

6 Wie entstehen „bunte" Kühe? ↑ S. 214

7 Was haben Mutanten mit Genetik zu tun? ↑ S. 216

8 Welche Ursache hat das Down-Syndrom? ↑ S. 218

9 Mit Gentechnik veränderte Pflanzen – Fluch oder Segen? ↑ S. 222

Was ist eigentlich Vererbung?

1 Familienmitglieder – ähnlich und doch verschieden

„Die blauen Augen hast du aber von deiner Mutter!" oder „Die Nase hast du von deinem Vater!" – das sind typische Sätze, wenn wir im Alltag über Vererbung sprechen. Aber was bedeutet es eigentlich, wenn man sagt, dass man bestimmte Merkmale von seinen Eltern geerbt hat? Warum sehen Kindern ihren Eltern überhaupt ähnlich?

Vererbung im Alltag und in der Biologie Wenn wir im Alltag über **Vererbung** sprechen, beziehen wir uns häufig auf das Erben und Vererben im rechtlichen Sinne. Vererbung bedeutet dann das Weitergeben oder Verschenken von Erbstücken.

Wenn wir über Vererbung im biologischen Sinne sprechen, dann müssen wir zwischen bestimmten **Merkmalen** (z. B. Augenfarbe, Haarfarbe, Form der Nase oder Körpergröße) und den **Anlagen** unterscheiden, die unter ganz bestimmten Umständen diese Merkmale bedingen. ↑2

2 Die Anlage für eine bestimmte Haarfarbe oder einen Haartyp wird vererbt.

Wenn der Großvater seinen alten Schrank vererbt, hat er ihn hinterher nicht mehr. Er hat ihn an seine Kinder oder Enkel weitergegeben. Wenn wir sagen, dass wir die große Nase vom Großvater geerbt haben, ist das etwas anderes. Seine große Nase hat der Großvater ja noch. Er hat nur seine Anlagen dieses Merkmals an die Nachkommen vererbt. Diese Anlagen bewirken dann, dass die Kinder oder Enkel eine ähnlich große Nase haben wie der Großvater. Vererbung im biologischen Sinne bedeutet also, dass Anlagen für bestimmte Merkmale von den Eltern an die Nachkommen vererbt werden.

Was wird vererbt? Bei Menschen werden Anlagen vererbt, die bei den Nachkommen bestimmte Merkmale bedingen. Einige dieser Merkmale wie die Augenfarbe bleiben das ganze Leben gleich. Andere Merkmale wie die Haarfarbe können sich durch Umwelteinflüsse verändern. Im Sommer kann deine Haarfarbe zum Beispiel durch die Sonne heller werden. Viele Merkmale werden durch ein Zusammenspiel von vererbten Anlagen und Umweltfaktoren bedingt.

Wie werden Anlagen vererbt? Die Vererbung von Anlagen findet über die Fortpflanzung statt. Die geschlechtliche Fortpflanzung ist die Entstehung von Nachkommen aus einer befruchteten Eizelle, die durch Verschmelzung der Zellkerne einer weiblichen Geschlechtszelle (Eizelle) und einer männlichen Geschlechtszelle (Spermienzelle) entsteht. ↑3 Dabei kommt es zu einer **Neukombination** der Anlagen, die sich in den Zellkernen befinden. So lassen sich die Ähnlichkeiten zwischen Eltern und ihren Kindern erklären. Da die Anlagen der Eltern neu kombiniert werden, entstehen auch Unterschiede zwischen den Eltern und ihren Kindern.

Bestimmte Merkmale werden erworben Du hast auch Merkmale, die du im Laufe deines Lebens erworben hast. Man spricht dann davon, dass das Merkmal **umweltbedingt** ist. Eine Narbe auf dem Schienbein hast du vielleicht durch einen Sportunfall bekommen. Die Narbe ist also nicht vererbt, sondern umweltbedingt. ↑4 Dass du Fahrrad oder Snowboard fahren kannst, ist ebenfalls nicht vererbt, sondern du hast es gelernt.

Merk dir! Alle Lebewesen vererben Anlagen an ihre Nachkommen. Diese Anlagen bedingen ganz bestimmte Merkmale wie die Augenfarbe oder die Haarfarbe. So lässt sich erklären, dass Kinder ihren Eltern ähneln.

Anlagen
Merkmale
Neukombination
umweltbedingt
Vererbung

3 Bei der Befruchtung dringt nur eine Spermienzelle in die Eizelle ein.

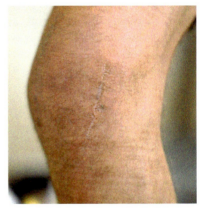

4 Merkmale wie eine Narbe sind umweltbedingt.

Arbeitsaufträge

1 Eine Bank wirbt mit dem Slogan „Damit sie ihren Nachkommen mehr vererben als ihre Nase!". Erkläre anhand dieses Werbespruchs die Unterschiede zwischen rechtlicher und biologischer Vererbung.

2 Nenne die Unterschiede zwischen Merkmalen und Anlagen. Formuliere dazu einen Merksatz.

3 Die Anlage zum Zungenrollen wird vererbt. Versuche deine Zunge zusammenzurollen. Sollte es dir nicht gelingen, gehörst du zu den Menschen, denen dafür die notwendigen quer laufenden Muskeln in der Zunge fehlen. Untersuche in der Klasse, wie viele von euch „Zungen-Roller" und wie viele „Nicht-Roller" sind.

Im Zellkern liegt das Geheimnis

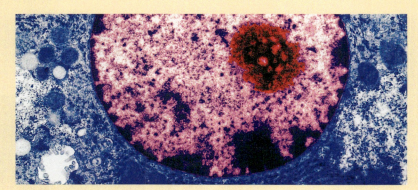

1 Zellkern mit gefärbter Erbsubstanz

Anlagen werden von den Eltern an die Nachkommen vererbt. Doch wo befinden sich diese Anlagen im menschlichen Körper und aus welchem Stoff bestehen sie?

Im Zellkern befinden sich die Chromosomen Auf der Suche nach den Anlagen, die Ähnlichkeiten zwischen Eltern und Nachkommen bewirken, müssen wir die Zellen eines Lebewesens untersuchen. Diese sind von einer Hülle (Zellmembran) umschlossen, und in ihrem Innern befindet sich neben vielen anderen Bestandteilen (den Organellen) ein Kern, der **Zellkern** genannt wird.

Schaut man sich einen Zellkern unter dem Mikroskop an, sieht man in der Regel nicht viel mehr als einen Fleck. ↑1 Dieser Fleck lässt sich anfärben und wird **Chromatin** genannt. Das Chromatin besteht aus dünnen Fäden und enthält die Anlagen eines Lebewesens. Die Anlagen werden in der Biologie auch **Gene** genannt. Die chemische Substanz, aus der die Gene bestehen, heißt **Desoxyribonukleinsäure** oder kurz DNA. Ist eine Zelle dabei, sich zu teilen, verdichten sich die Chromatinfäden. Man erkennt zu einem bestimmten Zeitpunkt X-förmige Strukturen, die **Chromosomen**. ↑2 Jedes Chromosom besteht aus zwei identischen Hälften, den **Chromatiden**. ↑3

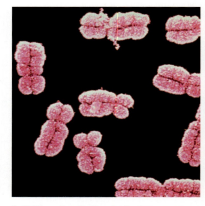

2 Mikroskopische Aufnahme von Chromosomen

Ein Mensch hat 46 Chromosomen Du hast im Kern jeder deiner Körperzellen 46 Chromosomen. Schaut man sich diese 46 Chromosomen genauer an, so fällt auf, dass immer zwei gleich aussehen. Darum spricht man anstatt von 46 Chromosomen auch von 23 homologen Chromosomenpaaren. Die **homologen Chromosomen** lassen sich nummerieren von Nr. 1 bis Nr. 22. Das 23. Paar bestimmt das Geschlecht eines Menschen. Darum nennt man diese zwei Chromsomen Geschlechtschromosomen.

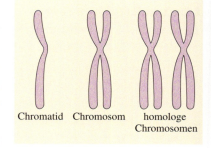

Chromatid   Chromosom   homologe Chromosomen

3 Chromosomenübersicht

Chromosomen ordnen Die Chromosomen kann man nach Größe und Form unterscheiden. ↑4 Dazu werden sie mit einem Farbstoff angefärbt und unter dem Mikroskop fotografiert. Werden die Chromosomen dann in Paare zusammengefasst, erhält man einen geordneten **Chromosomensatz**. Dieser geordnete Chromosomensatz wird **Karyogramm** genannt. ↑5

Geschlechtszellen sind anders Neben Körperzellen (z. B. Muskelzellen, Hautzellen), die jeweils 46 Chromosomen (23 Chromosomenpaare) enthalten, hat der Mensch Geschlechtszellen. Dies sind bei der Frau die Eizellen und beim Mann die Spermienzellen. In den Geschlechtszellen enthält der Zellkern jeweils nur die Hälfte der Chromosomen, also 23 Chromosomen.

Kennzeichen XY... gelöst Das Geschlecht des Menschen ist genetisch bedingt. Entscheidend sind die Geschlechtschromosomen. Bei Frauen liegen zwei X-Chromosomen vor, bei Männern bestehen die Geschlechtschromosomen aus einem X- und einem Y-Chromosom. Die Begriffe X- und Y-Chromosom leiten sich von der Form der beiden Chromosomen ab. Enthalten die Zellkerne eines Embryos zwei X-Chromosomen, entwickelt sich ein Mädchen. Enthalten die Zellkerne des Embryos ein X-Chromosom und ein Y-Chromosom, entwickelt sich ein Junge.

> **Merk dir!** Die Erbanlagen befinden sich im Zellkern. Kurz vor der Zellteilung werden sie als Chromosomen sichtbar. In den Körperzellen sind jeweils 46 Chromosomen aus Paaren von homologen Chromosomen enthalten. In den Geschlechtszellen sind hingegen nur 23 Chromosomen enthalten.

4 Unsortierter Chromosomensatz eines Menschen

Chromatid
Chromatin
Chromosomen
Chromosomensatz
Desoxyribonukleinsäure (DNA)
Gene
homologe Chromosomen
Karyogramm
Zellkern

5 Karyogramm eines Mannes

Chromosomenzahl bei unterschiedlichen Lebewesen	
Mensch	46
Schimpanse	48
Regenwurm	32
Pferd	64
Löwenzahn	104
Erbse	14
Küchenzwiebel	48
Fliegen	8

6 Die Anzahl der Chromosomen unterscheidet sich je nach Art des Lebewesens.

Arbeitsaufträge

1 Erkläre was man unter einem Chromosom versteht.

2 Erstelle ein Karyogramm.
  a Fotokopiere die Abbildung 4 vergrößert.
  b Zerschneide die Abbildung in die einzelnen Chromosomen.
  c Sortiere die Chromosomen paarweise und klebe sie dann geordnet in dein Heft. Vergiss die Beschriftung nicht.

3 Wodurch wird das Geschlecht eines Menschen festgelegt?

Kernteilung und Zellverdopplung

Sicherlich hast du dir schon einmal in den Finger geschnitten oder dir das Knie geschrammt. Du kannst beobachten, dass die entstandene Wunde nach einigen Tagen oder Wochen wieder verheilt. Es haben sich neue Hautzellen gebildet und die Wunde verschwindet. Doch wie kommt es zur Bildung neuer Hautzellen?

1 Bei der Wundheilung werden neue Hautzellen gebildet.

Aus eins werden zwei Alle Lebewesen bestehen aus Zellen. Damit neue Zellen wie Hautzellen entstehen und eine Wunde verheilen kann, müssen sich die vorhandenen Zellen vermehren. Dies ist auch für das Wachstum eines Lebewesens notwendig. ↑2
Zellen vermehren sich, indem sie sich teilen. Damit jede neue Zelle genau dieselben Anlagen enthält, wird vor der Zellteilung die DNA verdoppelt.

Auflösung der Kernhüllen Nun beginnt die **Kernteilung** und **Zellverdopplung**. Zuerst löst sich die Kernhülle des Zellkerns auf. Gleichzeitig verdichten sich die dünnen Chromatinfäden und die Chromosomen werden sichtbar. ↑3, 4

Anordnung in der Zellmitte Die Kernhülle hat sich nun vollständig aufgelöst. Die Chromosomen ordnen sich in der Zellmitte an. ↑5

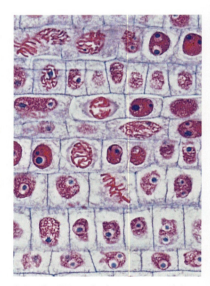

2 In der Wurzelspitze müssen sich viele Zellen gleichzeitig teilen.

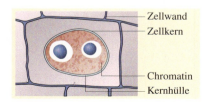

Zellwand
Zellkern

Chromatin
Kernhülle

3 Verdopplung der Anlagen

Chromosomen

4 Auflösung der Kernhülle

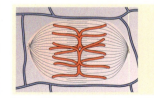

5 Anordnung der Chromosomen

Gleichmäßige Aufteilung Die Chromosomen werden längs getrennt und die identischen Chromatiden werden zu den Zellenden gezogen. ↑6 An jedem Zellende befindet sich nun die gleiche Chromatidenanzahl (46).

Neue Kernhüllen entstehen An jedem Zellende wird eine neue Kernhülle gebildet, die die Chromatiden umschließt. ↑7 Jeder der beiden Zellkerne enthält die gleiche Anzahl an Chromatiden wie die ursprüngliche Zelle und enthält die gesamte Erbinformation, die wieder die fädige Form einnimmt.

Teilung der Zelle Erst jetzt findet die Teilung der Zelle statt. Die Zellen werden durch Membranen vollständig getrennt. ↑8 Es sind zwei neue Zellen entstanden, die die gleiche Anzahl an Chromosomen enthalten und damit genetisch gleich sind. Die neuen Zellen sind kleiner. Im Schritt nach der Zellteilung vergrößern sich die Zellen deshalb. Der gesamte Vorgang, bei dem sich die Zellkerne teilen und die Zelle sich verdoppelt, wird **Mitose** genannt.

Wundheilung und Wachstum Wenn du eine Wunde hast, bilden sich durch Mitose also neue Hautzellen. Aber nicht nur das: Das gesamte Wachstum eines Lebewesens, egal ob Mensch, Tier oder Pflanze, ist auf die Mitose, die Teilung der Zellen, zurückzuführen.

Merk dir! Bei der Mitose teilen sich die Zellkerne und die Zelle verdoppelt sich. Die beiden neu entstandenen Zellen enthalten die gleiche Anzahl an Chromosomen wie die ursprüngliche Zelle. Die Mitose ermöglicht das Wachstum von Lebewesen.

**Kernteilung
Mitose
Zellverdopplung**

Chroma-
tiden

6 Teilung der Chromosomen

7 Entstehung neuer Kernhüllen

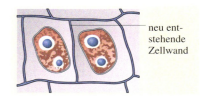

neu ent-
stehende
Zellwand

8 Teilung und Vergrößerung der Zelle

Arbeitsaufträge

1 Stelle die Mitose mit einem selbst gebastelten Modell dar. Du benötigst: Pfeifenreiniger (unterschiedliche Farben und Längen), 4 Druckknöpfe, Wollfaden.
So gehst du vor: Nimm zwei Pfeifenreiniger der gleichen Farbe und Länge und ziehe sie durch jeweils zwei benachbarte Löcher der Druckknopfhälften. Verbinde die Druckknopfhälften, sodass ein X (Chromosom) entsteht. Erstelle auf die gleiche Weise weitere Chromosomen mit den anderen Farben. Lege mit dem Wollfaden den Umriss einer Zelle und in diesen Umriss den Umriss eines Zellkerns. ↑3

a Stelle mit deinem Modell die einzelnen Schritte der Mitose dar. ↑3–8

b Trage in eine Tabelle ein, welche Teile deines Modells die Zelle, den Zellkern und die Chromosomen darstellen.

c Vergleiche dein Modell mit der Realität. Denke an die Größe und die Farben in deinem Modell.

Hälfte Mutter & Hälfte Vater

1 Wie wird erreicht, dass der neue Korb nicht überfüllt wird?

Wir haben einen doppelten Chromosomensatz, weil wir von jedem Elternteil die Hälfte unserer Chromosomen geerbt haben. Gäben wir unseren doppelten Chromosomensatz weiter, dann hätten unsere Kinder einen vierfachen Satz. Wie wird eine ständige Verdopplung der Chromosomen verhindert?

Geschlechtliche Vermehrung Menschen pflanzen sich fort. Bei der Befruchtung werden die Anlagen von Spermienzellen und Eizelle zusammengebracht, sodass eine befruchtete Eizelle entsteht. ↑2 Aus dieser befruchteten Eizelle entsteht durch Mitose ein neues Lebewesen.

Gleichbleibende Chromosomenzahl über Generationen Untersucht man eine befruchtete Eizelle, kann man 46 Chromosomen zählen. Wie kann das sein? Wenn jede Zelle 46 Chromosomen enthält und zwei Zellen miteinander verschmelzen, müssten in der befruchteten Eizelle eigentlich 92 Chromosomen (46 + 46) sein. Die Zahl der Chromosomen bleibt jedoch bei einem Menschen stets bei 46 und vergrößert sich nicht.

Reduktion der Chromosomenzahl Da jede Körperzelle des Menschen 46 Chromosomen enthält, muss die Anzahl der Chromosomen in den Geschlechtszellen von 46 auf 23 Chromosomen verringert werden. Dieser Vorgang wird **Meiose** genannt und besteht aus einer **1. Teilung** und einer **2. Teilung**. Bei der Frau findet der Vorgang in den Eierstöcken, beim Mann in den Hoden statt.

1. Teilung – Aus eins werden zwei Schauen wir uns eine einzelne Zelle an. Zu Beginn der Meiose hat bereits die Verdopplung der Erbinformation stattgefunden. ↑3 In der Anfangszelle befinden sich also 23 Chromosomenpaare, die sich zusammenlagern. Man spricht von Chromosomenpaarung. ↑4

2 befruchtete Eizelle

3   4

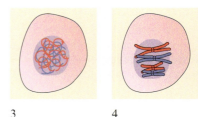

Chromosom

■ von der Mutter
■ von dem Vater

5

Zufällige Anordnung Die Kernhülle löst sich auf und die 23 homologen Chromosomen ordnen sich in der Zellmitte an. Ihre Anordnung geschieht dabei rein zufällig. ↑5

Zufällige Trennung Die Chromosomen werden getrennt und gleichmäßig zu den Zellenden auseinandergezogen. Dabei werden nur die homologen Chromosomen getrennt. ↑6 An jedem Zellende befindet sich anschließend von jedem homologen Chromosom ein Exemplar. Die Aufteilung der Chromosomen auf die beiden Zellenden erfolgt dabei völlig zufällig.

Zwei neue Zellen An jedem Zellende bildet sich um die Chromosomen jeweils eine neue Kernhülle. ↑7 Durch Bildung einer Zellmembran entstehen schließlich zwei Zellen mit jeweils 23 Chromosomen.

2. Teilung – Aus zwei wird vier An die erste Teilung schließt sich eine zweite Teilung an, die ähnlich verläuft wie die Mitose. Zuerst ordnen sich die Chromosomen der beiden neu entstandenen Zellen in der Mitte der Zelle an. ↑7 Anschließend werden sie getrennt und die Chromatiden werden zu den Zellenden gezogen. ↑8 Danach teilen sich die Zellen in vier einzelne Zellen. Die vier entstandenen Zellen sind **Geschlechtszellen**. ↑9

Neukombination Da die Anordnung und Trennung der Chromosomen zufällig geschieht, sind die vier entstandenen Zellen genetisch nicht gleich. Die Meiose ist deshalb ein Vorgang, der Veränderungen erzeugt.
Bei der Befruchtung erhält das Kind die Hälfte seiner Gene von seiner Mutter (23 Chromosomen), die andere Hälfte von seinem Vater (23 Chromosomen). Genetisch gesehen sind Kinder also eine Kombination ihrer beiden Elternteile.

Merk dir! Die Meiose führt zur Bildung der Geschlechtszellen. Dabei werden die 46 Chromosomen so verteilt, dass die Zellkerne der Tochterzellen nur noch die Hälfte der Chromosomen enthalten (23 Chromosomen).

| Geschlechtszellen |
| Meiose |
| 1. Teilung |
| 2. Teilung |

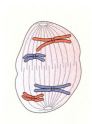 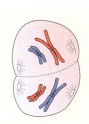

6   7

Chromatiden

8   9

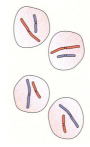

10

Arbeitsaufträge

1 Stelle den Vorgang der Meiose mit dem Modell dar, das du für die Mitose angefertigt hast (Chromosomen aus Pfeifenreinigern, Wollfäden für den Umriss einer Zelle).

2 Erkläre, warum während der Meiose eine Reduzierung der Chromosomen stattfinden muss. Was würde passieren, wenn keine Reduzierung stattfände?

Die Botschaft der DNA

Die DNA wird häufig als Molekül des Lebens bezeichnet. Doch woraus besteht sie eigentlich und was ist ihre Funktion?

1 Forscher auf der Spur der DNA

Die DNA – ein chemisches Molekül Jede DNA besteht aus zwei Strängen, die zu einem **Doppelstrang** umeinander gewunden sind. ↑2 Man kann die Struktur der DNA mit einer gedrehten Strickleiter vergleichen. Den Seiten der Strickleiter entsprechen chemische Ketten aus Zuckermolekülen und Phosphatmolekülen. Die einzelnen Sprossen der Leiter werden in der DNA von **Basen** gebildet. ↑2 Man unterscheidet die vier Basen Adenin (A), Thymin (T), Cytosin (C) und Guanin (G). Dabei können immer nur Adenin mit Thymin und Cytosin mit Guanin Paare bilden. Die Basenpaare A und T sowie C und G, die sich gegenüberliegen, passen zusammen wie Schlüssel und Schloss. Doch welche Funktion haben die Bestandteile der DNA?

Die DNA als Träger der genetischen Information Gene sind bestimmte Abschnitte der DNA. Die DNA ist damit der Träger der genetischen Information. Doch wie ist diese Information gespeichert? Forscher fanden heraus,

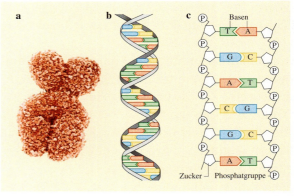

2a Chromosomen, b DNA-Modell, c Strukturformel der DNA

Was ist ein Code?
Das Wort Code steht für Verschlüsselung. Ein Beispiel für einen Code ist das Morsealphabet. Beim Morsealphabet werden die Buchstaben durch einen Code verschlüsselt. Das Wort „SMS" ist im Morsealphabet zum Beispiel so verschlüsselt: ··· ‒‒ ···. Drei kurze Signale (Punkte) stehen für S, zwei lange Signale (Striche) für M.

3

dass jeweils drei Basen der DNA ein Codewort bilden. ↑3 Wenn man diese Codewörter entschlüsselt, erkennt man, dass jedes Codewort für eine **Aminosäure** steht.

Die Aminosäuren werden zu langen Ketten verknüpft. Durch diese Verknüpfung der Aminosäuren bekommt man ein **Protein**. Proteine werden für lebenswichtige Aufgaben im Körper benötigt. Sie ermöglichen zum Beispiel chemische Reaktionen im Körper oder sind am Aufbau der Zellen beteiligt.

Wie Gene wirken Als Wissenschaftler entdeckt hatten, dass die Reihenfolge der Basen den **genetischen Code** bildet, kam man der Wirkung von Genen auf die Spur. Die Gene enthalten die Bauanleitung für den Aufbau der Proteine aus Aminosäuren. Durch die Gene (den Abschnitt der DNA) wird festgelegt, was für ein Protein entsteht. Doch wie kommen wir nun vom Gen zu einem bestimmten **Merkmal** wie der Haarfarbe oder der Hautfarbe? ↑4

Vom Code zum Merkmal Nehmen wir das Beispiel der Hautfarbe. Die Hautfarbe wird durch einen dunklen Farbstoff, das Melanin, hervorgerufen. Für die unterschiedliche Stärke der Hautfarbe sind mehrere Gene verantwortlich. Die Gene bestehen jeweils aus einer bestimmten Abfolge von Basenpaaren der DNA. Jeweils drei Basen bilden eine Aminosäure. Die verschiedenen Aminosäuren werden zu Ketten verknüpft und bilden Proteine. Aus diesen Proteinen wird dann zusammen mit anderen Wirkstoffen der Farbstoff Melanin hergestellt, der die Hautfarbe bewirkt. Die Hautfarbe wird durch mehrere Gene bestimmt. ↑5 Zusätzlich kann die Produktion von Melanin durch UV-Strahlung angeregt werden. Dies kann man im Sommer beobachten.

Merk dir! Gene bestehen aus DNA-Abschnitten. Wichtige Bausteine der DNA sind die Basen. Durch ihre Reihenfolge wird die Bildung von Proteinen festgelegt, die an der Ausbildung von Merkmalen (z. B. Hautfarbe) beteiligt sind.

Aminosäure
Base
Doppelstrang
genetischer Code
Merkmal
Protein

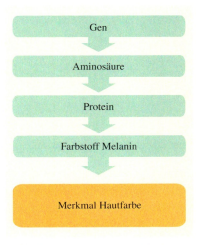

4 Der Weg vom Gen zum Merkmal

5 Die Hautfarbe wird durch mehrere Gene bestimmt.

Arbeitsaufträge

1 In der Zeitung liest man immer wieder von der „Entschlüsselung des genetischen Codes". Erkläre, was man darunter versteht.

2 Menschen mit Albinismus fehlt der Hautfarbstoff Melanin. Stelle Vermutungen darüber auf, wie es zu diesem Phänomen kommen kann. *Tipp:* Die Abbildung 4 kann dir helfen.

Arbeit mit Modellen

Unterschiedliche Modelltypen

Ein Strukturmodell zeigt, wie eine Sache aufgebaut ist und aus welchen Teilen sie besteht. Ein Funktionsmodell zeigt, wie bestimmte Vorgänge funktionieren. Es gibt auch Modelle, die nur in unserem Kopf entstehen. Diese Denkmodelle helfen uns dabei, sich eine Sache oder einen Vorgang besser vorstellen zu können.

Modelle unterscheiden sich vom Original

Ein Modell der DNA hilft dir, die Struktur der DNA zu verstehen, die du ohne Zusatzgeräte sonst nicht sehen könntest. ↑1 Den Vergleich zwischen einem Modell und dem Original nennt man Modellkritik.

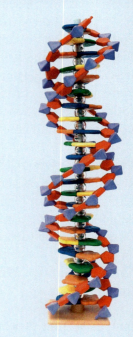

1 Strukturmodell der DNA

Anleitung zum Umgang mit einem Modell

Schritt 1 Baue ein Modell anhand einer Anleitung oder nimm ein in der Schule vorhandenes Modell. Ordne den einzelnen Modellteilen die entsprechenden Teile des Originals zu. Hilfe dazu findest du in Abbildungen oder Texten über das Original.

Schritt 2 Erkläre anhand des Modells die biologischen Strukturen und Prozesse im Original.

Schritt 3 Liste die Gemeinsamkeiten und Unterschiede zwischen dem Modell und den Strukturen des Originals auf. Gehe dabei vor allem auf folgende Punkte ein: Größe, Farben, Material.

Schritt 4 Erläutere, welche Strukturen des Originals im Modell nicht berücksichtigt werden. Stelle Vermutungen dazu auf, warum in dem Modell bestimmte Strukturen nicht berücksichtigt werden.

Anleitung zum Bau eines DNA-Puzzles

Du brauchst: Zeichenkarton, Farbstifte, Schere.

Schritt 1 Zeichne das Zuckermolekül, die Phosphatgruppe sowie die vier Basen (Guanin, Cytosin, Adenin, Thymin) jeweils auf den Zeichenkarton. Schneide die einzelnen Teile aus und male sie wie in der Abbildung farblich aus. ↑2

Schritt 2 Ordne die Moleküle zu einem DNA-Doppelstrang zusammen. Probiere unterschiedliche Variationen aus.

Schritt 3 Erkläre die Teile deines Modells und vergleiche sie mit den Bestandteilen des Originals. Welche Unterschiede stellst du fest? Achte auf die Größe, die Farben und die Formen.

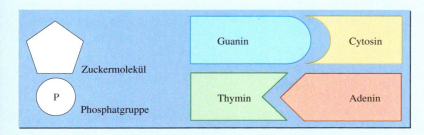

2 Chemische Elemente der DNA

Anleitung zum Bau eines dreidimensionalen DNA-Modells

Du brauchst: Papprolle, Draht, Stift, Knete in zwei Farben, Zahnstocher, Klebeband, Schere.

Schritt 1 Wickle den Draht spiralförmig um die Papprolle. Am besten folgst du der „Naht" auf der Rolle, um die Windungen im gleichen Abstand zu halten. Diesen Vorgang wiederholst du mit einem zweiten Stück Draht, da zwei gleich geformte spiralförmige Drähte benötigt werden.

Schritt 2 Forme aus der Knete jeweils zwölf Kugeln einer Farbe. Diese Kugeln stellen die Zuckermoleküle und Phosphatgruppen dar. Die Kugeln werden farblich abwechselnd auf den Draht gezogen. Beide Drähte sollten mit der gleichen Farbe beginnen. Damit die Kugeln nicht verrutschen, können sie mit Klebestreifen jeweils über und unter den Kugeln fixiert werden.

Schritt 3 Färbe jeden Zahnstocher bis zur Hälfte mit einem (roten) Stift. ↑3 Stelle die beiden Drähte so auf, dass sie ineinandergreifen. Die Kugelpaare einer Farbe müssen mit den Stäbchen verbunden werden, wobei diese waagerecht durch das Modell verlaufen.

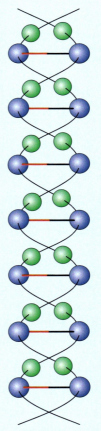

Schritt 4 Erkläre die Teile deines Modells und vergleiche sie mit den Bestandteilen des Originals. Gibt es Unterschiede? Überlege, welche Bestandteile der DNA in deinem Modell vereinfacht dargestellt sind.

3 Dreidimensionales Modell der DNA

Arbeitsaufträge

1 Baue beide Modelle der DNA.
2 Vergleiche die Bestandteile der Modell-DNA mit dem Original. Welche Übereinstimmungen und Unterschiede kannst du feststellen?

3 Erkläre, warum von einem Original unterschiedliche Modelle hergestellt werden. Betrachte die beiden Modelle der DNA. ↑2, 3 Diskutiere, welche Aussagen über die DNA man mit dem jeweiligen Modell treffen kann.

Vom Klostergarten ins Genlabor

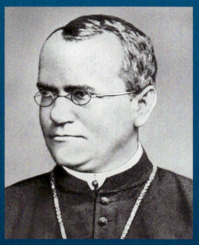

1 Gregor Mendel (1822–1884)

1860 – die Anfänge: Mendels Erbsenzählerei

Einer der Ersten, der die Vererbung von Merkmalen mit naturwissenschaftlichen Methoden untersuchte, war um 1860 der Mönch Gregor Mendel. ↑1 Er säte 34 verschiedene Erbsensamen aus und ließ sie zu Pflanzen heranwachsen. Anschließend wählte er verschieden aussehende Pflanzen aus und kreuzte sie miteinander.

1900 – Wiederentdeckung der mendelschen Regeln

Die Versuchsergebnisse von Mendel wurden erst 1902 von mehreren Wissenschaftlern wiederentdeckt. 16 Jahre nach Mendels Tod wurden dann die mendelschen Regeln formuliert:

1. Mendelsche Regel
Kreuzt man zwei Individuen (z. B. Pflanzen) einer Art, die sich nur in einem Merkmal unterscheiden, so sind die unmittelbar aus der Kreuzung hervorgehenden Nachkommen in Bezug auf das betrachtete Merkmal (z. B. Blütenfarbe) gleich. ↑2

2. Mendelsche Regel
Kreuzt man die Individuen der Nachkommengeneration (z. B. alle Nachkommen mit roten Blüten) untereinander, so treten bei den Nachkommen der 2. Generation beide Merkmale (rote und weiße Blütenfarbe) wieder auf. ↑2

1900 bis 1925 – fiktive Gene

1909 wurde der Begriff „Gen" vom dänischen Biologen Wilhelm Johannsen eingeführt. Ein Merkmal wurde auf die Existenz bestimmter Anlagen zurückgeführt, die nicht sichtbar sind, die jedoch von Generation zu Generation weitergegeben werden. Diese nicht sichtbaren Anlagen wurden als „Gene" bezeichnet.

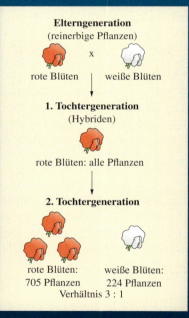

Elterngeneration
(reinerbige Pflanzen)

rote Blüten   x   weiße Blüten

1. Tochtergeneration
(Hybriden)

rote Blüten: alle Pflanzen

2. Tochtergeneration

rote Blüten: weiße Blüten:
705 Pflanzen   224 Pflanzen
Verhältnis 3 : 1

2 Aus Mendels Versuchen konnten die mendelschen Regeln abgeleitet werden.

3 Watson und Crick waren die ersten Wissenschaftler, die ein Modell der DNA anfertigten.

Ab 1925 – Gene als reale Stoffe

1926 bezeichnete der Genetiker Hermann Müller die Gene als reale Einheiten, die sich in der Zelle befinden. 1944 entdeckte der Wissenschaftler Oswald Avery, dass die Desoxyribonukleinsäure (DNA) Träger der genetischen Information ist. Damit kam es zu einer Revolution in der Genetik: Es wurde experimentell nachgewiesen, dass Gene reale Stoffe sind. Ein Meilenstein war die Beschreibung der Struktur der DNA durch James Watson und Francis Crick im Jahr 1953. ↑3 Mit dem Nachweis der Gene als realen Stoffen wuchs auch die Vorstellung, dass sich in den Genen die gesamte Information befindet, die zur Ausbildung eines Lebewesens nötig ist.

Ab 1940 – Gene sind komplex

Ab 1940 zeigten Untersuchungen, dass die Zusammenhänge zwischen Genen und den Merkmalen eines Lebewesens komplizierter sind, als bisher angenommen. Die Annahme, dass ein Merkmal immer durch ein bestimmtes Gen ausgebildet wird, musste korrigiert werden. Bei zahlreichen Merkmalen sind mehrere Gene beteiligt. ↑4

Ab 1980 – Gene sind Teile eines Systems

Die molekulargenetische Forschung zeigt, dass Gene keine unabhängigen Einheiten sind. Gene sind vernetzt. Sie können ihre Funktion nur dann ausüben, wenn sie mit anderen Teilen der Zelle zusammenarbeiten. Von der Vorstellung, dass Gene für sich alleine die Merkmale eines Lebewesens bestimmen, wird deshalb Abschied genommen.

4 Das Merkmal Körpergröße wird von mehreren Genen bestimmt.

Gene haben viele Funktionen

2003 wurde das menschliche Genom entschlüsselt. Die Forscher stellen fest, dass das Wissen über die Struktur der Gene allein nicht dabei hilft, zu verstehen, wie sich ein Lebewesen entwickelt. Untersuchungen zeigen, dass es so etwas wie „das Gen" gar nicht gibt. Es existieren vielmehr viele verschiedene Gene, die jeweils ganz unterschiedliche Funktionen haben. Heutzutage versuchen Forscher deshalb herauszufinden, wie einzelne Gene genau funktionieren und zusammenwirken. ↑5

5 Die genetische Forschung ist heute komplex geworden.

Von der Wildform zum großen Ertrag

Vor 50 Jahren hat eine Kuh durchschnittlich 3000 Liter Milch pro Jahr gegeben, heute hat sich diese Zahl fast verdoppelt: Eine einzelne Milchkuh liefert heute pro Jahr etwa 6000 Liter Milch. Wie lässt sich diese Steigerung erklären?

1 Kühe werden heutzutage fast nur noch maschinell gemolken.

Ziele der Zucht Seit Jahrtausenden nutzt der Mensch die Vielfalt von wild lebenden Pflanzen und Tieren zur **Züchtung** von Kulturpflanzen und Nutztiere. Diese Kulturpflanzen und Nutztiere haben verbesserte Eigenschaften.

Ein Beispiel für eine wichtige Kulturpflanze ist der Mais. ↑2 Das wichtigste Zuchtziel beim Mais ist die Ertragsteigerung. Dies bedeutet, dass neu gezüchtete Maispflanzen eine größere Anzahl an Maiskolben hervorbringen oder Kolben mit einer höheren Anzahl an Maiskörnern ausbilden.

In der Tierzucht ist das wichtigste Ziel die Verbesserung und Erhaltung vorteilhafter Eigenschaften von Nutztieren. Bei Rindern ist das vor allem die Steigerung der Milchleistung. ↑3 Daneben will man aber auch die Fleischleistung verbessern. Das bedeutet, dass Rinder gezüchtet werden, die möglichst schnell ein großes Körpergewicht erreichen.

Um Pflanzen und Tiere mit verbesserten Eigenschaften zu züchten, müssen verschiedene genetisch bedingte Merkmale vorliegen.

Sowohl in der Tierzucht als auch in der Pflanzenzucht wurden und werden grundsätzlich die gleichen Züchtungsmethoden angewandt. Doch wie funktioniert die Züchtung genau?

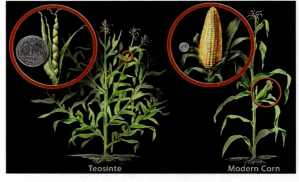

2 Unsere heutigen Maissorten stammen von einer Wildgrassorte ab.

3 Milchleistung 1950 und heute

Auslese Die älteste Züchtungsmethode ist die **Auslese** von Tieren und Pflanzen mit günstigen Eigenschaften. Bei einer Pflanze wie dem Mais werden aus einem Feld mit vielen Pflanzen nur diejenigen ausgelesen, d. h. ausgesucht, und weiter fortgepflanzt, die für den Menschen wertvolle Eigenschaften haben. Beim Mais sind das zum Beispiel die Pflanzen, die besonders große Maiskolben mit vielen Körnern besitzen.

Kreuzen von Rindern – was bereits Mendel wusste Eine weitere Züchtungsmethode ist das **Kreuzen**. Zuerst werden mehrere Rinder aufgezogen und unterschiedliche Männchen und Weibchen miteinander verpaart. Wenn sich die Merkmale des weiblichen Rindes (z. B. schwarzes Fell) von den Merkmalen des männlichen Rindes (z. B. rotbraun geschecktes Fell) unterscheiden, entstehen bei den Nachkommen der 2. Generation, also den Enkeln, völlig neue Merkmalskombinationen. ↑4 Der Mönch Gregor Mendel hat dieses Phänomen bereits 1860 bei Erbsensamen untersucht. Das Phänomen der Neukombination wird deshalb auch als 3. mendelsche Regel bezeichnet.

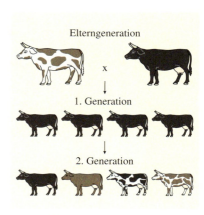

4 Eine Kreuzung führt zu neuen Merkmalen bei den Nachkommen.

Auch Gartenpflanzen und Haustiere werden gezüchtet Die Methoden der Züchtung werden aber auch bei Haustieren und Gartenpflanzen angewendet. Durch Züchtung sind zum Beispiel unterschiedlich duftende Rosensorten oder verschiedene Hunderassen entstanden.

Merk dir! Der Mensch züchtet durch Auslese und Kreuzen Tier- und Pflanzenarten mit Eigenschaften, die ihm nützlich sind.

Auslese
Kreuzen
Züchtung

Elterngeneration

1. Generation

2. Generation

5 Wie entstehen bunte Maiskolben?

Arbeitsaufträge

1 Erläutere anhand der Abbildung 4, wie durch Züchtung Rinder mit unterschiedlichem Fellmuster entstehen.

2 Alex und Anton finden auf einem Maisfeld eine Maispflanze mit bunt gemusterten Maiskolben. Die Maiskolben bestehen aus gelben und roten Maiskörnern. Die beiden stehen vor einem Rätsel. Kannst du ihnen erklären, wie eine Pflanze mit solchen bunten Maiskolben entsteht? ↑5

3 Im kommenden Jahr findet ein Wettbewerb mit dem Titel „Wer hat die beste Kuh?" statt. Bauer Klaus möchte gern teilnehmen, weiß jedoch nicht, wie er die Milchleistung seiner Kühe steigern kann. Entwickle einen Plan, mit dem du die Milchleistung von Bauer Klaus Kühen verbesserst.

Vielfalt entsteht durch Veränderung

1 Mutanten in Filmen sind oft Menschen mit verändertem Aussehen und veränderten Eigenschaften.

In Science-Fiction-Filmen sind Mutanten meist Menschen mit verändertem Aussehen und ungewöhnlichen Eigenschaften. Sie sehen oft unheimlich oder merkwürdig aus oder haben besondere Fähigkeiten. Sind diese Veränderungen bei Menschen erfunden oder gibt es sie wirklich?

Mutation heißt Veränderung Die Veränderungen bei Mutanten in Filmen sind fast immer erfunden. Im Kino sehen die Mutanten meist besonders unheimlich aus. In der Biologie wird ein Lebewesen als Mutante bezeichnet, wenn es genetisch verändert ist. Der Prozess, bei dem eine solche genetische Veränderung entsteht, heißt **Mutation**.

Mutationen entstehen zufällig und ungerichtet. Faktoren, die eine Mutation auslösen können, sind energiereiche Strahlung, wie z. B. Röntgenstrahlung und UV-Strahlen, oder chemische Stoffe.

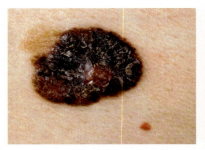

2 Hautkrebs kann durch UV-Strahlung entstehen.

Veränderungen von Körperzellen Eine Mutation kann dazu führen, dass Gene in dieser Zelle nicht mehr funktionstüchtig sind. Manche Mutationen stören den Stoffwechsel der Zelle so stark, dass die Zelle abstirbt. Sie kann aber auch zu einer Krebszelle entarten. ↑2 Viele Mutationen haben jedoch keine Auswirkungen auf die Lebensfähigkeit der Zelle, da die Zelle über Mechanismen verfügt, mit denen die Veränderungen repariert werden können. Mutationen in Körperzellen werden nicht an die nächste Generation vererbt. Sie betreffen immer nur das Lebewesen, bei dem sie auftreten.

Veränderungen von Geschlechtszellen Findet eine Mutation in einer Geschlechtszelle statt, wirkt sich das jedoch nicht auf das betroffene Lebewesen aus. Erst in der nächsten Generation können solche Geschlechtszellenmutationen in Erscheinung treten. Sie werden also vererbt.

3 Normal gefärbter Tiger und weißer Tiger (Albino)

Mutation ist nicht gleich Mutation Mutationen können ganz unterschiedlich sein. Sie können nur an einem einzigen Gen auftreten. Dies ist z. B. beim Albinismus der Fall. Dabei ist das Gen, das für die Produktion des Hautfarbstoffes Melanin zuständig ist, verändert. Fehlt der Hautfarbstoff Melanin, sehen Haut, Fell oder Federn von Menschen und Tieren weiß aus. ↑3, 4 Neben Genen können auch Chromosomen mutieren. Ein berühmtes Beispiel ist die Fruchtfliege mit sehr kurzen Flügeln, so genannten Stummelflügeln. ↑5 Bei der Zellteilung kann es außerdem vorkommen, dass sich die Chromosomen nicht gleichmäßig auf die Zellkerne der neu entstehenden Zellen verteilen. Dies führt dazu, dass im Zellkern einer Zelle weniger oder mehr Chromosomen vorhanden sind. Ein Beispiel dafür ist das Down-Syndrom.

Mutationen schaffen Vielfalt Mutationen an sich sind weder gut noch schlecht, sondern können sich unterschiedlich auswirken. Sie können nachteilig, vorteilhaft oder ohne erkennbare Auswirkungen sein. Mutationen sind in der Geschichte der Lebewesen, der Evolution, eine Ursache für Neues. Sie tragen wesentlich zur genetischen Verschiedenheit einer Art bei.

Umweltfaktoren schaffen Veränderungen Nicht alle Veränderungen von Lebewesen sind genetisch bedingt. Bei der Chinesischen Primel hängt zum Beispiel die Blütenfarbe von der Umgebungstemperatur ab. Wächst die Primel bei Temperaturen unter 30 °C, blüht sie rot, sind die Temperaturen oberhalb von 30 °C, ist die Blütenfarbe weiß. ↑6 Veränderungen von Merkmalen, die nicht genetisch bedingt sind, sondern durch unterschiedliche Umweltfaktoren wie Temperatur, Licht oder Nahrung hervorgerufen werden, nennt man **Modifikationen**.

Merk dir! **Mutationen sind Veränderungen im Erbgut. Sie treten zufällig auf. Modifikationen sind hingegen durch die Umwelt bedingte Merkmalsveränderungen.**

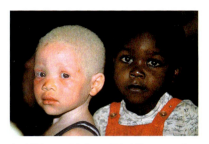

Modifikation Mutation

4 Albinomädchen. Die Eltern und Geschwister sind dunkelhäutig.

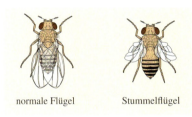

normale Flügel Stummelflügel

5 Eine Chromosomenmutation bewirkt bei der Fruchtfliege die Veränderung der Flügelform.

6 Chinesische Primeln

Arbeitsaufträge

1 In vielen Science-Fiction-Filmen werden Mutanten, d. h. genetisch veränderte Menschen (und Tiere), gezeigt. Erkläre den Unterschied zwischen der Darstellung von Mutationen in Filmen und der biologischen Beschreibung von Mutationen.

2 Suche nach weiteren Beispielen für Modifikationen. Erkläre jeweils, woran man erkennt, dass es sich um eine Modifikation handelt.

„Mein Name ist Max. Ich gehe in die 9. Klasse der Integrierten Gesamtschule und bin 16 Jahre alt. Als ich klein war, war ich häufig krank und musste wegen eines Herzfehlers operiert werden. Heute geht es mir gut. In der Grundschulzeit war ich nachmittags beim Sprachtraining, da ich nicht so gut sprechen konnte wie die anderen Kinder. Heute bringt mir die Schule viel Spaß. Besonders mag ich den Sportunterricht. Schreiben und Lesen fällt mir immer noch viel schwerer als den anderen in meiner Klasse. Zum Glück hilft mir mein Freund Alex im Unterricht sehr gut. Dafür muntere ich ihn auf, wenn er mal traurig ist. In der Schule habe ich Elena kennengelernt. Sie hat wie ich das Down-Syndrom. Sie ist seit ein paar Wochen meine Freundin. Wir treffen uns nachmittags oft, quatschen oder gehen zusammen einkaufen. Manchmal gehen wir ins Kino. Elenas Lieblingsfilm ist Titanic. Ich schau mir lieber Actionfilme an. Meist können wir uns aber einigen, welchen Film wir sehen wollen.“

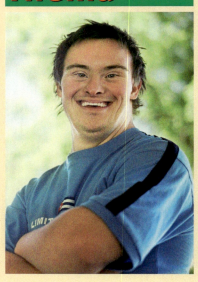

1 Max

Anders normal leben

2 Menschen mit Down-Syndrom

Eine häufige Behinderung

Das Down-Syndrom ist eines der verbreitetesten angeborenen Syndrome. Insgesamt leben weltweit zirka fünf Millionen Menschen mit dem Down-Syndrom. Der englische Arzt John Langdon Down war der Erste, der im Jahr 1866 Menschen mit den „klassischen Merkmalen" dieses Syndroms beschrieb. Ein Syndrom ist eine Reihe von Merkmalen, die auf eine ganz bestimmte Ursache zurückzuführen sind. Die Kombination mehrerer dieser Merkmale ist typisch für das Syndrom.

Ein Chromosom zu viel

Menschen mit Down-Syndrom haben in jeder Zelle 47 Chromosomen statt der üblichen 46. Das Chromosom Nr. 21 ist dreifach in jeder Zelle vorhanden statt üblicherweise zweimal. ↑3 Diese Entdeckung führte zur Bezeichnung Trisomie 21. Trisomie 21 bezeichnet die genetische Ursache. Die Trisomie 21 entsteht durch eine ungleichmäßige Verteilung der Chromosomen bei der Meiose, der Eizellenbildung.

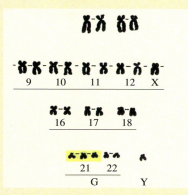

3 Karyogramm eines Menschen mit Down-Syndrom

Vielfältige Symptome

Man kennt viele verschiedene Eigenschaften, die für Menschen mit dem Down-Syndrom mehr oder weniger typisch sind. Niemand zeigt jedoch alle diese Eigenschaften. Häufig sieht man folgende Symptome: ein rundes Gesicht, eine leicht schräg aufwärts gerichtete Augenstellung, eine breite Hand mit kurzen Fingern, eine Muskelschwäche, oft anatomische Herzfehler (die meist früh operiert werden müssen), eine geringere Körpergröße als in der restlichen Familie und in der Regel eine verminderte Intelligenz.

Einzigartige Persönlichkeit

Menschen mit Down-Syndrom haben viele persönliche Merkmale, die sie zu unverwechselbaren Individuen machen.
Unterschiede gibt es auch bei ihren Fähigkeiten. Einige lieben es zu tanzen, andere zeigen daran kein Interesse. Manche sind beim Theaterspielen oder Malen sehr kreativ, andere sind dazu nicht in der Lage. Ihr Charakter wird häufig als offen, liebevoll und fröhlich beschrieben.

Erfolgreiche Förderung

Bei einigen Menschen ist die geistige Behinderung stark, bei anderen nur schwach ausgeprägt. Wenn die Kinder früh gefördert werden, können sie in vielen Fällen eine Schule besuchen und einen Abschluss machen.

Arbeitsaufträge

1 Welche Schimpfwörter für Menschen mit Behinderungen kennst du? Welche hast du selbst schon einmal verwendet? Fertige eine Liste an.
  a Nimm Stellung zu den Schimpfwörtern und erkläre, was hinter den Bezeichnungen steckt. Erörtere, warum die Begriffe für Betroffene sehr verletzend sind und häufig gar nicht zutreffen.
  b Diskutiert in der Klasse Alternativen zu den Bezeichnungen.
2 Erkläre, wie es zu einer Fehlverteilung der Chromsomen kommt.
3 Beschreibe, wie sich das Leben von Max von dem eines nicht behinderten Menschen unterscheidet. Was ist anders? Was ist ähnlich? Überlege, wie Max' Schicksal ausgesehen haben könnte, wenn seine Eltern ihn als Kind nicht gefördert hätten?

Gene und Gesundheit

1 Sind veränderte Gene unser Schicksal?

Was passiert beim Menschen, wenn die Gene verändert sind? Sieht oder merkt man die genetische Veränderung? Machen genetische Veränderungen krank? Sind Menschen genetischen Veränderungen schicksalhaft ausgeliefert?

Krankheitsgene gibt es nicht Häufig wird gesagt, es gäbe „kranke" Gene, die Krankheiten beim Menschen auslösen. Dies ist jedoch nicht richtig. Gene selbst können nicht krank sein. Krank sein kann nur der Mensch. Gene können aber durch eine Mutation so verändert sein, dass sie ihrer Funktion gar nicht oder nur vermindert nachkommen können. Dies kann dann dazu führen, dass bestimmte Proteine, die für den Körper wichtig sind, nicht mehr oder nicht mehr ausreichend produziert werden. Dann kann es zu einer **genetisch bedingten Krankheit** kommen.

Gene und Merkmale werden unterschieden Wenn wir über Gene sprechen, dann beziehen wir uns auf den **Genotyp**. Der Begriff Genotyp bezeichnet die genetischen Eigenschaften eines Lebewesens. Das Erscheinungsbild eines Menschen wird hingegen als **Phänotyp** bezeichnet. Der Phänotyp umfasst die Merkmale und Eigenschaften eines Lebewesens, die wir sehen und beobachten können. Krankheiten gehören immer zum Phänotyp. Die Gene (= Genotyp) bewirken immer nur über eine komplexe Kette mit vielen chemischen Reaktionen bestimmte Merkmale im Phänotyp. ↑2

Vielfältige Genwirkungen Bei ganz wenigen und meist auch seltenen Krankheiten reicht eine einzige Veränderung in nur einem einzigen Gen aus, um eine Krankheit auszulösen. Ein Beispiel

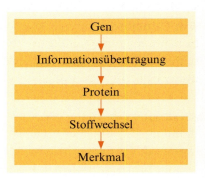

2 Vereinfachte Genwirkkette

3 Bei der Mukoviszidose hat die Mutation zur Folge, dass sich in den Lungen ein zäher Schleim ansammelt.

dafür ist die Mukoviszidose. ↑3 Meist sind mehrere mutierte Gene an der Krankheitsentstehung beteiligt. Diese führen dann zu einer Anfälligkeit für eine Krankheit. Ob und in welchem Ausmaß eine Krankheit ausbricht, hängt auch von Umweltfaktoren wie der Ernährung oder von Stress ab. Dies ist z. B. bei Herz-Kreislauf-Erkrankungen oder Adipositas der Fall.

Glücklich mit Milch – Laktosetoleranz Laktoseintoleranz bezeichnet die Unverträglichkeit von Milch und Milchprodukten. Das Gegenteil ist die Laktosetoleranz. Laktosetoleranz äußert sich darin, dass Erwachsene Milch und Milchprodukte zu sich nehmen können, ohne Verdauungsbeschwerden zu bekommen. Dafür ist ein mutiertes Gen verantwortlich. Es sorgt dafür, dass genügend Laktase (Enzym) gebildet wird, um den in der Milch enthaltenen Milchzucker abzubauen. ↑4 Menschen mit Laktoseintoleranz fehlt das mutierte Gen, das die Laktasebildung reguliert. Es wird wenig Laktase gebildet, was dazu führt, dass nur wenig Milchzucker abgebaut werden kann. ↑4 Nehmen diese Menschen viel Milchzucker zu sich (z. B. durch größere Mengen Frischmilch), bekommen sie schweren Durchfall. Dieses Beispiel zeigt, dass ein mutiertes Gen auch einen Vorteil bedeuten kann. Es ermöglicht den Menschen, Milch und Milchprodukte ohne Beschwerden zu sich nehmen zu können. ↑5

> **Merk dir!** Der Genotyp bezeichnet die genetischen Eigenschaften eines Lebewesens. Der Phänotyp umfasst die Merkmale, die wir sehen können. Bei der Entstehung von genetisch bedingten Krankheiten sind in den meisten Fällen mehrere bis viele Gene und zusätzlich Umweltfaktoren beteiligt.

4 Ein mutiertes Gen und seine Folgen – Laktosetoleranz

5 Glücklich mit Milch? – Eine Frage der Gene

Arbeitsaufträge

1 In einer Zeitung erscheint ein Artikel mit dem Titel „Laktoseintoleranz – eine weitverbreitete Krankheit". Nimm Stellung zum Titel des Zeitungsartikels. Begründe, was bei der Laktoseintoleranz für die Bezeichnung „Krankheit" spricht und was dagegen. Erörtere, welche Faktoren bei der Beantwortung der Frage eine Rolle spielen (z. B. Symptome, Vorliegen einer Mutation).

2 Alex muss eine Diät einhalten, da er das in der Nahrung enthaltene Phenylalanin (eine Aminosäure) nicht im Körper abbauen kann. Medizinisch wird dies als Phenylketonurie (PKU) bezeichnet.
  a Recherchiere zum Thema „PKU" im Internet. Suche Informationen zu den Ursachen und Symptomen.
  b Erkläre die genetischen Zusammenhänge, die dazu führen, dass Menschen kein Phenylalanin abbauen können. Nenne die Folgen, die entstehen, wenn PKU nicht behandelt wird.

Die sogenannte grüne Gentechnik ist seit Jahren in aller Munde. Zuerst war sie nur in der Diskussion, inzwischen sind einige Produkte auf dem europäischen Markt, die Teile gentechnisch veränderter Pflanzen enthalten.

Gentechnisch veränderte Pflanzen sollen den Hunger in der Welt besiegen. Sie sind immun gegen Schädlinge und bringen mehr Ertrag – sagen ihre Befürworter. Gegner fürchten dagegen unkontrollierbare Gefahren für Natur und Gesundheit. Ist die grüne Gentechnik ein Fluch oder ein Segen?

Die Frage ist nicht leicht zu beantworten. Wichtig ist vor allem, dass man sich genau informiert und weiß, worüber man spricht.

1 Ist dieser Mais gentechnisch verändert oder nicht?

Grüne Gentechnik

2 Der Begriff „Genfood" ist in aller Munde – doch was genau ist Genfood eigentlich?

3 Anhänger einer Umweltorganisation protestieren gegen den Anbau von Genmais.

Schritte und Tipps für das Projekt „Grüne Gentechnik"

Vorbereitung Besprecht gemeinsam, wie ihr euch über das Thema grüne Gentechnik informieren und wie ihr am Ende ein eigenes Urteil über die Thematik fällen könnt. Klärt, was ihr bereits über das Thema wisst und bei welchen Fragen ihr euch noch nicht sicher seid. Sammelt eure offenen Fragen.

Planung Bildet Interessengruppen, die sich verschiedenen Themenbereichen zuordnen. Haltet eure Planung schriftlich fest.
- Notiert das Ziel eures Projekts.
- Teilt den einzelnen Gruppen verschiedene Aufgaben zu.
- Überlegt euch, wo ihr Informationen zu eurem Thema erhaltet. Tipp für die Internetrecherche: Naturschutzverbände, Organisationen, Landwirtschafts- und Umweltministerium
- Erstellt einen Zeitplan.
- Wie soll eure Präsentation aussehen?

Durchführung Beginnt mit der Beantwortung eurer Fragen. Neben der Recherche im Internet und in Büchern könnt ihr euch Broschüren bei Organisationen (z. B. Ministerium, Greenpeace) besorgen. Um herauszufinden, was die Bewohner eures Heimatortes zum Thema denken, führt Interviews. Befragt auch Experten wie Ökolandwirte, Biologen oder Vorsitzende von Umweltschutzorganisationen. Achtet darauf, dass ihr Informationen zu den Chancen und Risiken der grünen Gentechnik zusammenstellt.

Abschluss und Präsentation
- Stellt eure Ergebnisse auf Plakaten, einer Wandzeitung, in einer PowerPoint-Präsentation, einem Rollenspiel oder einem kurzen Film dar.
- Gestaltet eine Ausstellung zum Thema grüne Gentechnik, in der ihr Mitschüler, Eltern und andere Interessierte informiert.
- Führt eine Podiumsdiskussion zum Thema durch. Sammelt Argumente für und gegen den Einsatz der grünen Gentechnik und fällt am Ende der Diskussion ein eigenes Urteil.

→ Die Chromosomen eines Lebewesens befinden sich im Zellkern jeder Zelle. Die Körperzellen des Menschen enthalten 46 Chromosomen, die Geschlechtszellen nur 23 Chromosomen. ↑S. 202

→ Die Gene befinden sich auf den Chromosomen. Sie bestehen aus einem fadenförmigen chemischen Molekül, der DNA. ↑S. 202, 208

Vererbung und Genetik – auf einen Blick

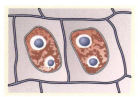

→ Die Mitose ist die Zellteilung. Sie bewirkt, dass in jeder Tochterzelle dieselben Gene wie in der Ausgangszelle vorhanden sind. ↑S. 204

→ Die Meiose führt zur Bildung der Geschlechtszellen. Dabei werden die 46 Chromosomen so verteilt, dass die Zellkerne der Tochterzellen nur noch die Hälfte der Chromosomen enthalten (23 Chromosomen). ↑S. 206

→ Bei der Züchtung werden Methoden angewandt, um die Eigenschaften von Pflanzen und Tieren zu verbessern. ↑S. 214

→ Gene und Chromosomen können sich verändern. Diese Mutationen können nachteilig, vorteilhaft oder ohne Auswirkungen sein. ↑S. 216

225

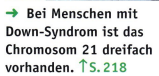

→ Bei Menschen mit Down-Syndrom ist das Chromosom 21 dreifach vorhanden. ↑S. 218

→ Die Entstehung von genetisch bedingten Krankheiten ist sehr komplex. In den meisten Fällen sind mehrere bis viele Gene und zusätzlich Umweltfaktoren an der Krankheitsentstehung beteiligt. ↑S. 220

→ Die grüne Gentechnik beschäftigt sich mit modernen Methoden der Pflanzenzucht. Die Methoden sind mit Chancen und Risiken verbunden. ↑S. 222

Arbeitsaufträge

1 Gestalte ein Wissensquiz zum Thema „Vererbung und Genetik".
  a Denk dir verschiedene Fragen aus. Schreibe die Fragen auf die eine Seite einer Karteikarte, die Antworten auf die Rückseite.
  b Spiele das fertige Quiz mit deinen Mitschülern/Mitschülerinnen.
2 Richtig oder falsch? Begründe jeweils deine Entscheidung.
  a Bei der Vererbung werden Merkmale an die Nachkommen weitergegeben.
  b Die DNA ist ein chemisches Molekül und der Stoff, aus dem die Gene bestehen.

  c Die Geschlechtszellen des Menschen enthalten 46 Chromosomen, die Körperzellen nur 23 Chromosomen.
  d Der Phänotyp umfasst die sichtbaren und beobachtbaren Merkmale eines Lebewesens.
  e Bei der Trisomie 21 liegt das Chromosom 21 nur einmal statt zweimal vor.
  f Es gibt Mutationen, die für den Betroffenen einen Vorteil bedeuten können.
  g Bei der Auslesezüchtung werden die Pflanzen oder Tiere ausgelesen und vermehrt, die besonders schlechte Eigenschaften haben.

1 Erkläre mit eigenen Worten, was man in der Biologie unter dem Begriff Vererbung versteht.

2 Wo genau steckt die biologische Information? 1966 hat der Biologe John Gurdon Versuche an Krallenfröschen durchgeführt. Die Ergebnisse seiner Versuche sind in Abbildung 1 dargestellt.
a Beschreibe die Versuche von John Gurdon.
b Werte die Ergebnisse der Versuche aus und erläutere die Bedeutung des Zellkerns.

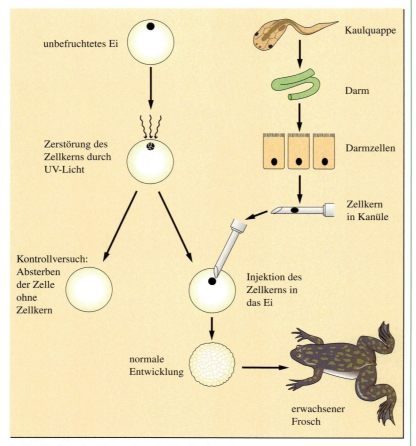

1 Ergebnisse der Versuche mit Krallenfröschen

3 Vielleicht bist du schon einmal geröntgt worden. Dann weißt du, dass einem beim Röntgen eine Bleischürze umgelegt wird. Begründe, warum beim Röntgen besonders die Geschlechtsorgane durch Blei abgeschirmt werden und warum Schwangere nicht geröntgt werden.

4 Zeichne einen DNA-Strang. Vergleiche deine Zeichnung mit dem, was du über die Struktur der DNA aus dem Unterricht weißt. Stelle die Unterschiede und Gemeinsamkeiten zwischen deiner Zeichnung und der Realität in einer Tabelle dar.

5 Im Urlaub geht Anton mit seinen Eltern im Gebirge wandern. Er findet dort Löwenzahnpflanzen, die wesentlich kleiner sind als die Pflanzen zu Hause. ↑2 Anton wundert sich über die großen Unterschiede zwischen den Löwenzahnpflanzen im Gebirge und denen zu Hause im Tiefland. Er fragt sich, ob es an den Wachstumsbedingungen liegt oder ob es bleibende genetisch bedingte Merkmale sind.

   a Stelle Hypothesen zur Frage auf, ob es sich um genetisch bedingte oder umweltbedingte Merkmale handelt. Überlege, mit welchem Versuch man Antons Frage beantworten könnte. Plane einen Versuch und beschreibe den Versuchsaufbau und die Durchführung.

   b Diskutiere, ob es sich bei den verschiedenen Wuchsformen des Löwenzahns um Mutationen oder Modifikationen handelt.

6 Der bekannte Genetiker James Watson sagte vor einigen Jahren: „Früher glaubte man, unser Schicksal läge in den Sternen. Wie wir heute wissen, liegt das Schicksal in unseren Genen." Nimm Stellung zu diesem Zitat. Inwieweit bestimmen die Gene das Schicksal eines Menschen?

Tieflandlöwenzahn

Gebirgslöwenzahn

2

Ordne deiner Lösung im Heft ein Smiley zu:
☺ Ich habe die Aufgabe richtig lösen können.
☺ Ich habe die Aufgabe nicht komplett lösen können.
☹ Ich habe die Aufgabe nicht lösen können.

Aufgabe	Fähigkeit	Hilfe findest du auf Seite …
1	Ich kann den Begriff der biologischen Vererbung erklären.	200
2	Ich kann Versuchsergebnisse erklären und kenne die Bedeutung des Zellkerns.	202
3	Ich kann Faktoren nennen, die genetische Veränderungen hervorrufen, und kenne den Prozess der Meiose.	206
4	Ich kann die Struktur der DNA zeichnen und erklären. Ich kenne die Unterschiede zwischen einem Modell und der Wirklichkeit.	208, 210
5	Ich kenne den Unterschied zwischen genetisch bedingten und umweltbedingten Veränderungen.	216
6	Ich kann die Funktion der Gene für den Menschen kritisch reflektieren.	216

Lebewesen bestehen aus Zellen

1a Die Schülerin hat eine Hand an der Feinein-stellung zum ständigen Nachfokussieren des Präparats. Das Objektiv berührt das Objekt nicht. Das ist richtig.

b Regeln für den Umgang mit dem Mikroskop: Fasse das Mikroskop nur am Stativ an, trage es immer aufrecht, berühre die Linsen nie mit den Fingern, entferne Schmutz mit einem weichen Lappen. Vor dem Mikroskopieren muss auf die Grundeinstellung geachtet werden.

c Aufbau eines Lichtmikroskops und die Auf-gaben der einzelnen Bestandteile: Seite 11.

d Gesamtvergrößerung: $10 \cdot 8 = 80$.

e Lupe: bauchige Linse, die eine Vergrößerungs-wirkung hat. Mikroskop: Linsensystem mit mindestens zwei Lupen.

2 Zellbestandteile von Pflanzen- und Tierzellen und ihre Aufgaben:
– Zellmembran: Abgrenzung, Stoffaustausch
– Zellkern: Steuerungszentrum der Zelle, das die Erbinformation enthält
– Zellplasma: Stoffwechsel
Weitere rein pflanzliche Zellbestandteile und ihre Aufgaben:
– Zellwand: verleiht Festigkeit
– Zellvakuole: Speicherung von Abfall- und Reservestoffen
– Chloroplasten: ermöglichen Fotosynthese.

3a Siehe Seite 13.

b Siehe Seite 13.

c Das Modell kann verdeutlichen, was bei der mikroskopischen Untersuchung der Zelle beim Drehen am Feintrieb zur Scharfeinstellung pas-siert. Es erklärt auch, wie die Zelle beim Skiz-zieren als optischer Schnitt dargestellt wird.

d Fehler des Modells: Tischtennisball liegt auf dem Boden auf, „Zellplasma" aus Watte ent-hält zahlreiche Lufträume. Vorgänge bei der Zellteilung können nicht wiedergegeben wer-den.

4a Gleichartige Zellen bilden Gewebe mit einheit-licher Funktion. Verschiedene Gewebe zusam-men bilden Organe. Alle Organe des Körpers zusammen bilden den Organismus.

b Organe der Katze: Magen für die teilweise Verdauung der Nahrung, Muskeln für die Fortbewegung, Knochen als Teil des Skeletts.

5a Wurzel, Spross, Blätter

b Wurzel: zuständig für die Aufnahme von Wasser und die Festigung im Boden.
Spross: verbindet die Wurzeln mit den Blättern, transportiert Wasser und andere Stoffe.
Blätter: Organe für die Fotosynthese

6a Nervenzelle, Flimmerhaarzelle, Wurzelzelle, Blattzelle. Begründung: siehe Lösung zu 6c.

b Tierische Zellen: a: Nervenzelle; b: Flimmer-epithelzelle;
pflanzliche Zellen: c: Wurzelzelle; d: Blattzelle.

c Nervenzellen: länglich, durch Zellfortsätze mit Nachzellen verbunden;
Flimmerhaarzellen: besitzen feine bewegliche Flimmerhärchen;
Wurzelzellen: Chloroplasten fehlen;
Blattzellen: Zwischen den Zellen des unteren Blattes liegen (rot angefärbte) Schließzellen mit Spaltöffnungen.

d Der Zellaufbau ist bei allen Lebewesen prinzi-piell gleich. In ihrem Bau unterscheiden sich die Zellen je nach Aufgabe. Nervenzellen geben Informationen weiter. Dies ermöglichen die feinen Strukturen der Zellausläufer. Die Här-chen der Flimmerhaarzellen sind beweglich, um Schleim und Fremdkörper aus der Luft-röhre zu befördern. Wurzelzellen sind frei von Chloroplasten, da sie kein Licht bekommen. Sie speichern Vorratsstoffe in ihren Zellsaft-vakuolen. Die Zellwände der Blattabschluss-zellen sind miteinander verzahnt. Dadurch geben sie dem Blatt Festigkeit.

7 Siehe Seite 12 und 13.

Lebewesen haben Geschichte

1a Abbildung 3: Die Atmosphäre zur Zeit der Entstehung der Erde war unwirtlich. Sie war geprägt von Gewittern und schwefligen Dämpfen, die durch Vulkanismus entstanden.

b Abbildung 4: Das Bild zeigt einen noch glühen-den Planeten. Auch unsere Erde ist vermutlich durch einen solchen Urknall oder Big Bang entstanden.

c Abbildung 1: Im Meer entstanden erste ein-fache Lebensformen, Einzeller und Algen.

d Abbildung 2: Das Urmeer war angefüllt mit verschiedensten Lebensformen. Vom Urmeer aus eroberten die ersten Lebewesen das Land und die gesamte Erdoberfläche.

2 Aspekte für den Landgang: Nachdem die Fotosynthese erfunden war, reicherte sich die Atmosphäre im Laufe der Zeit mit Sauerstoff an. Es bildete sich eine schützende Ozonschicht. Ein Leben an Land wurde dadurch möglich. Weitere Voraussetzungen für ein Leben außerhalb des Wassers war die Entwicklung eines Verdunstungsschutzes. Dadurch konnten sich Lebewesen vor Austrocknung schützen. Über einen langen Zeitraum entwickelten Tiere statt der Kiemenatmung eine Lungenatmung und statt Flossen Beinpaare.

3 Das Mammutbaby und auch Ötzi sind nach ihrem Tod luftdicht im Eis der Tundra bzw. eines Gletschers eingefroren und damit konserviert worden.

4 Die Regel der Paläontologen hat aus folgenden Gründen Gültigkeit:
Nach ihrem Tod werden Lebewesen von Staub, Sand und Geröll bedeckt. Über den verstorbenen Lebewesen entsteht eine Sedimentschicht. Darüber werden wieder verstorbene Lebewesen eingebettet, die später gestorben sind, erdgeschichtlich also jünger sind usw. Bei Ausgrabungen werden also ältere Lebensformen in tieferen Schichten gefunden, jüngere Lebensformen in höheren Schichten einer Felswand.

5 Von der Entstehung der Erde bis in die heutige Zeit haben sich die Lebensbedingungen auf der Erde ständig geändert. Diejenigen Lebensformen, die an veränderte Umweltbedingungen am besten angepasst sind, haben die besseren Überlebenschancen und mit den besseren Überlebenschancen auch den größeren Fortpflanzungserfolg. Bei der Fortpflanzung wird die genetische Information der besseren Anpassung weitergegeben. Somit haben die Lebewesen im Laufe der Milliarden von Jahren jeweils andere Angepasstheiten an wechselnde Umweltbedingungen erfahren. Es ist eine große Artenvielfalt entstanden.

6 Anpassungen der Wirbeltiere:
– Verdunstungsschutz, der den lebensbedrohlichen Wasserverlust an Land verhindert;
– der Übergang von der Kiemen- zur Lungenatmung;
– ein knöchernes Innenskelett mit einer zentralen Stütze, der Wirbelsäule, und einem Schulter- und einem Beckengürtel, an dem die Extremitäten ansetzen.

7 Die natürliche Selektion entsteht durch den Selektionsdruck in der Natur, wenn sich die Umweltbedingungen für Lebewesen ändern. Individuen, die an veränderte Umweltbedingungen schlecht angepasst sind, werden von Beutegreifern schnell erkannt und gefressen. Sie können sich nicht mehr fortpflanzen. Gut angepasste Individuen werden dagegen von Beutegreifern übersehen, sie vermehren sich weiter. Beispiel: der Birkenspanner.
Die künstliche Selektion ist eine durch den Menschen gesteuerte Selektion. Sie kennzeichnet die Züchtung neuer Arten oder Rassen, beispielsweise in der Landwirtschaft. Der Mensch achtet darauf, dass nur das gewünschte Merkmal einen Fortpflanzungserfolg hat. Auf diese Weise werden aus einer einfachen Wildform zum Beispiel besonders ertragreiche Weizensorten gezüchtet, die zusätzlich, je nach Anbaugebiet, entweder kälte- oder hitzeresistent sind.

8 1 Proconsul: vermutlich gemeinsamer Ahn von Affen und Menschenaffen, vierfüßiger Waldbewohner.
2 Australopithecus: Vormensch in der Savanne, der erste Zweibeiner.
3 Homo habilis: der Frühmensch, ein geschickter Mensch, der einfache Werkzeuge herstellte, um sie dann fachgerecht zu nutzen. Zunahme des Hirnvolumens zum Vormenschen um 30%.
4 Homo erectus: der aufrechte Mensch suchte und bewahrte das Feuer, das er sowohl für seine Nahrung nutzte als auch um beispielsweise Speerspitzen zu härten. Sein Hirnvolumen war um ein Vielfaches größer als das der Frühmenschen.
5 Neanderthaler: Er stellte gute Werkzeuge her und bestattete seine Toten mit Grabbeigaben, seine Hirnmasse betrug etwa 1600 cm³.
6 Homo sapiens: der wissende Mensch, ein großer Mensch mit feinem Knochenbau, er nutzt neben Holz stabilere Werkstoffe wie Knochen und Elfenbein für Waffen und Schmuckstücke, fertigt Höhlenmalereien an.

9 Das Feuer bot den Menschen Schutz vor wilden Tieren, es wärmte in kalten Nächten oder im Winter, es verbesserte die Nahrungszubereitung und ermöglichte die Herstellung von Waffen.

10 Der Sprachgebrauch, ebenso wie die geschriebene Sprache sind wichtige Kulturgüter. Sie ermöglichen es den Menschen, sich zu verständigen. Erworbenes Wissen und komplizierte Sachverhalte können an die nächste Generation weitergegeben werden. Allgemeingültige Regeln und Pflichten einer Gesellschaft können festgeschrieben werden, damit ein soziales Miteinander möglich ist.
Bereits die Neanderthaler hielten ihre Jagdstrategien in Höhlenmalereien fest, um in der Gruppe die Jagd auf große Beutetiere zu „besprechen".

Gesundheit des Menschen – Abhängigkeit und Sucht

1 Eine gesunde Lebensführung unterstützt das Immunsystem und beugt Krankheiten vor.

2 Mögliche Ursachen für den Unfall könnten sein: Übermüdung, überhöhte Geschwindigkeit, Alkohol und/oder Cannabis. Es könnten auch noch andere Drogen infrage kommen, die das Reaktionsvermögen beeinträchtigen.

a Drogen beeinträchtigen die Wahrnehmung, indem sie die Aktivität der Nervenzellen verändern.

b Menschen, die nicht gelernt haben, mit Problemen und Stress umzugehen

c Individuelle Lösung

d Sport, Hobbys, Unternehmungen mit Freunden, Entspannungsübungen

3 Individuelle Lösungen. Das Einatmen von Tabakrauch aus der Raumluft stellt ein Gesundheitsrisiko dar, da auch auf diesem Wege giftige Stoffe wie Blausäure, Kohlenmonoxid und Ammoniak und krebsauslösende Stoffe aufgenommen werden.

4 Zu Abbildung 3a: Rauchen macht erwachsen.
Zu Abbildung 3b: Raucher haben Kontakt.
Gründe warum Jugendliche zu Alkohol oder Zigaretten greifen sind vielfältig. Oft möchten Sie mit zu einer Gruppe gehören oder erwachsen wirken. Individuelle Lösungen.

5 Die meisten Jugendlichen greifen aus Gewohnheit oder aus Spaß zur Zigarette. Nur wenige aus Stress, wegen der Geselligkeit und für die Anerkennung. Individuelle Lösungen.

6a Verhaltenssucht ist eine Sucht ohne Drogenkonsum. Bei dieser Art von Sucht, ist die betroffene Person nach einem bestimmten Verhalten, z. B. Spielen oder sich mit dem Computer beschäftigen süchtig.

b Die Suchtkriterien treffen auch auf Verhaltenssüchte zu.

Sinne erschließen die Welt

1 Auge: Linse, Iris, Netzhaut, Pupille, Glaskörper, Sehnerv
Ohr: Ohrmuschel, Gehörgang, Gehörknöchelchen, Gehörnerv, Schnecke, Trommelfell, Hörsinneszellen

2 1: Netzhaut, 2: Aderhaut, 3: Lederhaut, 4: Sehnerv, 5: blinder Fleck, 6: gelber Fleck, 7: Augenmuskel, 8: Glaskörper, 9: Schädelknochen, 10: Augenlid, 11: Ringmuskel, 12: Hornhaut, 13: Iris, 14: Pupille, 15: Linse, 16: Augenbindehaut

3 Das Gehirn versucht immer, ein „sinnvolles" Bild zu erzeugen, wobei es auf Erfahrungen und Wissen zurückgreift. Da auf der Abbildung aber etwas dargestellt ist, was es gar nicht geben kann, gelingt es dem Gehirn nicht, ein eindeutiges Bild zu sehen.

4 – Wenn beim Experimentieren im Chemieunterricht ätzende Stoffe oder Staubteile ins Auge gelangen: Schutz durch Schutzbrille;
– wenn man in gechlortem oder stark salzhaltigem Wasser schwimmt: Schutz mit einer Taucherbrille;
– wenn die Sonne stark scheint: Schutz durch Sonnenbrille;
– wenn man über eine Stunde lang am Computer spielt oder arbeitet: regelmäßig Pausen machen und sich mit anderen Dingen beschäftigen.

5 h, e, c, f, g, a, b, d

6 Unser Gehör kann die Höhe von Tönen unterscheiden und die Lautstärke von Geräuschen wahrnehmen.

7 Unser Gehirn ermöglicht die Wahrnehmung unserer Umwelt. Über unsere Sinnesorgane nehmen wir Reize wie beispielsweise Geräusche, Licht oder Temperatur auf. Diese Reize werden dann in Signale umgewandelt, die über die Nervenbahnen an das Gehirn weitergegeben werden. Dort werden diese Signale ausgewertet. Das Gehirn schickt dann ebenfalls über die Nervenbahnen Befehle in Form von Signalen an unsere Muskeln, sodass unser Körper auf diese Reize reagieren kann.

8 Kurzzeitgedächtnis:
– Alex' Sinnesorgane nehmen ständig Informationen aus der Umwelt auf, auch die aktuellen Fußballergebnisse. Diese gelangen zunächst mit allen anderen Informationen in sein Kurzzeitgedächtnis.
– Auch in Aylins Kurzzeitgedächtnis werden die Fußballergebnisse abgespeichert. Da sie sich aber nicht sonderlich für diese Ergebnisse interessiert, sortiert ihr Gehirn diese Informationen gleich wieder aus.
Langzeitgedächtnis:
– Alex interessiert sich sehr für die aktuellen Fußballergebnisse, daher werden diese in seinem Langzeitgedächtnis gespeichert, wo sie mehrere Wochen haften bleiben.
– Für Aylin sind die Fußballergebnisse nicht wichtig. Aus diesem Grund gelangen sie gar nicht erst in das Langzeitgedächtnis.
Langfristiger Speicher:
Nach mehreren Wochen überprüft das Gehirn von Alex noch einmal, ob die gespeicherten Informationen wirklich wichtig sind. Da nach dieser Zeit bereits wieder neue Fußballergebnisse aktuell sind, werden die alten Informationen nicht weiter abgespeichert.

Gefährdung unserer Lebensgrundlagen

1 Wasser besitzt die physikalische Eigenschaft, andere Stoffe zu lösen. Auf diese Weise transportiert es lebensnotwendige Stoffe und Stoffwechselprodukte durch Lebewesen, Organe, Zellen und die Natur.
2 Erlenzone: Weide, Himbeere, Reiher, Frösche
Schilfrohrzone: Schilf, Rohrkolben, Schwan, Wasserschnecken
Schwimmblattzone: Seerose, Laichkraut, Rotauge, Blässhuhn
Tauchblattzone: Wasserpest, Fadenalge, Tauchente, Barsch
Freiwasser: Phytoplankton, Algen, Haubentaucher, Hecht
3 Individuelle Lösungen. Vgl. S. 128/129.
4a Gründe gegen Abholzung: Zerstörung des Artenreichtums, negative Auswirkungen auf das globale Klima.
b Gründe für Abholzung: Finanzielle Gewinne für die Holzindustrie, Gewinnung von Bauland.
c Alternative: Nutzung von heimischen Hölzern.

5 Siehe Seite 143 Abbildung 3.
6 Durch die steigenden Temperaturen schmelzen das Eis der Antarktis sowie die Gletscher in den Gebirgen. Das abfließende Wasser führt zu einem Anstieg des Meeresspiegels. Dies wiederum führt zu Überschwemmungen und Deichbrüchen. Durch die höheren Temperaturen verdunstet in einigen Regionen der Erde das Wasser schneller. Dort gibt es dann Dürre und nicht mehr genug Trinkwasser. Die Jahreszeiten verschieben sich. In Europa beginnt der Frühling eher. Dadurch treiben die Pflanzen eher aus, die Insekten entwickeln sich früher und Vögel zeigen ein verändertes Zugverhalten.

Gesund sein – Krankheiten abwehren

1a Die Symptome einer Grippe sind Schüttelfrost, hohes Fieber, Kopf- und Gliederschmerzen, schweres Krankheitsgefühl.
b Körpertemperatur bei der Ansteckung und in der Inkubationszeit: 37 °C; in der Erkrankungsphase: bis zu 40 °C; in der Gesundungsphase: 37 °C
2a Infektionskrankheiten werden durch Erreger verursacht. Die Krankheiten verlaufen in typischen Phasen mit bestimmten Symptomen.
b Erreger von Infektionskrankheiten sind Bakterien (Tuberkelbazillen, Tetanuserreger, Salmonellen), Viren (Grippevirus, Masern, HI-Virus), Pilze und Parasiten.
c Siehe 2b.
d Die Infektion kann durch Speicheltröpfchen (Übertragung in großen Menschenansammlungen), über Lebensmittel und über Tiere erfolgen.
3 Bakterien schädigen unseren Körper vor allem durch ihre Gifte.
4a Das Abwehrsystem des Menschen schützt vor Fremdkörpern und Krankheitserregern. Haut, Schleimhäute und Körperflüssigkeiten bilden einen äußeren Schutz. Im Innern des Körpers arbeiten verschiedene weiße Blutkörperchen zusammen.
b Fresszellen umschließen die Erreger und lösen sie auf. Helferzellen aktivieren Plasmazellen, die Antikörper bilden. Killerzellen zerstören befallene Körperzellen. Es können Gedächtniszellen gebildet werden, die bei einem erneuten Kontakt mit dem Erreger sofort eine sehr schnelle Abwehr auslösen.

c Wenn Erwachsene eine Kinderkrankheit überstanden haben, bleiben Gedächtniszellen jahrelang erhalten. Dadurch kommt es bei einer neuen Infektion erst gar nicht zum Krankheitsausbruch.

5a Besonders gegen gefährliche und häufig auftretende Krankheitserreger sollte man sich vorbeugend impfen lassen.

b Bei der passiven Immunisierung wird dem Patienten ein Serum gespritzt, das spezielle Antikörper gegen den eingedrungenen Krankheitserreger enthält. Diese Antikörper schützen sofort, diese Wirkung hält aber nur wenige Wochen an.

c Bei einer aktiven Immunisierung spritzt man abgetötete oder abgeschwächte Erreger. Dadurch wird der Körper zur Bildung von Antikörpern angeregt. Bei einer Infektion können diese Antikörper schnell aktiviert werden, sodass die Krankheit nicht ausbricht.

d Eine passive Immunisierung führt man durch, wenn schon Krankheitserreger eingedrungen sind. Dadurch kommt eine Vorbeugung zu spät. Der Körper ist schon geschwächt und könnte Antikörper nicht schnell genug bilden.

6a HI-Viren befallen die Helferzellen, sodass deren Zahl allmählich zu gering wird.

b Dadurch bricht die körpereigene Abwehr zusammen. Nun können sich zahlreiche andere Erreger im Körper ungehindert vermehren.

7 Eine gesunde Lebensführung unterstützt das Immunsystem und beugt Krankheiten vor.

Erwachsen werden

1 Das Zwischenhirn regt die Hirnanhangsdrüse an, Hormone in den Blutkreislauf zu geben. In den Eierstöcken veranlassen sie die Produktion von Östrogen und Progesteron. Diese sind für den Aufbau der Gebärmutterschleimhaut verantwortlich. In den Hoden wird die Produktion von Testosteron veranlasst. Es bewirkt die Bildung der Spermienzellen. Bei Jungen und Mädchen bewirken die Geschlechtshormone auch die körperlichen Veränderungen. Damit nicht zu viele Geschlechtshormone gebildet werden, bekommt das Zwischenhirn eine Rückmeldung. Die Hirnanhangsdrüse sorgt dann dafür, dass die Hormonproduktion eingestellt wird.

2 1: Harnblase, 2: Kitzler, 3: kleine Schamlippen, 4: große Schamlippen, 5: Eileiter, 6: Eierstock, 7: Gebärmutter, 8: Muttermund, 9: Scheide
In der Gebärmutterschleimhaut kann sich die befruchtete Eizelle einnisten.

3 1: Schwellkörper, 2: Glied, 3: Eichel, 4: Vorhaut, 5: Harnleiter, 6: Harnblase, 7: Bläschendrüse, 8: Vorsteherdrüse, 9: Spermienleiter, 10: Nebenhoden, 11: Hoden, 12: Hodensack

4 Pille:
– Vorteile: bei richtiger Anwendung hohe Sicherheit; weniger Beschwerden bei der Menstruation
– Nachteile: Eingriff in den Hormonhaushalt; regelmäßige, pünktliche Einnahme ist erforderlich; höheres Risiko für Venenerkrankungen; bei zusätzlichem Rauchen erhöhtes Herzinfarktrisiko
– Wirkungsweise: Die Hormone in der Pille verhindern den Eisprung.

Andere wirksame Verhütungsmittel:
– Kondom: hohe Sicherheit; wird über den steifen Penis gezogen
– Spirale: hohe Sicherheit; wird in die Gebärmutter eingesetzt
– Scheidenring: sehr hohe Sicherheit; wird in die Scheide eingeführt und verbleibt dort für drei Wochen
– Verhütungspflaster: sehr hohe Sicherheit; wird auf Bauch, Rücken oder Gesäß geklebt
– Diaphragma: hohe Sicherheit; wird kurz vor dem Geschlechtsverkehr mit einem Gel zur Abtötung der Spermienzellen in die Scheide ein- und vor den Muttermund gesetzt
– Coitus interruptus: geringe Sicherheit; vor dem Spermienerguss zieht der Mann den Penis aus der Scheide

5 Beim Geschlechtsverkehr gelangen die Spermienzellen in die Scheide und durch die Gebärmutter in den Eileiter. Im Eileiter befindet sich die reife Eizelle, die mit der Spermienzelle verschmilzt. Die befruchtete Eizelle gelangt in die Gebärmutter und nistet sich in der Schleimhaut ein. In den 38 Wochen bis zur Geburt entwickeln sich nach und nach einzelne Organe. Mit dem Einsetzen der Wehen beginnt die Geburt.

6 Folgende Möglichkeiten bestehen: Das Kind selbst in einem Mutter-Kind-Heim oder mithilfe von Familienangehörigen aufziehen; Abtreibung nach Aufsuchen einer Schwangerschaftsberatungsstelle; das Kind kann zur Adoption freigegeben werden. Hilfsangebote: Vertrauenspersonen, Frauenarzt, Beratungsstellen, Jugendamt, Mutter-Kind-Heim.

7 Ausreichend Schlaf, um sich konzentrieren und Neues hinzulernen zu können
Gesunde Ernährung, damit es sich körperlich und geistig gut entwickeln kann
Gesundheitsvorsorge, damit gesundheitliche Probleme frühzeitig erkannt werden
Impfungen zum Schutz vor Krankheiten
Zuwendung und Geborgenheit zur geistigen und emotionalen Entwicklung

Vererbung und Genetik

1 Vererbung im biologischen Sinn bedeutet, dass Anlagen für bestimmte Merkmale von den Eltern an die Nachkommen vererbt werden. Diese Anlagen, die Gene, bedingen ganz bestimmte Merkmale, wie die Augenfarbe oder die Haarfarbe.

2a Bei einem unbefruchteten Froschei wird der Zellkern zerstört. Es entsteht ein Froschei ohne Zellkern, das abstirbt. In einem weiteren Versuch wird ebenfalls der Zellkern eines unbefruchteten Froscheies zerstört, sodass ein kernloses Ei entsteht. Anschließend entnimmt man aus den Darmwandzellen einer Kaulquappe einen Zellkern und transplantiert diesen mithilfe einer Mikropipette in das kernlose Froschei. Aus dem transplantierten Ei entwickelt sich eine Kaulquappe und aus dieser ein ausgewachsener Frosch.

b Die Versuche zeigen, dass der Zellkern in der Eizelle entscheidend dafür ist, ob sich aus einem Froschei ein Frosch entwickeln kann. Die genetischen Informationen für die Entwicklung eines Frosches stecken also im Zellkern einer Zelle. Der Versuch zeigt auch, dass sich die genetische Information im Zellkern jeder Körperzelle (hier ist es eine Darmzelle) befindet.

3 Beim Röntgen werden besonders die Geschlechtsorgane durch die Bleischürze geschützt, da die Röntgenstrahlung die Eizellen und Spermienzellen verändern bzw. schädigen kann. Veränderungen/Schädigungen der

Keimzellen werden an die Nachkommen vererbt. Dies kann bei den Kindern zu genetisch bedingten Krankheiten führen. Schwangere sollten nicht geröntgt werden, da durch die Röntgenstrahlung der Embryo/Fetus geschädigt werden kann.

4 Gemeinsamkeiten: strickleiterartige Form der DNA, Zusammensetzung aus unterschiedlichen Bausteinen, Anordnung der Bausteine. Unterschiede: Größe, Dimensionalität, Material, Farben.

5a Mögliche Hypothesen:
– Bei der Größe handelt es sich um ein Merkmal, das genetisch bedingt ist. Bei der Gebirgsform handelt es sich um eine Mutante. Sät man Samen der Gebirgsform (Zwergform), die mit den Pflanzen genetisch identisch sind, im Tiefland aus, entwickeln sich ebenfalls Zwergformen, d. h. kleine Löwenzahnpflanzen.
– Bei der Größe handelt es sich um ein Merkmal, das durch unterschiedliche Umweltbedingungen (z. B. Sonneneinstrahlung, Temperatur, Versorgung mit Nährstoffen/Bodenbeschaffenheit) hervorgerufen wird. Sät man Samen der Gebirgsform im Tiefland aus, entwickeln sich Löwenzahnpflanzen mit normaler Größe.

b Wenn unter den Umweltbedingungen im Tiefland aus den Samen der Gebirgsform ein normal großer Löwenzahn entsteht, liegt eine Modifikation vor, d. h. die Größe ist umweltbedingt verschieden. Da im Gebirge und im Tiefland unterschiedliche Umweltbedingungen vorherrschen, ist anzunehmen, dass sich dies auf die Wuchsgröße des Löwenzahns auswirkt.

6 In dem Zitat wird den Genen eine Macht zugeschrieben, die sie nach dem heutigen wissenschaftlichen Stand nicht haben. Erstens können Gene allein im menschlichen Körper nichts bewirken. Sie können nur mit anderen Bestandteilen einer Zelle (z. B. Enzymen) wirken. Zweitens werden unsere Merkmale und Eigenschaften nicht durch die Gene allein, sondern durch ein Zusammenspiel von Genen und Umwelt (Umweltfaktoren) gebildet. Wir Menschen sind also der Wirkung der Gene nicht hilflos ausgeliefert, sondern können ihre Wirkung häufig durch äußere Faktoren entscheidend beeinflussen.

Lexikon

Abdruck versteinerte (Fuß-)Spuren, die Lebewesen im Schlamm der Urzeit zurückgelassen haben.

Abtreibung Schwangerschaftsabbruch; dient der Beendigung einer ungewollten oder die Gesundheit der Frau schädigenden Schwangerschaft. Die Entfernung des Embryos bzw. Fetus erfolgt meist mithilfe einer „Abtreibungspille" oder durch Absaugen der Frucht.

Aids (**a**cquired **i**mmune **d**eficiency **s**yndrome) erworbene Immunschwächekrankheit, die von Viren übertragen wird. Im Endstadium bricht das Immunsystem des Patienten zusammen und er stirbt an eigentlich harmlosen Infektionen.

Akupunktur alternative Heilmethode; uralte Behandlungsmethode aus der chinesischen Medizin. An bestimmten Akupunkturstellen des Körpers werden Nadeln eingestochen.

Aminosäuren Grundbausteine der Proteine mit einem einheitlichen Grundbauplan.

Analogie Bezeichnung für Organe, die aufgrund vergleichbarer Aufgaben zwar ähnlich aussehen, aufgrund ihres Bauplans aber nicht auf einen gemeinsamen Vorfahren zurückgeführt werden können. Beispiel Vogelflügel und Insektenflügel.

Angepasstheit durch natürliche Selektion entstandene Zweckmäßigkeit eines Bau- oder Verhaltensmerkmals, die zum Überlebens- und Fortpflanzungserfolg eines Lebewesens beiträgt.

Anlagen werden in der Biologie auch Gene genannt. Im Rahmen der Vererbung werden Anlagen für bestimmte Merkmale (Augenfarbe, Haarfarbe, Körpergröße), nicht aber die Merkmale selbst vererbt.

Antibiotikum (Pl. Antibiotika) natürlich vorkommendes oder künstlich hergestelltes Arzneimittel, das Bakterien tötet oder deren Wachstum hemmt.

Antikörper Stoffe, die nach einer Infektion von den Plasmazellen gebildet werden und an die Erreger binden.

Archaeopterix Bindeglied zwischen den Reptilien und den Vögeln. Er weist Merkmale auf, die sonst entweder nur bei Reptilien oder nur bei Vögeln, niemals aber gemeinsam auftreten.

Arzneimittel Stoffe, die dazu dienen, Krankheiten zu heilen, zu lindern oder zu verhindern.

Atmosphäre Gashülle, die die Erde umgibt und aus vielen verschiedenen Gasen besteht. Die Atmosphäre schützt die Erde vor schädlicher Strahlung und verhindert eine Abkühlung der Erdoberfläche.

aufrechter Gang wichtiges Merkmal für die Beurteilung vermeintlich menschlicher Fossilienfunde, nur der Mensch hat diese Gehweise perfektioniert; die ersten aufrecht gehenden Menschenvorfahren waren die Australopithecinen.

Auslese älteste Züchtungsmethode bei der Tiere oder Pflanzen nach bestimmten Eigenschaften für eine weitere Fortpflanzung ausgesucht werden.

Ausrottung Verschwinden von Arten, verursacht durch den direkten oder indirekten Einfluss des Menschen, z. B. durch Überfischung oder die Zerstörung von natürlichen Lebensräumen wie die Abholzung tropischer Regenwälder.

Australopithecus ältester aufrecht gehender Zweibeiner, lebte vor etwa 4 Millionen Jahren; Ausgrabungsstellen vor allem in Süd- und Ostafrika.

Bakterium einzellige Lebewesen, die unter dem Lichtmikroskop gerade noch zu erkennen sind. Bakterien haben keinen Zellkern. Man unterscheidet verschiedene Formen.

Base Man unterscheidet die vier Basen Adenin, Thymin, Cytosin und Guanin. Adenin bildet nur mit Thymin, Cytosin nur mit Guanin Paare. Bilden die Sprossen der DNA. Immer drei Basen bilden ein Codewort und stehen für eine bestimmte Aminosäure.

Beifang Meerestiere (Fische, Schildkröten, Delfine, Seevögel), die während des Fischfangs mit dem Netz gefangen, aber nicht verwendet werden, da sie nicht zum eigentlichen Fangziel gehören. Oft wird dieser „Abfall" ins Meer zurückgeworfen.

Biologisches Gleichgewicht Nahrungsnetze befinden sich immer in Bewegung. Das biologische Gleichgewicht gibt an, wie gut Veränderungen im Nahrungsnetz ausgeglichen werden können.

Bisexualität Art der sexuellen Orientierung. Menschen, die sich sexuell zu Partnern beiderlei Geschlechts hingezogen fühlen, sind bisexuell.

Lexikon

Chloroplast Blattgrünkorn. Chloroplasten befinden sich in den Zellen von grünen Pflanzen und enthalten einen Farbstoff, das Blattgrün oder Chlorophyll. Mithilfe dieses Farbstoffs findet in den Chloroplasten die Fotosynthese statt.

Chromatid die beiden identischen Hälften eines Chromosoms vor dessen Teilung in der Mitose. Die beiden Chromatiden enthalten jeweils die gleiche DNA.

Chromatin dünne Fäden im Zellkern jeder Zelle, die die Anlagen eines Lebewesens enthalten und die sich bei der Zellteilung zu kompakten Chromosomen verkürzen.

Chromosomen Träger der Erbinformation DNA.

Chromosomensatz Anzahl aller Chromosomen pro Zellkern.

Dendrit kurze, stark verzweigte Fortsätze der Nervenzellen, die Signale von anderen Nervenzellen empfangen.

Devon erdgeschichtliche Phase vor etwa 400 Millionen Jahren, in der die Wirbeltiere das feste Land als Lebensraum erobert haben.

Diabetes Zuckerkrankheit. Eine Stoffwechselstörung, bei der der Körper den mit der Nahrung aufgenommenen Zucker nicht verwerten kann. Man unterscheidet zwischen Typ-I- und Typ-II-Diabetes. Während Typ-I-Diabetes vererbt wird, ist Typ-II-Diabetes eine Erkrankung von älteren oder übergewichtigen Menschen.

Dinosaurier Gruppe der Wirbeltiere, die 170 Millionen Jahre die Erde bevölkerten und vor etwa 65 Millionen Jahren plötzlich ausgestorben ist.

DNA (Desoxyribonukleinsäure) aus dem Englischen: **d**eoxyribo**n**ucleic **a**cid. Die gesamte Erbinformation eines Lebewesens ist hier gespeichert.

Doppelstrang Jede DNA besteht aus zwei Strängen, die strickleiterartig zu einem Doppelstrang umeinander gewunden sind.

Down-Syndrom Trisomie 21. Das Chromosom 21 ist dreimal vorhanden.

Düngung zusätzliche Gabe von Mineralstoffen, um das Pflanzenwachstum zu fördern. Dabei muss immer mit dem Stoff gedüngt werden, der am knappsten ist.

Einschluss Art der Fossilisation. Pflanzenteile oder Kleintiere aus der Urzeit, die in organischem Material, beispielsweise dem Harz von Nadelhölzern gefangen wurden und dort konserviert sind. Beispiel: Bernstein.

Einzeller Lebewesen, deren Körper aus einer einzigen Zelle besteht.

Embryo menschliches Ungeborenes bis zum Ende des dritten Schwangerschaftsmonats.

Erzeuger Grüne Pflanzen sind die Erzeuger in einem Ökosystem, die durch die Fotosynthese energiereiche Stoffe herstellen und die Nahrungsgrundlage aller anderen Organismen bilden.

Evolution Entstehung von Arten durch natürliche Selektion innerhalb sehr langer Zeiträume.

Fetus menschliches Ungeborenes ab einem Alter von acht Wochen. Beim Fetus sind alle Organe bereits vollständig angelegt.

Forst künstlich angepflanzter Wald, der der Holzwirtschaft dient.

Fossilien Lebensspuren aus früheren erdgeschichtlichen Zeiten; dazu zählen Reste von Lebewesen, Tierfährten oder auch Ausscheidungen von Lebewesen.

Fossilisation alle Vorgänge vom Tod eines Lebewesens bis zu seiner Freilegung als Fossil.

Fotosynthese Herstellung energiereicher Stoffe in grünen Pflanzen. Sonnenlicht liefert die für diesen Prozess notwendige Energie.

Gasaustausch Austausch von Sauerstoff gegen Kohlenstoffdioxid. In den Lungenbläschen übernimmt das Blut den eingeatmeten Sauerstoff und gibt gleichzeitig Kohlenstoffdioxid ab. Das Blut gibt den Sauerstoff über Kapillaren an die Körperzellen ab, übernimmt das Kohlenstoffdioxid und transportiert dieses zurück zur Lunge.

Geburt Entbindung, Niederkunft. Ende der Schwangerschaft. Das Baby wird mithilfe der Geburtswehen aus dem Mutterleib ausgestoßen.

Lexikon

Gedächtnis Fähigkeit, Wissen und Können zu speichern und wieder abzurufen. Es werden Kurzzeitgedächtnis, Langzeitgedächtnis und langfristiger Speicher unterschieden.

Gedächtniszellen bei der Erstinfektion vom Immunsystem gebildete Zellen, die bei einer erneuten Infektion eine rasche Immunantwort auslösen.

Gehirn Teil des Nervensystems, der im Kopfbereich liegt. Beim Menschen und vielen anderen Wirbeltieren liegt es in einer Schädelhöhle. Man unterscheidet mehrere Bereiche: Großhirn, Kleinhirn, Zwischenhirn und Hirnstamm.

Gen bestimmter Abschnitt der DNA, der den Bau eines Proteins aus Aminosäuren codiert und damit spezifische Merkmale bestimmt.

genetisch bedingte Krankheit kann hervorgerufen werden, wenn ein Gen durch eine Mutation so verändert wird, dass seine Funktion beeinträchtigt ist.

genetischer Code festgelegte Abfolge der Basen Adenin, Thymin, Cytosin und Guanin. Jeweils drei Basen bilden eine Aminosäure. Dabei bilden Adenin nur mit Thymin, Cytosin nur mit Guanin Paare.

Genom Gesamtheit der genetischen Information eines Individuums oder einer Art.

Genotyp Summe der genetischen Informationen eines Organismus.

Gentechnik verschiedene Methoden, die einen gezielten Eingriff in das Erbgut vornehmen.

Geschlechtschromosomen Chromosomen, deren Erbinformation das Geschlecht eines Lebewesens bestimmen.

Geschlechtszellen Zellen, die der Fortpflanzung dienen und im Gegensatz zu den Körperzellen nur den einfachen Chromosomensatz besitzen. Geschlechtszellen entstehen durch Meiose.

Geschlechtszellenmutation vererbbare Mutationen in den Geschlechtszellen, die sich erst in der folgenden Generation auswirken.

Gewebe gleichartige Zellen mit einheitlicher Funktion.

Großhirn größter Teil des Gehirns mit der Form einer Walnuss. Zentrum unserer Wahrnehmung und verantwortlich für Bewegungen. Das Großhirn ist der Sitz unserer Sprache und Intelligenz.

Hirnstamm Teil des Gehirns. Der Hirnstamm steuert Körperfunktionen wie Atmung, Herzschlag, Blutdruck, Augenbewegungen, Husten und Schlucken.

HIV (**h**uman **i**mmunodeficiency **v**irus) Virus, das die Immunschwächekrankheit Aids auslöst.

Homo Verwandtschaftsgruppe der Hominiden. Diese Gruppe zeichnet sich durch ein größeres Hirnvolumen und den Gebrauch von Werkzeugen aus.

Homo erectus der „aufrechte" Mensch. Er breitete sich vor etwa 2 Millionen Jahren von Afrika über Europa und Asien aus. Er benutzte Feuer, Werkzeuge, Waffen.

Homo habilis der „geschickte" Mensch. Er lebte vor 2,1–1,6 Millionen Jahren und benutzte Werkzeug.

homologe Chromosomen In jeder Körperzelle liegt jedes Chromosom in doppelter Ausführung vor. Homologe Chromosomen gleichen sich in Form, Struktur und in der Anordnung der Genorte.

homologe Organe Bezeichnung für Organe, die von einem gemeinsamen Vorfahren stammen und auf dessen Bauplan zurückgeführt werden können. Homologe Organe können aufgrund unterschiedlicher Aufgaben im Laufe der Evolution ein unterschiedliches Aussehen erhalten haben. Beispiel: Fledermausflügel und Walflosse.

Homologie Merkmale, die verschiedene Arten aufgrund übereinstimmender Erbinformation (durch den letzten gemeinsamen Vorfahren) gemeinsam haben.

Homo neanderthalensis Neanderthaler; stammte vermutlich vom Homo erectus ab; früheste Funde vor etwa 130 000 Jahren, plötzliches Verschwinden vor etwa 30 000 Jahren, wurde vermutlich durch den modernen Menschen verdrängt.

Homo sapiens der „vernünftige" Mensch; lebte vor etwa 200 000 Jahren in Afrika; künstlerisch anspruchsvolle Höhlenmalereien.

Homosexualität Art der sexuellen Orientierung. Menschen, die sich sexuell zu Partnern des gleichen Geschlechts hingezogen fühlen.

Lexikon

Hormone Botenstoffe, die von bestimmten Zellen im Körper gebildet werden. Sie werden mit dem Blut im Körper verteilt und lösen an bestimmten Stellen des Körpers Veränderungen aus.

Humus entsteht bei der Zersetzung von abgestorbenen Pflanzen und Tieren, Kot, Haaren durch Kleinstlebewesen im Boden. Die im Humus enthaltenen Nährstoffe können von Pflanzen aufgenommen und wieder verwertet werden.

Immunisierung, aktive Form der Impfung; abgetötete oder abgeschwächte Krankheitserreger werden geimpft. Das Immunsystem bildet daraufhin Antikörper und legt Gedächtniszellen an. Diese Art der Impfung wird vorbeugend durchgeführt.

Immunisierung, passive Form der Impfung; dem Erkrankten werden Antikörper gespritzt, die aus dem Blut von Tieren gewonnen werden. Der Impfschutz hält nur kurze Zeit. Das Immunsystem des Erkrankten ist an der Abwehr nicht beteiligt.

Immunsystem alle an der körpereigenen Abwehr beteiligten Organe und Zellen des Körpers.

Impfen künstlich hergestellte Widerstandskraft gegenüber einem Krankheitserreger; man unterscheidet aktive und passive Immunisierung.

Infektion Ansteckung; Eindringen von Krankheitserregern in den Körper und deren anschließende Vermehrung.

Infektionskrankheit meist ansteckende Krankheit, die durch Krankheitserreger ausgelöst wird.

Influenza Grippe; Ursache für diese Art Krankheit sind Grippeviren.

Inkubationszeit Zeitraum zwischen Ansteckung und Ausbruch einer Krankheit.

Kadaver Tierkörper in der Verwesung.

Kambrische Explosion erdgeschichtliche Phase, in der in wenigen Millionen Jahren fast alle späteren Tierstämme entstanden sind.

Karyogramm geordnete Darstellung aller Chromosomen einer Zelle.

Kernteilung siehe Mitose.

Klimawandel weltweite Erhöhung der durchschnittlichen Temperaturen; Veränderung des Erdklimas durch übermäßigen Ausstoß von Treibhausgasen, die in die Atmosphäre gelangen.

Kleinhirn zweitgrößter Teil des Gehirns und neben dem Großhirn ein zweites Zentrum für Bewegungen, verantwortlich für das Gleichgewicht.

Kohlenstoffdioxid Pflanzen benötigen Kohlenstoffdioxid für die Fotosynthese. CO_2 ist eines der Treibhausgase, dessen vermehrter Ausstoß in die Atmosphäre zum Treibhauseffekt führt.

Konkurrenz entsteht z. B. zwischen zwei Tierarten, die dieselbe Nahrung bevorzugen und führt zu Strategien der Konkurrenzvermeidung: Eine Art wird verdrängt oder weicht auf eine andere Nahrungsquelle aus. Zur Konkurrenz kommt es auch innerhalb einer Art, wenn es um Partner, Lebensraum oder Nahrungsangebot geht.

Konvergenz nicht verwandte Arten entwickeln aufgrund ähnlicher oder gleicher Lebensräume ähnliche Strukturen und Körperformen. Beispiel: Stromlinienform bei Delfinen, Haien, Pinguinen, Tintenfischen.

Kreuzen Züchtungsmethode, bei der bei den Nachkommen der zweiten Generation völlig neue Merkmalskombinationen entstehen (3. Mendelsche Regel).

Kulturfolger Tiere oder Pflanzen, die dem Menschen in seine Kulturlandschaft (Äcker, Wiesen, Verkehrswege, Siedlungen, Behausungen) folgen und sich an diese Lebensbedingungen angepasst haben. Kulturfolger haben meist keine großen Ansprüche an ihren Lebensraum und ernähren sich oft von menschlichen Essensresten.

Kurzsichtigkeit eine Form der Fehlsichtigkeit. Der Augapfel ist zu lang, das Bild entsteht vor der Netzhaut. Kurzsichtigkeit wird durch eine Brille mit einer Zerstreuungslinse korrigiert.

Lactoseintoleranz Unverträglichkeit von Milch und Milchprodukten aufgrund des Fehlens von Lactase.

Lactosetoleranz Verträglichkeit von Milch und Milchprodukten aufgrund einer Genmutation, die die Herstellung des Enzyms Lactase möglich macht.

lebendes Fossil noch heute lebender Organismus mit Merkmalen ausgestorbener Vorfahren.

Lexikon

Leitfossil Fossilien, die in verschiedenen Schichten sehr häufig vorkommen, in anderen Schichten weniger häufig. Das Alter der Gesteinsschicht wird dadurch besser bestimmbar.

Lernen Informationen können im Gedächtnis gespeichert und wieder abgerufen werden.

Lupe bauchige Linse mit einer Vergrößerungswirkung von 5- bis 20-fach.

Meiose Reifeteilung. Vorgang, bei dem die Anzahl der Chromosomen in den Geschlechtszellen halbiert wird. Sie besteht aus einer ersten und einer zweiten Teilung.

Melanin Farbstoff, der bei einer Vielzahl von Tieren und auch beim Menschen die Hautfärbung bewirkt.

Mendelsche Regeln von Gregor Mendel zur Erklärung seiner Versuche mit Erbsen aufgestellte Regeln mit statistischem Charakter. Die Regeln erlauben Aussagen über den Erbgang einzelner Merkmale und sind die Grundlage für Züchtung und Stammbaumanalysen.

Menschenartige Hominide. Diejenigen fossilen Gattungen, die direkte Vorfahren des Menschen sind.

Menstruation vgl. Regelblutung.

Methan sehr wirksames Treibhausgas, das zur Erwärmung der Erdatmosphäre beiträgt; wird unter anderem von Rindern in großer Menge bei der Verdauung produziert.

Mikroskop Linsensystem, bestehend aus mindestens zwei Lupen. Gesamtvergrößerung von Lichtmikroskopen: bis 1000-fach.

missing link Brückentiere; fehlendes Bindeglied zwischen zwei verschiedenen Organismengruppen, das Merkmale beider Gruppen aufweist. Übergangsformen sind ein wichtiger Beweis für die Evolutionstheorie. Beispiel: Archaeopterix.

Mitose Kernteilung. Vorgang, bei dem sich die Zellkerne der Körperzellen teilen und die Zelle sich verdoppelt. Vor der Kernteilung verdoppelt sich die DNA.

Modifikation Veränderung von Merkmalen, die nicht genetisch bedingt sind, sondern durch Umweltveränderungen wie Temperatur, Licht oder Nahrung hervorgerufen werden.

Mumifikation Trockenheit, Kälte und Gifte können dazu führen, dass tote Lebewesen kaum zersetzt werden. Diese Mumien können viele tausend Jahre fast vollständig erhalten bleiben.

Mutation zufällige Veränderung der genetischen Information, die durch Fehler beim Kopieren der DNA auftritt oder aber auch durch Röntgenstrahlen, chemische Substanzen oder UV-Strahlung ausgelöst wird. Mutationen können bei Lebewesen zu veränderten Eigenschaften oder Verhaltensmustern führen.

Nachhaltigkeit langfristig schonender Umgang mit der Natur. Ziel der Nachhaltigkeit ist es, Landschaften und deren Artenvielfalt für die nächsten Generationen zu erhalten und zu bewahren. Nachhaltigkeit muss ökologisch, wirtschaftlich und sozial betrachtet werden.

Nahrungskette Tiere und Pflanzen, die durch ihre Ernährung eng miteinander verknüpft sind. An erster Stelle einer Nahrungskette steht immer eine Pflanze.

Nahrungsnetz Nahrungsketten verbinden sich zu Nahrungsnetzen, da sich die meisten Tiere von verschiedenen Pflanzen oder Tieren ernähren.

Neophyt Pflanzen, die vom Menschen in Gebiete eingeführt und dort heimisch wurden, in denen sie bis dahin natürlicherweise nicht vorkamen.

Neozoen Tierarten, die durch den Einfluss des Menschen aus fremden Ländern eingeführt und heimisch wurden.

Nervenfaser Teil der Nervenzelle; langer Fortsatz, über den die elektrischen Signale weitergeleitet werden und von hier in die Synapse gelangen.

Nervensystem Gesamtheit der Nervenzellen und deren Verbindungen in einem Lebewesen.

Nervenzellen gehören zu den längsten Zellen des Körpers und sind in vier Abschnitte gegliedert: Dendrit, Zellkörper mit Zellkern, Nervenfaser, Synapse.

Neukombination Die Anlagen in den Zellkernen werden bei der geschlechtlichen Fortpflanzung neu kombiniert. Wichtigste Ursache für die Unterschiedlichkeit von Lebewesen.

Nützling Lebewesen, die für den Menschen in irgendeiner Form nützlich sind. Dazu zählen vor allem einige Spinnentiere und Insekten, z. B. Florfliege, Marienkäfer, Raubmilben.

Lexikon

Ökologie aus dem Griechischen: *öko* – das Haus, *logos* – die Lehre. Die Lehre vom Haushalt der Natur umfasst die Lebewesen und die Bedingungen, unter denen Lebewesen existieren. Ökologie beschäftigt sich sowohl mit Faktoren der belebten als auch der unbelebten Natur.

Ökologisches Gleichgewicht gibt an, wie gut Ökosysteme auf Veränderungen reagieren und diese ausgleichen können.

Ökosystem Einheit zwischen belebter und unbelebter Natur, zwischen Lebensgemeinschaft und Lebensraum.

Organ Verschiedene Gewebetypen bilden zusammen ein Organ. Ein Gewebe bildet dabei meist den Hauptanteil. Im Gehirn beispielsweise überwiegt das Nervengewebe.

Organismus alle Organe eines Lebewesens.

Out-of-Africa-Theorie Theorie, die besagt, dass alle Vorfahren des Menschen in Afrika gelebt haben. Von Afrika aus eroberte der Mensch Europa und alle übrigen Teile der Welt.

Ozonloch Zerstörung der schützenden Ozonschicht durch den Ausstoß schädlicher Fluor-Chlor-Kohlenwasserstoffe. Weniger Wärme kann in den Weltraum zurückstrahlen.

Paläanthropologie beschäftigt sich mit Fossilfunden des Menschen und deren Datierung sowie mit der Erforschung der Lebensumstände; die Herkunft des Menschen soll aufgeklärt werden.

Paläontologe Wissenschaftler der Paläontologie

Paläontologie Fossilienkunde; Wissenschaft, die sich mit der Erforschung des Lebens auf der Erde in früheren Erdzeitaltern beschäftigt.

Parasit auch: Schmarotzer. Organismus (Tier oder Pflanze), der seine Nahrung auf Kosten eines anderen Lebewesens, des Wirtes, bezieht und dieses dabei schädigt. Der geschädigte Wirt wird entweder gar nicht oder erst später getötet.

Penicillin aus dem Schimmelpilz Penicillium gewonnenes Antibiotikum; Entdecker: Alexander Fleming.

Periode vgl. Regelblutung.

Phänotyp äußere Erscheinungsform eines Organismus, die vom Genotyp und von Umwelteinflüssen geprägt wird.

Pionierpflanze Pflanze, die als erste einen Lebensraum besiedelt und die Grundlage für die weitere Besiedlung mit Pflanzen und Tieren darstellt.

Proconsul gehört zu den frühesten bekannten Menschenartigen und galt lange als gemeinsamer Vorfahre von Mensch und Menschenaffen. Er lebte vor 26–14 Millionen Jahren.

Primaten Säugetierordnung der Herrentiere, zu denen Orang-Utans, Gorillas, Schimpansen und der Mensch gehören.

Proteine Eiweißstoffe; große Moleküle, die aus Aminosäuren aufgebaut sind und an fast allen Prozessen und Strukturen des Lebens beteiligt sind.

Pubertät geschlechtliche Reifung; hormonell gesteuerte körperliche und seelische Veränderungen eines jungen Menschen. In diesem Zeitraum entwickeln sich die Kinder zu Jugendlichen und werden geschlechtsreif.

Räuber-Beute-Beziehung direkte Abhängigkeit zwischen einem Räuber und seiner Beute. Geht die Anzahl der Räuber zurück, vergrößert sich die Zahl der Beutetiere. Durch die gestiegene Zahl der Beutetiere steigt im Folgenden die Zahl der Räuber wieder an.

Regelblutung Periode, Menstruation; Prozess im Körper einer geschlechtsreifen Frau, der sich etwa alle vier Wochen wiederholt. Die unbefruchtete Eizelle wird zusammen mit der Gebärmutterschleimhaut und etwas Blut ausgestoßen.

Reiz Information, die von einem Lebewesen aus seiner Umwelt aufgenommen wird. Die Informationsaufnahme erfolgt über Sinnesorgane, die auf eine bestimmte Reizart spezialisiert sind.

Safer Sex „sicherer Sex"; sexuelle Praktiken, bei denen es nicht zum Austausch von Körperflüssigkeiten kommt. Dadurch wird das Risiko einer HIV-Infektion verringert.

Schädling Tiere und Pflanzen, die wirtschaftlichen Schaden verursachen und oft massenhaft auftreten.

Schmarotzer vgl. Parasit.

Schwangerschaft Zeitraum von der Befruchtung einer Eizelle bis zur Geburt.

Sehsinneszellen lichtempfindliche Zellen auf der Netzhaut. Man unterscheidet Stäbchen und Zapfen. Stäbchen können Hell und Dunkel unterscheiden, die Zapfen dienen dem Farbensehen.

Lexikon

Selektion, künstliche durch den Menschen gesteuerte Selektion, Züchtung bestimmter, gewollter Merkmale durch künstliche Auslese.

Selektion, natürliche Auslese; unterschiedliche Überlebenswahrscheinlichkeit einzelner Individuen. Die natürliche Selektion gibt der Evolution eine Richtung. Nur die Individuen, die besser an ihre Umweltbedingungen angepasst sind, können sich auch erfolgreich fortpflanzen. Damit nimmt die Anzahl der Lebewesen mit vorteilhaften Eigenschaften mit der Zeit zu.

Sprossachse Stängel. Grundorgan von Blütenpflanzen, das die Laubblätter und Blüten trägt. Über den Stängel erfolgt der Stofftransport.

Standfisch Fischart, die ihren gesamten Lebenszyklus im gleichen Lebensraum verbringt.

Stoffkreislauf Kohlenstoffdioxid, Wasser, Mineralstoffe und Sauerstoff durchlaufen in der Natur einen sich ständig wiederholenden Kreislauf, bei dem das Sonnenlicht eine wichtige Rolle spielt. An den Kreisläufen sind Erzeuger, Verbraucher und Zersetzer beteiligt.

Stoffwechsel Aufnahme von Nährstoffen, deren Transport und die chemische Umwandlung von Stoffen in einem Organismus sowie die Abgabe von Stoffwechselendprodukten an die Umgebung. Er dient dem Aufbau und der Erhaltung der Körpersubstanz sowie der Energiegewinnung zur Aufrechterhaltung der Körperfunktionen.

Symbiose Zusammenleben von Lebewesen unterschiedlicher Arten zum gegenseitigen Vorteil.

Synapse Teil einer Nervenzelle. Verdickungen am Ende der Nervenfaser. Signale werden hier auf die nachfolgende Nervenfaser übertragen.

Treibhauseffekt Erwärmung der Erdatmosphäre durch Reflexion der von der Erde ausgestrahlten Wärme. Der Treibhauseffekt wird durch verschiedene Gase, unter anderem durch den Ausstoß von Methan und Kohlenstoffdioxid, bewirkt. Man unterscheidet den natürlichen und den anthropogenen Treibhauseffekt.

Treibhausgase Gase der Erdatmosphäre (Wasserdampf, Methan, CO_2 u. a.), die die Wärmestrahlung der Sonne auf die Erde lassen und die von der Erde reflektierte Wärmestrahlung zurückhalten.

Überfischung Die hohe Nachfrage nach Fisch führt dazu, dass mehr Fische gefangen werden, als durch natürliche Fortpflanzung neu hinzukommen. Fischbestände gehen dadurch drastisch zurück.

Uratmosphäre Atmosphäre, die sich nach Abkühlen der Erde bildete; bestand aus Kohlenstoffdioxid, Methan, Wasserstoff und Wasserdampf. Sauerstoff fehlte in der Uratmosphäre.

Urknall „Big bang"; Theorie zur Entstehung unseres Planetensystems vor etwa 14 Milliarden Jahren.

Ursuppe Bildung von verschiedenen organischen Molekülen in den Urgewässern der Erde aufgrund des Zusammenwirkens von Wärme, Feuchtigkeit und Gewittern.

Vakuole Zellsaftraum, vor allem in älteren Pflanzenzellen. Sie sind von einer Membran umgeben und enthalten Wasser, überschüssigen Zucker, Mineral- und Farbstoffe.

Variation Unterschiedlichkeit der Individuen einer Art innerhalb einer Population, die zum Teil durch unterschiedliche Gene begründet ist.

Verbraucher Pflanzen- und Fleischfresser in einem Ökosystem. Sie sind letztendlich von grünen Pflanzen als Ernährungsgrundlage angewiesen.

Verbrennung Zellatmung. Aus Betriebsstoffen stellt der Körper Brennstoffe her, vor allem Traubenzucker. Mithilfe von Sauerstoff wird der Traubenzucker zu Kohlenstoffdioxid und Wasser umgesetzt. Dadurch gewinnt der Körper Energie für alle Lebensvorgänge.

Verdauung Weg der Nahrung und der Nährstoffe von ihrer Aufnahme bis zur Ausscheidung. Während der Verdauung gewinnt der Körper aus den Nahrungsmitteln die lebenswichtige Energie.

Verdunstungsschutz Grundvoraussetzung für alle Lebewesen, die aus dem Wasser an Land gingen. Verdunstungsschutz schützt Lebewesen an Land vor gefährlicher Austrocknung.

Vererbung Weitergabe von Erbanlagen von einer Generation zur nächsten.

Lexikon

Versteinerung Form der Fossilisation, bei der die organischen Stoffe des Lebewesens durch mineralische Stoffe ersetzt werden.

Vormensch Menschenartige, die vor 3,9 bis 3,0 Millionen Jahren lebten; aufrechte Fortbewegungsweise, größeres Hirnvolumen als das heute lebender Schimpansen.

Wasser Hauptbestandteil unseres Körpers. Es dient als Löse- und Transportmittel sowie zur Temperaturregulation. Der Körper verliert mit Schweiß, Urin und Kot ständig Wasser. Dieser Verlust muss durch reichliches Trinken wieder ausgeglichen werden.

Weitsichtigkeit eine Form der Fehlsichtigkeit. Der Augapfel ist zu kurz, das scharfe Bild entsteht hinter der Netzhaut. Dieser Augenfehler kann durch eine Brille mit Sammellinse korrigiert werden.

Zellatmung vgl. Verbrennung.

Zelldifferenzierung Tochterzellen wachsen nach der Zellteilung zur Größe der Mutterzelle heran. Je nach Aufgabe, die die Zellen erfüllen, verändern sie ihre Struktur.

Zelle Grundbaustein aller Lebewesen. Tier- und Pflanzenzellen besitzen einen Zellkern, eine Zellmembran und Zellplasma. Pflanzenzellen haben zusätzlich eine Zellwand, einen Zellsaftraum (Vakuole) und Chloroplasten.

Zellkern hier befindet sich die gesamte Erbinformation in Form von Chromosomen; Ort der Steuerung aller Zellvorgänge.

Zellteilung Zellen vermehren sich durch Zellteilung. Nach der Verdopplung der Erbsubstanz gehen aus jeder Mutterzelle zwei identische Tochterzellen hervor.

Zellverdoppelung Ergebnis der Mitose, bei der zwei identische Tochterzellen entstehen.

Zersetzer Lebewesen, die tote Tiere und Pflanzen sowie Ausscheidungen wie Kot verwerten und Mineralstoffe herstellen, die die Erzeuger wieder aufnehmen können.

Zivilisationskrankheit Erkrankungen wie Herzinfarkt, Ess- und Schlafstörungen, Depressionen, die durch die heutige Lebensweise hervorgerufen werden können. Zivilisationskrankheiten sind bedingt durch Stress, Bewegungsmangel, Hektik, Ernährungsfehler, Alkohol, Zigaretten.

Züchtung künstliche Selektion; die vom Menschen kontrolliert vorgenommene Fortpflanzung von Nutztieren und Kulturpflanzen, um genetisch bedingte Merkmale zu erhalten oder zu verbessern und die Erträge zu steigern.

Zwischenhirn Teil des Gehirns. Das Zwischenhirn ist verantwortlich für Gefühle, Hunger, Durst und Körpertemperatur.

Register

Register

Register

Register

Register

Bildnachweis

Agentur Focus/eye of science: 157.3 re., /Mecke: 21.7a–b, /SPL: 9.3b, 17.4 li., 21.4, 26.1a, 36.5, 37.6, 58.3, 162.1–2, SPL/Ford: 157.3 li., /SPL/Layyous: 191.5, /SPL/Stannard: 152.1 li. | Agfa-Gevaert AG, Leverkusen: 87.4b | akg-images: 53.5, 59.7a, 164.1, 186.1 | alimdi.net/Rosseforp: 194 o.re. | AOK/WdV: 61.6 li., 74.2 | Arco Images/NPL: 52.1 | Avenue Images: 152.3, /life: 80.1 m. | Behnke, C.: 36.3 | Bellmann, H., Lonsee: 119.4, 154.1 u.re. | Berliner Wasserbetriebe: 128.1, 128.3 | Bevilacqua/Cedri: 188.2 | Bildagentur-online: 108.1 | Bilderberg/Ernsting/Wild Life Art: 51.4, 52.3, 57.1b–d | BilderBox: 62.2 | blickwinkel/König: 123.5 | bpk: 163.5 | Brandeis University: 35.8 | Buff, W.: 10.1re. | BzgA: 68.1, 78.3–4, 151.5, 167.4 | CDC/PHIL/James Gathany/public domain: 144.2 | Corbis: 61.3 re., Corbis/Benser: 200.1, /Emely: 200.2, /Horowit: 154.1 u.li., /Mika: 218.1, 218.2 u., 225 o.re., /Photolibrary/Monsoon/Halaska: 220.1, 225 o.li., /Xinhua: 115.8, /zefa: 60.1, 70.2, 76 li.o., 150.1, Corbis/RF: 165.4 | Cornelsen Verlag: 25.4a, 41.5, 49.3 (Vogel), 73.4, 87.4a, 98.2a, 99.4, 127.6, 138.1c, 171 o.Mi., 199.5, 217.6, 212.1 | Das Fotoarchiv/Arslam: 78.1 | Digitalstock.de: 24.3, 67.6, 77.1, 96.1, 101.2, 114.1o.li., 115.7, 129.4, 130.1b, 140.2, 146.1, 146.3, 148.1c | DLR: 114.1 Mi. | Döring, V., Hohen Neuendorf: 8.1, 11.4, 14.1–5, 16.1, 18.1–2, 19.3, 24.1, 34.3a, 61.3 li., 61.5, 66.3 Hintergr., 66.4 Hintergr., 66.4b, 68.2, 70.1, 73.5, 76 li.u., 77.2, 81.2, 82.1, 93.4, 93.5, 120.1, 137.4, 154.1 o.li., 154.1 o.re., 165.5, 177.5, 181.5, 199.8, 213.4 | Dr. Oetker: 75.4, 75.6 | Du darfst-Beratungsdienst: 75.5 | epd/Osthues: 61.2, 65.3 | F1 online/denkou images: 190.1, 195 o., /Watson Images: 175.5 | Fotoagentur Mahler: 22 re.o. | Fotolia.com/Alexander Maier: 3, /Alexandr Loskutov: 49.3 (Insekt), /Anne Katrin Figge: 81.7, /Arnd Drifte: 129.6, /Astrid Meissner: 45.4, /binagel: 139.3, /Carina Hansen: 131.4, /Carlos Santa Maria: 7, /Carsten Steps: 127.5, /cyrano: 157.4, /derWehner: 124.2, /Dmitry Remesov: 66.3a, /E. White: 17.4 re., /Elena Elisseeva: 81.4, /emeraldphoto: 171 o.li., /Eugeny Moskvitin: 114.1 li.u., /ExQuisine: 98.2c, 159.4 re., /Fohlen66Mike: 127.4, /Fotolyse: 214.1, /Franz Pfluegl: 62.1, 209.5, /Gertrude Kaindl: 148.1a, /H. Dietz: 126.1, /Herbert Kratky: 46.1 (Schneehase), /Jim Parkin: 4, /Joe Gough: 168.3, /jufo: 145.4, /Leito: 101.4, /Lianem: 165.6, 171 o.re., /makuba: 130.1a, /mao-in-photo: 140.3, /Marc Heiligenstein: 123.4, /Marc Rigaud: 98.2d, /Marc Schobel: 110 o.li., /Maria.P.: 194 o.li., /Martina Berg: 125.5, /Marina Lohrbach: 133.5, /Marzanna Syncerz: 92.1a, /Matt Browne: 49.4 (Pinguin), /moodboard: 80.1 li., /morpheus: 124.1, nyul: 133.6, /Peter Schinck: 49.4 (Delfin), /Peter Wey: 45.5a, /picamaniac: 66.3b, /Piroschka: 12.1b Vordergr., /pmphoto: 126.2, /Rebel: 199.9, 222.1, /sandra zuerlein: hint. Vorsatz (Erde), /skyphoto: 130.1a, /sonya etchison: 148.1b, /Stefan Balk: 98.2b, /Stefan Schejok: 155.3, /Stocksnapper: 66.3c, /style-photographs: 86.1, /SyB: 174.1, /Thomas Teufel: 123.3, /Tobias Müller: 116.1, /Uwe Bumann: 221.5, /Zoltán Futó: 101.6 | Frei, Herbert: 123.6 | Fujitsu Siemens Computers: 27.6d, 59.7b | Getty Images/DEA Picture Library: 31.4, /Dorling Kindersley/RF: 104.2 | Downes: 32.4, /Stone/Edwards: 80.1 re. | Greenpeace/Cannon: 130.2, /Culley: 115.4, /Schulz: 131.5 | Hecker/Sauer: 21.6, 23 li.Mi. | Heinrich, D.: 118.1 | Hessisches Ministerium für Umwelt, Landwirtschaft und Forste/M. Graw/D. Borchardt: 126.3 | Hofmann, Franziska, Berlin: 100.1 Hollatz, J., Heidelberg: 84.1, 184.2–3, 185.6 | images.de/fotokurier.at: 61.4, /Schulten: 176.1 | Institut für Paläontologie, Universität Bonn: 35.6, 36.2 | iStockphoto.com/Adam Borkowski: 64.2a, 76 re. Mi., 114.1u.re., /Alberto Pomares: 64.2b, /Antonio Scarpi: 144.3, /Branislav Ostojic: 159.3, /Brasil2: 141.4, /Chris Hepburn: 204.1, /Cliff Parnell: 92.1b, /Elena Korenbaum: 174.2, /Forest Woodward: 168.2, /Gergo Orban: 49.4 (Kalmar), /H. Jonsson: 17.4 Mi., 81.6, hint. Vorsatz (Gehirn), /Jaap Hart: 199.6, 224 u.re., /Jacob Wackerhausen: 72.1, 198.2, /Jess Wiberg: 175.6, /Johnny Scriv: 190.3, /Julia Pivovarova: 64.2d, /Klaas Lingbeek- van Kranen: 144.1, 147.2, /luoman: 141.5, 147.1, /Lucian Coman: 133.7, /mandygodbehear: 171 Mi., /Marek Tarabura: 151.2, /Marie Cloke: 184.1o., /Ned White: 64.2c, /pamela burley: 215.5, /Richard Carey: 49.4 (Hai), /Sean Randall: 116.3, /Sieto Verver: 184.1u., /technotr: 132.1 | IWF Wissen und Medien gGmbH: 8.2 li., 10.1li., 10.1Mi., 22 li.o.li. | Janssen-Cilag GmbH:

185.5 | Jung, A.: 129.5 | Kage, M., Institut für wissenschaftliche Fotografie: 202.1 | Kleesattel W., Schwäbisch Gmünd: 35.7, 35.9, 36.1, 159.1 | Kleinert, R.: 64.1 | Klepel, G.: 24.2 | KMDD, www.kmdde.de: 67.7 | Kolvenbach, Michael, Düsseldorf: 175.4 | Landesgendarmeriekommando für Tirol: 37.7 | Leitl, Klaus/Modell:www.klaus-leitl.at: 37.8 | Lieder, J.: 9.3c, 12.1a Hintergr., 25.4d, 204.2 | Limbrunner, Dachau: 48.1, 101.5 | Malzkorn, Stefan, Hamburg: 106.1 | mauritius-images: 81.5, mauritius images/ACE: 28.1, 58.4, /age fotostock: 194 li.u., /age: 95.4, 188.1, 193.4, /Alamy: 151.6, 168.1, /Bloom: 28.2, o.li., /Böhlhoff: 152.1 re., 170 o., 176.3, /Caroline: 192.2, /Grafica: 169.5, /imagebroker/Michalke: 38.1, /imagebroker/Weber: 104.1, /mindbodysoul: 198.1, /Nikky: 192.1a, 195 u.li, /Oxford Scientific: 183.5, /Perez: 178.1, /Photo Researchers: 155.4b, 202.2, /Photononstop: 93.6, /Phototake: 156.2, 206.2, hint. Vorsatz (Eizelle), /Raith: 175.8, /Ripp: 151.4, /Schmidt-Luchs: 130.3, /Umstätter: 192.1b, /Workbookstock: 156.1 li., 170 li. | Max-Planck-Institut für evolutionäre Anthropologie: 27.5 | mediacolors/dia: 115.2 | Mission paléoanthropologique Franco-Tchadienne (M.P.F.T): 57.1a | Molymod™ Molecular Models / UK: 210.1 | Museum für Naturkunde Berlin: 56 u.li., 58.5 | Museum für Naturkunde, Paläontologie, Berlin: 36.4 | NASA: 26.1b, 142.1 | National Science Foundation/Rager Fuller: 214.2 | Naturmuseum Senckenberg, Frankfurt/M.: 38.2 | Neandertal-Museum, Mettmann: 53.4 | Nilsson, L., Stockholm: 188.3, 189.4, 201.3 | Noll: 115.5, 132.2 | Novartis: 155.4a | Okapia: 21.5, Okapia/Birke: 9.6, 20.2–3, 29.4, /Danegger: 45.5b, /Geduldig: 12.1a Vordergr., /Kage: 23.1, 25.4b, 151.3, hint. Vorsatz (Bakterien), /Kehrer: 122.1, /Lowell/Georgia: 155.4c, /Meyers: 125.3, /Biophoto Associates: 198.3, 208.2a, hint. Vorsatz (Chromosomen), /NAS/Faulkner: 35.5, /NAS/Tweedie: 27.4, 56 u.re., /OSF/Bromhall: 189.5, 194 re.u., 197.4, /P. Arnold/Scharf: 156.1b, 172.2, /photoresearchers.com: 30.2, /Reinhard: 145.5, /Vock: Titelbild | /Zettl: 114.1 re.o. | Organon GmbH: 185.4 | Pennsylvania State University, www.rps.psu.edu: 52.2 | Pentacon/LMA: 74.3 | picture press/Wartenberg: 62.3 | picture-alliance/Bildagentur Huber: 134.2, /chromorange: 66.1, 180.1, /dpa: 27.3, 78.2, 93.7, 94.1, 103.4, 110.1, 127.7, 139.5, 146.4, 153.5, 160.1, 164.3, 170 re., 190.2, 192.3, 195 u.re, 199.7, 216.1, 216.3, 217.4, 218.2 o., 223.2, 224 u.li., /Lehtikuva: 66.2, /maxppp: 182.1, /Norbert Schmidt: 201.4, /Okapia: 94.2, /Okapia/Neufried: 216.2, /Rolf Kosecki: 88.1, /united-archives/mcphoto: 166.1, /ZB: 50.1, 61.6 re., 81.3, 98.1, 102.1, 140.1, 175.3, 176.2, 208.1a, 213.5, 220.3, 222.2, 225 u. | PIXELIO.de: 27.6c, 194 Mi. | Podhraski, M.: 27.6b | Primus Werbung: 74.1 | Project Photos: 40. Hintergr., 46.Hintergr., 63.4, 84 Hintergr., 90 Hintergr., 93.8, 115.6, 138.1b, 159. Hintergr. | Redeker, T.: 169.4 | Rehbach, Kirchseeon: 94.3 | Reinbacher, L.: 164.2 | Reinhard, H., Heiligkreuzsteinach: 69.3, 134.1 | Reinold, U.: 9.5, 40.2–3, 41.4, 41.6, 55.3–4 | Renault/HP: 102.2 | Robert-Koch-Institur/Wecke: 154.2a–b | Röhl, Stephan, Berlin: 136.1–2 | Schauer, J.: 34.3b | Schütte, N., Berlin: 137.3, 137.5 | Sevcik, Jan, Ceske Budejovice: 118.2 | Staatliches Museum für Naturkunde Stuttgart: 34.4 | Studio-TV-Film: 27.6a, 86.2, 110 o.re. | Superbild/Marco Polo: 70.3, /Powell: 71.4, /Sunset: 95.5 | Theuerkauf, H., Gotha: 8.2 re., 9.3a, 9.3d, 9.4, 12.1b Hintergr., 16.3, 22 li.o.re., 23.2, 25.4c, 146.2 | ullstein bild: 213.3 | Universität Bonn/G. Oleschinski: 34.1–2 | Weiß, Neckarsteinach: 93.3 | Widmann, Peter: 175.7, 177.4 | Wikipedia/Böhringer/CC-2.2-BY-SA: 118.3, /Olaf Leillinger/CC-2.5-BY-SA: 44.1, hint. Vorsatz (Falter), /public domain: 66.4a, /Rocky CC-2.0-BY: 101.3, 110 re. | Wildlife/Mertiny: 134.3, /Varesvuo, 46.1(Adler) | Wirtz, P.: 69.4 | www.earthhistory.org.uk: 30.3 | Zentrum für Humangenetik der Universität Bremen: 203.4, 203.5, 224 o.li.

Funktionsteilung

Alle lebenden Systeme von der einzelnen Zelle bis zum Organismus weisen gegeneinander abgegrenzte Reaktionsräume auf, in denen unterschiedliche Prozesse stattfinden.

Zellen enthalten Organellen, die eigene Funktionseinheiten bilden. In den Chloroplasten der Pflanzenzellen findet die Fotosynthese statt, in den Körperzellen die Zellatmung.
↑ S. 12

Struktur und Funktion

Die Struktur von Organen, Zellen und Molekülen hängt unmittelbar zusammen mit der Funktion, die sie erfüllen.

Chromosomen sind die Träger der Erbinformationen. In der stoffwechselaktiven Zelle liegen sie als Chromatinfäden vor. Die Transportform erlaubt bei der Zellteilung die geordnete Aufteilung der Chromosomen auf die Tochterzellen.
↑ S. 202–207

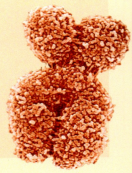

Biologie verstehen mit Basiskonzepten

Geschichte und Verwandtschaft

Sowohl die Ähnlichkeit als auch die Vielfalt von Lebewesen sind das Ergebnis stammesgeschichtlicher Entwicklungsprozesse. Neue Arten entstehen durch Evolution aus Ausgangsarten.

Im Lauf der Erdgeschichte ist das Leben entstanden. Die ersten aktiven Lebewesen haben sich vor etwa 3,5 Milliarden Jahren entwickelt.
↑ S. 30

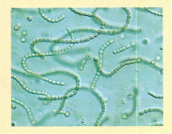

System

In einem System stehen einzelne Komponenten in wechselseitiger Beziehung zueinander.

Im System Erde beeinflussen sich die einzelnen Bestandteile – zum Beispiel Atmosphäre, Ozeane, Lebewesen – gegenseitig. Der Mensch greift an vielen Stellen in das System ein.
↑ S. 142–145